# 公司治理评论

## REVIEW OF CORPORATE GOVERNANCE

### 第 1 卷　第 1 辑

主　编　李维安
副主编　李建标　武立东

经济科学出版社

责任编辑：吕　萍　程晓云
责任校对：王苗苗
版式设计：代小卫
技术编辑：邱　天

**图书在版编目（CIP）数据**

公司治理评论. 第 1 卷. 第 1 辑/李维安主编. —北京：
经济科学出版社，2009.1
ISBN 978 - 7 - 5058 - 8072 - 6

Ⅰ. 公… 　Ⅱ. 李… 　Ⅲ. 公司 – 企业管理 – 研究
Ⅳ. F276.6

中国版本图书馆 CIP 数据核字（2009）第 041941 号

公司治理评论（第 **1** 卷　第 **1** 辑）
主编 李维安　　副主编 李建标　武立东
经济科学出版社出版、发行　新华书店经销
社址：北京市海淀区阜成路甲 28 号　邮编：100142
总编部电话：88191217　发行部电话：88191540
网址：www. esp. com. cn
电子邮件：esp@ esp. com. cn
北京汉德鼎印刷厂印刷
永胜装订厂装订
787×1092　16 开　13.25 印张　250000 字
2009 年 1 月第 1 版　2009 年 1 月第 1 次印刷
ISBN 978 - 7 - 5058 - 8072 - 6　定价：25.00 元
（图书出现印装问题，本社负责调换）
（版权所有　翻印必究）

# 目　录

# CONTENTS

第 1 卷第 1 辑　　　　　　　　公司治理评论　　　　　　　　Vol. 1　No. 1
2009 年 1 月　　　　　Review of Corporate Governance　　　　　Jan. 2009

# 产品市场竞争、经理人薪酬与代理成本

高明华　　王延明[*]

【摘要】产品市场竞争是公司的重要外部治理机制之一。本文以经理人货币性薪酬和非货币性薪酬来衡量代理成本，探讨产品市场竞争能否降低代理成本。影响经理人薪酬的因素包括直接因素和间接因素两类。产品市场竞争属于间接因素之一。在考察产品市场竞争对代理成本的影响时，如何把其他因素对经理人薪酬的影响分离出去是一个难题。我们拟用直接因素搜寻无代理问题时的经理人薪酬均衡水平，用经理人薪酬与直接因素进行回归；然后，将回归模型的残差、直接因素以及间接因素等一起作为自变量与代理成本进行回归，考察内、外部治理机制对代理成本的影响；最后，引入内部治理因素与产品市场竞争的交互项，考察产品市场竞争对代理成本的影响。实证结果表明，内部治理机制越差的公司，代理成本越高，而产品市场竞争可以在一定程度上弥补内部治理机制的不足，有助于抑制代理成本，提高公司治理效率。

【关键词】产品市场竞争　经理人薪酬　代理成本

## 一、文献回顾

施莱费尔和维什尼（Shleifer & Vishny，1997）指出，公司治理机制包括经理人的股权、机构投资者或大股东的监督、外部董事、外部并购的威胁、产品市场及经理人市场的竞争等内外部治理机制。其中产品市场竞争在治理体系中扮演着重要的惩戒角色。

早期产品市场竞争相关的研究，多以理论演绎方式讨论竞争对经理人激励的影响。学界一般认为，产品市场竞争可以防止经理人的懈怠和公司资源的浪费，进而能够降低代理成本。例如，莱本施泰因（Leibenstein，1966）及马克卢普（Machlup，1967）指出，竞争的产品市场是一股惩罚经理人的力量，可减少经理人的懈怠，降低代理成本。法马和詹森（Fama & Jensen，

---

　＊　本研究得到北京市哲学社会科学"十一五"规划项目"北京自然垄断产业的公司治理研究"（批准号 06BaJG036）的资助。
　高明华（1966～　　），男，山东禹城人，北京师范大学公司治理与企业发展研究中心主任、教授、博士生导师。研究方向：企业理论与公司治理。
　王延明（1978～　　），男，陕西渭南人，中国银行博士后站。研究方向：企业理论与公司治理。

1983）也认为，当经理人手中仅有少数股份时，市场处罚的力量将迫使经理人的决策必须以公司利益最大化为出发点。

在随后的研究中，有学者尝试建立模型来分析产品市场竞争对经理人激励的影响。霍尔姆斯特伦（Holmstrom，1982）、纳莱巴夫和斯蒂格利茨（Nalebuff & Stiglitz，1983）认为，在成本函数是随机的，并且在不同代理人或不同公司的成本函数也是一致的情况下，完全竞争向所有者揭示了一般成本变动的全部信息。在这种情况下，同类公司间相对的业绩评估可以最优化经理人的行为。哈特（Hart，1983）的模型显示，当成本是相关的情况下，竞争降低了经理人的偷懒行为。然而沙尔夫斯泰因（Scharfstein，1988）的模型分析结果和哈特的正好相反，竞争越激烈，经理人偷懒的行为越严重。

最新的研究多以实证为主，通过计量分析考察市场竞争对经理人激励的影响。尼克尔（Nickell，1996）分析了英国公司的数据，发现要素生产力的成长与衡量竞争强度的变量间呈现正相关，此结果表示竞争强度越高，公司资源的浪费则越低。贾甘纳坦和斯里尼瓦桑（Jagannathan & Srinivasan，2000）的实证研究表明，产品市场竞争是一种重要的惩戒机制，可以减少经理人的懈怠，降低代理成本。他们通过分析美国公司的资料，发现在弱竞争的产业中，公司常会利用自由现金流量降低财务杠杆比率，并从事事后看来往往是无效的活动。雅努谢维奇等（Januszewski et al.，2002）、格罗斯费尔德等（Grosfeld et al.，2002）和施东辉（2003）通过对德国、波兰和中国企业的研究，发现市场竞争对经营绩效改进具有促进作用。

## 二、研究方法及假设

### 1. 研究方法

本文以经理人货币性薪酬和非货币性薪酬来衡量公司内部治理机制无效所产生的代理成本。

一般而言，经理人货币性薪酬可分为五个部分：基本年薪（Base Salary）、红利（Benefits）、津贴（Perquisites）、短期激励（Short-term Incentive）、长期激励（Long-term Incentive）（Milkovich & Newman，1999）。基本年薪是对经理人日常生活的保障。实证研究发现，大多数企业以主要竞争者为参照对象，并且将薪酬定在这些公司里最高与最低薪之间（Margiotta and Miller，2000）。绩效导向的激励性薪酬在高级经理人的薪酬设计中十分常见，具有影响经理人行为的作用。短期的激励薪酬采用现金形式给付，它是对经理人近期工作的肯定和承认，体现着对经理人能力的信任。而长期激励性质的薪酬多以股票形式给付，同时也是众多企业用来解决代理问题的机制之一，其目的在于结合经理人与股东的利益，以激励性报酬的方式间接控制经理人的行为，使之能以企业长期的经营绩效为前提，降低经理人为了自利而危害股东利益的可能性（Bergmann & Scarpello，2004）。2006 年中国证监会发布《上市公司股权激励管理办法》，而之前上市公司的股权激励不是很规范，长期激励机制不健全。因此，我们根据上市公司高管薪酬的实际情况，将经理人货币性薪酬定义为基本薪酬加奖金（红利）。影响经理人货币性薪酬的因素包括直接因素和间接因素两类。直接因素包括公司绩效、公司规模、经理人特质等；间接因素又包括两类，即内部治理机制和外部治理机制，前者如股权结构等，后者如产品市场竞争等。

詹姆斯等（James et al.，2000）在考察代理成本与股权结构的关系的研究中使用了两个反映经理人工作效率的变量作为代理成本的衡量指标。一个是公司的管理费用率，即管理费用与销售收入的比值。根据现行的会计制度，管理人员的在职消费通常都作为管理费用入账，因此，在控制其他因素的情况下，该指标可以大致反映经理人员的在职消费水平。二是资产周转率，即主营业务收入与平均总资产的比值。在剔除其他因素的影响后，该指标可在一定程度上反映经理使用公司资源的有效性和工作的努力程度。故本文采用管理费用率和资产周转率来近似替代经理人员的非货币性薪酬。

本文研究的目的是考察产品市场竞争对代理成本的影响，而如何把其他因素对代理成本的影响分离出去是一个难题。我们在具体模型的计算过程中使用了两阶段最小二乘法，首先剔除直接因素对经理人薪酬与代理成本的共同影响，即通过经理人薪酬与直接因素进行回归；然后，将回归模型的残差、直接因素以及间接因素等一起作为自变量与因变量——企业代理成本进行回归，考察内、外部治理机制对代理成本的影响；最后，引入内部治理因素与产品市场竞争的交互项，考察产品市场竞争对代理成本的影响。通过逐步调整变量进行回归，可以把产品市场竞争对代理成本的影响从诸多因素影响中分离出来。

## 2. 研究假设

詹森和梅克林（1979）指出国有企业在运行过程中，经理人的雇用多是基于政党关系而非管理能力，经理人往往得不到适当的激励。因此，经理人薪酬与国有股权呈负相关关系。兰伯特等（Lambert et al.，1993）认为，经理人持股比率越高时，他与公司利益渐趋一致，不会为了自身利益而提高其薪酬，所以当经理人持股比率越高时，预期其薪酬水平越低。刘纪鹏（2002）认为，在我国证券市场中，流通权本身是有价值的，非流通股份一旦变为流通股份就会增值，会把被非流通掩盖的股票价值发掘出来。因而，流通比例高则企业市场价值高，经理人薪酬相应也高。格罗斯费尔德（Grosfeld，2002）提出，外部治理机制（产品市场竞争）是对内部治理机制的有益补充，因而本文假设产品市场竞争可以降低公司内部治理机制不良所导致的代理成本。

三、数据来源及变量说明

**1. 数据来源**

我们以 2001～2006 年间在沪、深证券交易所的上市公司的非均衡面板数据（Unbalanced Panel Data）作为研究样本。行业的分类标准是证监会 2001 年颁布的《上市公司行业分类指引》。剔除数据不全和数据异常的样本，最终得到 1265 个有效样本。研究中所使用的数据来源于深圳国泰安 CSMAR 数据库。

**2. 变量说明**

（1）被解释变量。

本文参考斯隆（Sloan，1993）的做法，使用经理人薪酬的对数［ln（Comp）］来衡量经理人货币性薪酬，使用对数转换的一个优点在于可以降低变量的偏态。第二阶段计量模型的解释变量是管理费用率和资产周转率。

（2）解释变量。

产品市场竞争强度：赫芬达尔–赫希曼指数（Herfindahl-Hirschman Index，HHI），它是受到广泛采用的一项衡量产品市场竞争强度的指标。每个产业的 HHI 值为该产业各公司市场占有率的平方和①。HHI 值计算公式如下：

$$HHI_i = \sum (X_i/X)^2, X = \sum X_i$$

其中，$X_i$ 为产业内第 $i$ 家公司的销售额。

解释变量还有市值面值比率、净资产收益率、总资产、经理人供职时间、国有股比例、经理人持股比例、流通比例等（如表 1 所示）。

（3）控制变量。

表 1　　　　　　　　　　　　　　　指标选择及其描述

| 指标类别 | 指标名称 | 指标描述 |
|---|---|---|
| 被解释变量 | 经理人薪酬 ln（Comp） | 经理人的现金薪酬总额（单位：万元）的自然对数 |
| | 管理费用率（MER） | 管理费用与销售收入的比值 |
| | 资产周转率（TAT） | 主营业务收入与平均总资产的比值 |

---

①　该指标的效用在于对市场占有率取平方后，会出现马太效应（即强者衡强，弱者衡弱），也就是比例大的平方后与比例小的平方后之间的差距拉大，从而突出各公司市场占有率之间的差距。

续表

| 指标类别 | | 指标名称 | 指标描述 |
|---|---|---|---|
| 解释变量 | 直接因素 | 总资产的市值面值比率（MBR） | 衡量基于市场表现的治理绩效，较之托宾 q 值更加谨慎，更加符合中国股票市场的特点 |
| | | 净资产收益率（ROE） | 公司当年的税前收益与净资产的比率 |
| | | 总资产（ln（Asset）） | 公司总资产账面价值（单位：百万元）的自然对数 |
| | | 供职时间 ln（Time） | 经理人供职时间（单位：年）的自然对数 |
| | 内部治理机制 | 国有股比例（State） | 国家股占全部股本数的比值 |
| | | 经理人持股（Mholder） | 经理人所持公司股票的比例 |
| | | 流通比例（Circul） | 公司股票的流通比例 |
| | 外部治理机制 | 产品市场竞争强度（HHI） | 公司所属产业的赫芬达尔－赫希曼指数 |
| 控制变量 | | 资产负债率（Leverage） | 公司的年末资产负债率 |

注：1. MBR =（总负债的账面价值 + 非流通股股数 × 每股净资产 + 流通股股数 × 每股市价）/ 总资产的账面价值；

2. 本文根据证监会 CSRC 行业分类标准来界定产业类别，计算每个产业的 HHI 值。计算所得的 HHI 值愈低，表示产业集中度愈低，因此竞争程度愈高，亦即产品市场竞争程度是 HHI 的减函数。

## 四、模型设定与回归结果

### 1. 计量模型设定

本文以下列五个回归模型来检验研究假设：

$$\ln(\text{Comp}) = \alpha_0 + \alpha_1 MBR + \alpha_2 ROE + \alpha_3 \ln(\text{Asset}) + \alpha_4 \ln(\text{Time}) + \alpha_5 Leverage + \varepsilon_i \tag{1}$$

模型 1 是以经理人薪酬的直接影响因素为自变量，与经理人薪酬进行 OLS 回归分析，来搜寻无代理问题下的经理人薪酬的均衡水平。

$$MER = \alpha_0 + \alpha_1 RCOM + \alpha_2 MBR + \alpha_3 ROE + \alpha_4 \ln(\text{Asset}) + \alpha_5 \ln(\text{Time}) + \alpha_6 State + \alpha_7 Mholder + \alpha_8 Circul + \alpha_9 Leverage + \varepsilon_i \tag{2}$$

$$TAT = \alpha_0 + \alpha_1 RCOM + \alpha_2 MBR + \alpha_3 ROE + \alpha_4 \ln(\text{Asset}) + \alpha_5 \ln(\text{Time}) + \alpha_6 State + \alpha_7 Mholder + \alpha_8 Circul + \alpha_9 Leverage + \varepsilon_i \tag{3}$$

模型 2 和模型 3 是以模型 1 的残差以及直接因素、间接因素等一起作为自变量，分别与管理费用率和资产周转率进行 OLS 回归分析。其中，RCOM 表示剔除直接因素影响后薪酬的剩余部分（即模型 1 的残差）。

$$MER = \alpha_0 + \alpha_1 RCOM + \alpha_2 MBR + \alpha_3 ROE + \alpha_4 \ln(\text{Asset}) + \alpha_5 \ln(\text{Time}) + \alpha_6 HHI + \alpha_7 State \times HHI + \alpha_8 Mholder \times HHI + \alpha_9 Circul \times HHI + \alpha_{10} Leverage + \varepsilon_i \tag{4}$$

$$TAT = \alpha_0 + \alpha_1 RCOM + \alpha_2 MBR + \alpha_3 ROE + \alpha_4 \ln(\text{Asset}) + \alpha_5 \ln(\text{Time}) + \alpha_6 HHI + \alpha_7 State \times HHI + \alpha_8 Mholder \times HHI + \alpha_9 Circul \times HHI + \alpha_{10} Leverage + \varepsilon_i \tag{5}$$

模型 4、模型 5 与模型 2、模型 3 的差异在于分别用国有股权比例

（State）、经理人持股比例（Mholder）、流通比例（Circul）与产品市场竞争强度（HHI）的交互项代替原项。其目的是作为验证假设（产品市场竞争可以减轻公司内部治理机制不良所导致的代理成本）的依据。由于 HHI 值越低代表产品市场竞争强度越高，故若这些交互项系数显著为负，则假设成立。

**2. 统计性描述**

表 2 为各变量的统计性描述，其中经理人薪酬最大值为 400 万元（科龙电器），最小值为 0.68 万元（ST 鞍成），平均为 19.7 万元①。除了个别 ST 股票因公司经营不良外，我国经理人薪酬差距明显偏大，这与不同性质企业的薪酬制度和企业所处区域有关，而且与国外相比，我国经理人薪酬总体水平偏低。在 HHI 值部分，其最小值为 0.0620（制造业），最大值为 0.7124（电力、煤气及水的生产和供应业），说明制造业竞争最为激烈，而电力、煤气等公用事业则具有较强的垄断性。详见表 2 所示。

表 2　　　　　　　　　　　统计性描述

| 变量类别 | 变量 | 最小值<br>（Minimum） | 最大值<br>（Maximum） | 均值<br>（Mean） | 标准差<br>（Std. Deviation） |
|---|---|---|---|---|---|
| 被解释<br>变量 | Ln（Comp） | -0.3857 | 5.9910 | 2.9806 | 0.7257 |
| | MER | 0.0307 | 0.1615 | 0.1162 | 0.4362 |
| | TAT | 0.16 | 1.8 | 0.57 | 0.9031 |
| 解释变量 | MBR | 0.1494 | 2.7641 | 1.345 | 0.3781 |
| | ROE | -0.7416 | 4.6181 | 0.1352 | 0.2150 |
| | Ln（Asset） | 2.3983 | 10.5013 | 6.1538 | 0.3825 |
| | Ln（Time） | -1.7917 | 2.3520 | 1.1832 | 0.6241 |
| | State | 0.0000 | 1.0000 | 0.3926 | 0.2846 |
| | Mholder | 0.0000 | 0.0170 | 0.0002 | 2.1960 |
| | Circul | 0.0000 | 0.6418 | 0.3204 | 0.7351 |
| | HHI | 0.0620 | 0.7124 | 0.2513 | 0.2102 |
| 控制变量 | Leverage | 0.0263 | 4.3147 | 0.4537 | 0.3062 |

**3. 相关性分析**

表 3 为各变量的 Pearson 和 Spearman 相关的结果。

---

① CSMAR 数据库中提供的是高管人员、监事、董事薪酬的区间数据，由于本文要考察的是上市公司中具有实际控制权的经理人薪酬问题，因此该经理人的薪酬应是数据库中最高薪酬区间的上限数值，我们以此数据作为研究变量。

表 3

Pearson (Spearman) 相关系数矩阵

| | Ln (Comp) | MER | TAT | MBR | ROE | Ln (Asset) | Ln (Time) | State | Mholder | Circul | HHI | Leverage |
|---|---|---|---|---|---|---|---|---|---|---|---|---|
| Ln (Comp) | | 0.08 (0.16) | 0.33*** (0.15) | 0.19*** (0.02) | 0.21 (0.53) | 0.24 (0.47) | -0.13* (0.34) | 0.01* (0.09) | 0.38*** (0.00) | -0.10 (0.09) | 0.17 (0.14) | 0.24*** (0.00) |
| MER | 0.19*** (0.12) | | 0.18*** (0.09) | 0.04*** (0.08) | 0.14*** (0.00) | 0.05*** (0.00) | -0.22 (0.13) | 0.15 (0.45) | -0.21*** (0.00) | 0.07 (0.29) | 0.04 (0.22) | 0.06* (0.07) |
| TAT | 0.18*** (0.09) | 0.03 (0.10) | | 0.19*** (0.02) | 0.16 (0.71) | 0.10 (0.34) | -0.09*** (0.00) | 0.01* (0.00) | 0.07* (0.06) | -0.10 (0.17) | 0.06*** (0.00) | -0.25*** (0.00) |
| MBR | 0.03*** (0.07) | 0.01* (0.21) | 0.25*** (0.00) | | 0.02 (0.62) | -0.03 (0.59) | -0.04 (0.26) | -0.07 (0.16) | 0.16*** (0.00) | 0.36*** (0.00) | 0.21** (0.00) | -0.17 (0.10) |
| ROE | 0.40* (0.05) | 0.07*** (0.00) | 0.35* (0.10) | -0.07** (0.02) | | -0.71*** (0.00) | 0.19*** (0.00) | -0.26*** (0.00) | 0.08*** (0.00) | -0.02 (0.62) | 0.02 (0.35) | -0.06** (0.37) |
| Ln (Asset) | -0.37*** (0.00) | 0.06*** (0.00) | 0.23 (0.08) | 0.06* (0.07) | 0.47*** (0.00) | | 0.05*** (0.00) | 0.28*** (0.00) | 0.32*** (0.00) | -0.01* (0.24) | -0.05 (0.06) | 0.17*** (0.00) |
| Ln (Time) | 0.36*** (0.00) | 0.17* (0.05) | 0.05 (0.12) | 0.20*** (0.00) | -0.16 (0.46) | 0.27* (0.30) | | 0.22*** (0.00) | -0.13*** (0.00) | -0.02 (0.77) | -0.12* (0.37) | -0.08*** (0.00) |
| State | -0.02 (0.37) | -0.10* (0.22) | -0.07* (0.26) | -0.18*** (0.00) | -0.24** (0.00) | 0.33*** (0.15) | -0.14*** (0.00) | | 0.24*** (0.00) | -0.02 (0.27) | 0.19 (0.40) | 0.07 (0.02) |
| Mholder | 0.24** (0.26) | 0.17*** (0.00) | 0.11*** (0.00) | -0.05* (0.07) | 0.35*** (0.00) | -0.18*** (0.09) | -0.12*** (0.00) | -0.16*** (0.00) | | -0.08* (0.11) | 0.06* (0.05) | 0.03*** (0.00) |
| Circul | -0.02 (0.37) | -0.19 (0.21) | 0.04 (0.28) | -0.22** (0.00) | -0.25*** (0.02) | 0.03*** (0.00) | 0.22*** (0.00) | -0.19*** (0.07) | 0.07*** (0.04) | | -0.03 (0.14) | -0.18** (0.00) |
| HHI | 0.26 (0.13) | 0.19 (0.10) | 0.03*** (0.00) | -0.13* (0.02) | -0.05* (0.08) | 0.28* (0.01) | 0.13*** (0.00) | 0.34*** (0.00) | 0.29 (0.01) | 0.47*** (0.08) | | 0.06** (0.07) |
| Leverage | -0.18* (0.05) | 0.05 (0.07) | 0.15*** (0.00) | -0.07* (0.00) | 0.02 (0.07) | -0.11* (0.02) | 0.15*** (0.00) | -0.26*** (0.00) | 0.08*** (0.00) | -0.13*** (0.00) | 0.35*** (0.00) | |

注：*** 为 1% 水平下显著，** 为 5% 水平下显著，* 为 10% 水平下显著。

在表 3 中，矩阵对角线的右上方为 Pearson 相关，左下方为 Spearman 相关。结果显示，不论是 Pearson 相关系数，或是 Spearman 等级相关系数，代理成本变量与 ROE、Ln（Asset）、Mholder、HHI 等变量之间，呈现显著关系，与预期基本相同。

### 4. 回归结果

产品市场竞争与代理成本关系的回归结果见表 4 所示，模型 1～5 的解释力皆具有显著性。从表 4 可知，各模型中代理成本与公司规模和净资产收益率皆具有显著正相关关系，与总资产的市值面值比率（MBR）间的关系不太显著。我国上市公司经理人薪酬水平主要取决于财务绩效指标和公司规模大小，市场绩效指标的影响并不明显。经理人供职时间的回归系数显著为正，表示经理人供职时间越长，其经验和权力也会随时间增加，经理人薪酬增加，代理成本也提高（Finkelstein & Hambrick，1989）[1]。

在内部治理机制方面，模型 2 和模型 3 显示，国有股比例与代理成本呈正向关系。原因可能是，国有股比例越高，企业越接近垄断性质，经理人薪酬和在职消费高于社会平均水平，代理成本相对较高。而经理人持股比例与代理成本显著负相关，表明经理人持股比率越高，其与公司利益越趋一致，因而代理成本越低。流通股比例与经理人薪酬水平的关系则不显著。上述结果表明，公司内部治理机制不佳，则经理人薪酬和代理成本较高。

表 4 中，RCOM 的系数为正，经理人的货币性薪酬与非货币性薪酬之间为正相关关系。这说明，经理人有能力获得较高的货币性薪酬，同时也有能力获得较高的非货币性薪酬，即经理人掌握了企业控制权，企业内部治理机制不佳，代理成本较高[2]。

关于产品市场竞争能否减轻公司内部治理机制不良所导致的代理成本，从模型 2～5 的回归结果可以看出，产品市场竞争强度回归系数分别为 −0.1305、−0.1785、−0.2180 和 −0.3306，显著为负；在模型 4～5 中，产品市场竞争强度与国有股比例的交互项（State × HHI）回归系数为 −0.0489、−0.1257，与经理人持股比例的交互项（Mholder × HHI）回归系数为 −0.0307、−0.0711，皆显著为负，只是与流通比例的交互项（Circul × HHI）回归系数为 0.0062、−0.0136，不太显著。该结果总体上说明，当产品市场竞争强度愈高（HHI 值

---

① Finkelstein S.，D. Hambrick，1989，Chief Executive Compensation: A Study of the Intersection of Markets and Political Processes. Strategic Management Journal，（10）：121 − 134.

② 因为当股东掌握企业控制权时，股东可以根据企业的经济环境选择不同的激励模式。当经理的行为可以很容易地被监督时，将经理人薪酬与其行为相联系的激励模式能够有效地降低公司的代理成本；当企业的环境使得股东无法有效地监督经理的行为时，股东就会放弃对经理的直接监督，而通过提供隐性激励的方式来降低监督成本。以国有企业为例，国有产权的特殊性使得股东可能没有动力或能力去对经理人的行为进行监督，因此他们会付给经理人员较低的货币性工资，但却允许其有大量的在职消费。这就是说，在股东控制经理薪酬契约的情况下，经理人员的货币性薪酬低，则股东允许经理获得较高的非货币性薪酬；反之亦然。而经理人员的货币性薪酬和非货币性薪酬都高时，表明经理人掌握了企业控制权，出现了所谓的"内部人控制"。

表 4　经理人薪酬与产品市场竞争回归结果

| | 模型 1 | 模型 2 | 模型 3 | 模型 4 | 模型 5 |
|---|---|---|---|---|---|
| Constant | -7.0421*** (7.35) | 1.2207*** (3.04) | 2.1300*** (6.54) | -2.3028*** (5.12) | 3.1445*** (7.02) |
| RCOM | 0.0009 (0.75) | 0.0121** (1.64) | 0.0295** (1.41) | 0.0157*** (1.32) | 0.0326*** (1.28) |
| MBR | | 0.0105 (0.19) | 0.0024 (0.11) | 0.0037 (0.30) | 0.0221 (0.46) |
| ROE | 0.7403*** (11.52) | 0.0882* (1.48) | 0.1516* (1.31) | 0.2765*** (-7.37) | 0.3394*** (-6.64) |
| Ln (Asset) | 0.0251*** (8.51) | 0.0435* (1.67) | 0.0309* (1.56) | 0.0227*** (8.26) | 0.0398*** (9.67) |
| Ln (Time) | 0.1034* (1.74) | 0.0405* (1.45) | 0.0671* (1.65) | 0.0431* (1.72) | 0.0682* (1.65) |
| State | | 0.0174** (-2.37) | 0.0239* (-2.95) | | |
| Mholder | | -0.1834* (-1.81) | -0.1035* (-1.65) | | |
| Circul | | -0.0504* (-1.84) | 0.0296 (-1.76) | | |
| HHI | | -0.1305** (-2.55) | -0.1785** (-2.32) | -0.2180* (-1.59) | -0.3306* (-1.65) |
| State×HHI | | | | -0.0489*** (-6.56) | -0.1257*** (-7.84) |
| Mholder×HHI | | | | -0.0307*** (-12.53) | -0.0711*** (-9.21) |
| Circul×HHI | | | | 0.0062 (-1.32) | -0.0136 (-1.17) |
| Leverage | -0.0670* (-1.241) | -0.0217*** (14.25) | -0.1030*** (-11.24) | -0.0127 (1.406) | -0.0360* (-1.548) |
| N | 1265 | 1265 | 1265 | 1265 | 1265 |
| F-value | 11.20 | 14.05 | 25.36 | 21.09 | 34.47 |
| Adj. $R^2$ | 0.2125 | 0.1733 | 0.2068 | 0.1928 | 0.2217 |

注：1. 括号内数字为 t - 检验值；

2. *** 为 1% 水平下显著，** 为 5% 水平下显著，* 为 10% 水平下显著；

3. 各变量的方差膨胀因子均在 1~3 之间，无明显的共线性问题；

4. 由于 White 检验检验结果显示有异方差问题，故表中的 t - 检验值为修正后的结果。

愈低）时，经理人因内部治理机制不良而导致的代理成本也随之降低。因此，实证结果支持产品市场竞争能降低代理成本，故假设成立。

**5. 稳定性和敏感性检验**

本文研究的时间为 2001～2006 年，由于面板数据的原因，研究可能产生虚假结果。在研究期间，同一公司出现 5 次，为进一步考察本文结果的稳定性，我们采用格林（Greene，2000）的方法，将同一家公司各个年份平均，也就是自变量和因变量都简单平均，因而每一个公司仅会在样本中出现一次。合并后共有 253 个样本，实证结果如表 5 所示，结论并没有产生重大变化，回归结果比较稳定。

表 5　　　　　经理人薪酬与各变量的回归结果——面板数据的变异性处理

| | 模型 1 | 模型 2 | 模型 3 | 模型 4 | 模型 5 |
|---|---|---|---|---|---|
| Constant | −15. 0221 *** (8. 16) | 3. 4053 *** (6. 25) | 6. 1007 *** (7. 07) | −4. 2218 *** (6. 32) | 5. 6375 *** (8. 17) |
| RCOM | | 0. 4237 ** (1. 64) | 0. 3124 ** (1. 85) | 0. 5087 *** (6. 92) | 1. 0157 *** (6. 48) |
| MBR | 0. 0117 (0. 89) | 0. 01247 (0. 63) | 0. 0504 (0. 24) | 0. 0228 (0. 17) | 0. 0319 (0. 19) |
| ROE | 1. 6801 *** (12. 96) | 0. 4503 * (1. 67) | 1. 1074 * (1. 81) | 0. 3508 *** (7. 35) | 0. 6069 *** (8. 61) |
| Ln（Asset） | 0. 0509 *** (8. 51) | 0. 2850 * (1. 59) | 0. 5331 * (1. 53) | 0. 1034 *** (7. 31) | 0. 6175 *** (8. 20) |
| Ln（Time） | 0. 3751 * (1. 69) | 0. 1615 * (1. 56) | 0. 4258 * (1. 74) | 0. 1387 * (1. 70) | 0. 4330 * (1. 64) |
| State | | −8. 3069 ** (−2. 20) | −3. 0249 ** (−2. 09) | | |
| Mholder | | −0. 7107 * (−1. 75) | 2. 2108 * (−1. 82) | | |
| Circul | | −0. 3650 * (−1. 84) | 0. 5347 * (−1. 76) | | |
| HHI | | −0. 5403 ** (−2. 39) | −0. 1805 ** (−2. 58) | −0. 6570 * (−1. 46) | −1. 8341 * (−1. 58) |
| State × HHI | | | | −4. 1539 *** (−6. 21) | −1. 1604 *** (−5. 61) |
| Mholder × HHI | | | | −0. 9240 *** (−5. 13) | −3. 0961 *** (−4. 61) |
| Circul × HHI | | | | −1. 0142 * (−1. 42) | −2. 6176 * (−1. 57) |

续表

|  | 模型 1 | 模型 2 | 模型 3 | 模型 4 | 模型 5 |
|---|---|---|---|---|---|
| Leverage | $-0.1350^*$ $(-1.30)$ | $-0.0527^{***}$ $(1.28)$ | $-0.3408^{***}$ $(-1.45)$ | $-0.5409$ $(1.60)$ | $-0.2709$ $(-1.67)$ |
| N | 253 | 253 | 253 | 253 | 253 |
| F-value | 10.18 | 15.21 | 17.31 | 19.04 | 26.54 |
| Adj. $R^2$ | 0.2657 | 0.2308 | 0.2521 | 0.1967 | 0.2351 |

注：*** 为 1% 水平下显著，** 为 5% 水平下显著，* 为 10% 水平下显著。

此外，虽然预期产品市场竞争程度为 HHI 的减函数，然而两者关系的函数型态却是未知的。因而我们再以 HHI 值的算术平方根来衡量产品市场的竞争程度，进行敏感性分析（表略）。结果表明，各项内部治理机制变量与产品市场竞争程度的交互项仍显著为负，说明前述研究结论对于不同的产品市场竞争程度并不敏感。

# 五、结论与政策含义

产品市场竞争是确保经理人行为与所有权人利益一致的重要外部治理机制之一。本文以上市公司为研究对象，主要考察了产品市场竞争强度与代理成本的关联性。实证结果发现，产品市场竞争强度（HHI）与代理成本呈显著的负向关系，表明产品市场竞争能降低内部治理机制不良所产生的代理成本。结论与尼克尔（Nickell，1996）及贾甘纳坦和斯里尼瓦桑（Jagannathan & Srinivasan，2000）的论点一致：产品市场竞争是一种重要的惩戒机制。有鉴于此，建议政府未来应进一步打破垄断、强化竞争、完善公平竞争的市场制度，确保市场机制发挥作用，通过产品市场竞争降低代理成本，提高公司治理效率。

## 参考文献

[1] 施东辉：《转轨经济中的所有权与竞争：来自中国上市公司的经验证据》，载《经济研究》2003 年第 8 期。

[2] 刘纪鹏：《缩股全流通可为资本市场利好》，载《国际金融报》2002 年 11 月 25 日。

[3] Shleifer, A., R. W. Vishny, 1997, A Survey of Corporate Governance. *Journal of Finance*, (52): 737 – 783.

[4] Leibenstein, H., 1966, Allocative Efficiency vs. "X-Efficiency". *American Economic Review*, (56): 392 – 416.

[5] Machlup, F., 1967, Theories of the Firm: Marginalist, Behavioral, Managerial. *American Economic Review*, (57): 1 – 33.

[6] Fama, E. F., M. C. Jensen. , 1983, Separation of Ownership and Control. *The Journal of Law and Economics*, (26): 301 – 321.

[7] Nalebuff, B., J. Stiglitz, 1983, Information, Competition, and Markets. *American Economy*, (72): 278 – 283.

[8] Hart, O., 1983, The Market Mechanism as an Incentive Scheme, *Bell Journal of Economics*, (14): 366 – 382.

[9] Scharfstein, D., 1988, Product-Market Competition and Managerial Slack. *Rand Journal of Economics*, (19): 147 – 155.

[10] Hermalin, B., 1992, The Effects of Competition on Executive Behavior. *Rand Journal of Economics*, (23): 350 – 365.

[11] Nickell, S. J., 1996, Competition and Corporate Performance. *Journal of Political Economy*, (104): 724 – 765.

[12] Jagannathan, R., S. B. Srinivasan, 2000, Does Product Market Competition Reduce Agency Costs? *Working paper* 7480, *National Bureau of Economic Research*.

[13] Januszewski, S., I. KOke. J., Winter, J. K., 2002, Product Market Competition, Corporate Governance and Firm Performance: an Empirical Analysis for Germany. *Rsearch in Economicse*, (56): 299 – 332.

[14] Grosfeld, I., Tressel, T., 2002, Competition and Ownership Structure: Substitutes or Complements? *Economics of Transition*, (10): 525 – 551.

[15] Milkovich, Newman, 1999, Compensation, 6th edition. *McGraw-Hill Co.*

[16] Margiotta, Miller, 2000, Managerial Compensation and the Cost of Moral Hazard. *International Economic Review*, (41): 669 – 719.

[17] James, S. Ang., Rebel, A. Cole, James Wuh. Lin, 2000, Agency Cost and Ownership Structure. *The Journal of Finance*, (55): 81 – 106.

[18] Sloan, R. G., 1993, Accounting Earnings and Top Executive Compensation. *Journal of Accounting and Economics*, (16): 55 – 100.

[19] Finkelstein, S., D. Hambrick, 1989, Chief Executive Compensation: A Study of the Intersection of Markets and Political Processes. *Strategic Management Journal*, (10): 121 – 134.

[20] Greene, W. H., 2000, Econometric Analysis, 4th edition. New York, *CA: Sage Publications*.

# Product Market Competition,
# Executive's Compensation and Agency Cost

## Gao Minghua　Wang Yanming

**Abstract**：Product market competition is an important component of external corporate governance system. We measure the external agency costs by monetary compensation and non-monetary compensation, and propose the hypothesis that product market competition can reduce the agency costs. The factors that affect the manager salary include the direct factors and the indirect factors. The product market competition is one of indirect factors. When we analysis product market competition's influence on agency costs, how to separate other factors from all manager salary's influence ones is a difficult problem. Firstly, we search balanced level of executive's compensation with direct factors. Then, we analysis all factors impacting on agency costs. Finally, we study the influence of interaction between internal governance factors and product market competition on agency costs. The results show that executives at firms with weaker internal governance structures received greater compensation and product market competition can reduce the agency costs.

**Key Words**：Product Market Competition　Executive's Compensation　Agency Cost

第 1 卷第 1 辑　　　　　　　　公司治理评论　　　　　　　　Vol. 1　No. 1
2009 年 1 月　　　　　　　Review of Corporate Governance　　　　　　Jan. 2009

# 公司治理之信息透明评等是否具信息
# 内涵及其与信息质量之关系

江向才　黄纱铷[*]

【摘要】在一连串企业舞弊事件发生之后，已让许多投资大众对于企业财务报表之允当表达失去信心，也了解到企业各项信息是否揭露对其决策制定相当重要。然而由爆发弊案的企业财务报表观之，其所提供之信息虽已揭露主管机关所要求之强制性揭露及部分自愿性揭露事项，但事后对照，其所揭露内容并未允当表达，甚至多有造假，因此信息透明是否具有信息内涵，以及其与信息质量之关系，系为本研究之重点。本研究认为，信息透明评等应兼具透明的形式与质量，企业形式上虽揭露部分信息，但其内容与质量若无法帮助正确决策，则此种"透明"也不过徒具形式而已，虚有其表。因此，本研究首先以事件研究法验证信息透明度评等之效果，亦即验证其宣告是否对投资人决策产生影响，进而由信息质量之角度探讨其有影响或无影响之原因是否与信息质量有关。

本研究实证结果发现，首先，S&P 美国 500 大企业信息透明度评等之宣告，虽然样本公司之信息透明度普遍良好，但并未具信息内涵，亦即其宣告并未对投资人之行为产生影响，进而发生股价异常报酬。本研究进一步将受评公司所提供之信息依五种标准（预测价值、回馈价值、时效性、忠实表达、中立性）分别评估其信息质量，然后由此五种标准得出受评公司之信息质量之因素分数。其结果显示，受评公司之信息质量普遍不高，进一步以信息透明度作为自变量，而以信息质量作为因变量，探讨信息透明度是否具有影响力，结果显示并无显著关系。综此，信息透明如欲作为强化公司治理之工具，必须同时提升对财务信息质量之要求，唯有信息质量与信息透明同时提升，方能真正提供报表使用者可靠及攸关之信息。

【关键词】公司治理　信息透明　信息质量　信息内涵

## 一、绪　　论

一连串的企业丑闻深深打击了美国原本深以为自豪之公司治理机制。因

---

　* 江向才，逢甲大学会计系副教授，地址：台中市西屯区文华路 100 号，电话：（04）24517250转 4230，传真：（04）24516885，E-mail：htchiang@ fcu. edu. tw。
　黄纱铷，逢甲大学会计系硕士。

此，在 2002 年 7 月 26 日通过沙宾法案（Sarbanes-Oxley Act），亦称企业革新法案，来强调他们对于公司治理各项机制重视之决心。而在强化公司治理的过程中，提升信息透明度被认为是健全公司治理的源头，也是良好公司治理下必然的结果（薛明玲、蔡朝安，2003；张振山、包幸玉，2004；Mallin，2002）。因此，信息透明度机制深受世界各国之重视，台湾地区也在信息透明度这块领域上急起直追。

在一连串企业舞弊事件发生之后，已让许多投资大众对于企业财务报表之允当表达失去信心，也了解到企业各项信息是否揭露对其决策制定相当重要。为有效衡量强化公司治理之成效，许多机构陆续建立属于自己的衡量公司治理及信息透明度之机制，而其中较受瞩目的是国际性信用评等机构 Standard & Poor's（S&P）公司，它建立了包含三大构面、98 项指针的信息透明度评鉴系统。杜尔涅夫和金（Durnev & Kim，2002）认为 S&P 为国际知名信评机构，其所设计之指标较具国际化，因此较具公信力。因此评等机制，如 S&P 信息透明度评鉴系统之建立，将使企业在信息揭露方面产生了压力，企业为避免评鉴结果不佳影响公司声誉及利益，必须比过去更透明，以降低报表使用者之信心危机。

科林斯等（Collins et al.，1997）、弗朗西斯和席佩尔（Francis & Schipper，1999）等研究结果强调，财务报表所揭露的信息在股票评价上有重要的影响，不过这些相关的研究皆假设用来评价公司价值的财务报表信息是正确的，亦即假设并未存在如盈余管理等扭曲财务报表数字的情况。然而由爆发弊案的企业财务报表观之，其所提供之信息虽已揭露主管机关所要求之强制性揭露及部分自愿性揭露事项，但事后对照，其所揭露者并未允当表达，甚至多有造假，因此信息透明度是否真能提供高质量之攸关信息，系为本研究之重点。本研究认为，信息透明评等应兼具透明的形式与质量，企业形式上虽揭露部分信息，但其内容与质量若无法帮助正确决策，则此种“透明”也不过徒具形式而已，虚有其表。因此，本研究首先以事件研究法验证信息透明度评等之效果，亦即验证其宣告是否对投资人决策产生影响，进而由信息质量之角度探讨其有影响或无影响之原因是否与信息质量有关。

本研究实证结果发现，首先，S&P 美国 500 大企业信息透明度评等之宣告，虽然样本公司之信息透明度普遍良好，但并未具信息内涵，亦即其宣告并未对投资人之行为产生影响，进而发生股价异常报酬。本研究进一步将受评公司所提供之信息依五种标准（预测价值、回馈价值、时效性、忠实表达、中立性）分别评估其信息质量，然后由此五种标准得出受评公司之信息质量之因素分数。其结果显示，受评公司之信息质量普遍不高，进一步以信息透明度作为自变量，而以信息质量作为因变量，探讨信息透明度是否具有影响力，结果显示并无显著关系。综此，信息透明如欲作为强化公司治理之工具，必须同时提升对财务信息质量之要求，唯有信息质量与信息透明同时提升，方能真正提供报表使用者可靠及攸关之信息。

## 二、文献探讨与假说推论

### 1. 信息揭露与透明度

（1）信息透明度之定义。

希利和帕莱普（Healy & Palepu，2001）认为公司之所以需要揭露年度财务报表及公司信息，系因内部管理者与外部投资人之间存在着信息不对称（Information Asymmetry）之问题。针对这个问题，可以从两方面来着手，首先投资人与管理者签订合约，要求管理者应该要充分揭露信息，以避免投资人做出错误之决策；另一种方法则为透过外部的法规制定，要求公司尽完全揭露之义务。叶银华、李存修、柯承恩（2002）则从不同之角度提出更具体及明确之定义，透明度就是让资金的提供者（股东及债权人）更了解谁是企业主要控制者（谁拥有较多投票权）？董事会如何决策？财务报表质量是否能够真实反映公司经营状况？并且重视股东知的权利及处理好与投资人之间的关系。

由于公司信息包罗万象，针对财务信息部分，目前已经发展出一套渐趋成熟的会计语言，并且相当严谨之法律规范。但是，其他投资人关心但却无法量化的信息，专家学者也只能提出观念性的定义。叶银华、李存修、柯承恩（2002）强调"股东行动主义"，也就是建议投资者选择透明度高、公司治理佳的企业，以"良币驱除劣币"的方式，才能迫使公司主动地提高及加强公司的透明度。

（2）信息透明度评等系统之比较。

S&P 是首先对于信息透明度这一块领域制定出较为完善指标的机构。它将公司信息透明度分成三大部分：①所有权结构和投资人权利（Ownership Structure and Investor Relations）；②财务透明和信息揭露（Financial Transparency and Information Disclosure）；③董事会与管理结构和程序（Board and Management Structure and Process），分别包含了 28、35、35 个信息项目。根据公司所公布之财务报表及公开信息，如果该公司提供此信息项，则给 1 分，否则为 0 分，汇总后最高为 98 分，最低为 0 分，之后再换算成百分位，并以十进制数表示。故在 S&P 的透明度及揭露报告中，最高为 10 分，最低分为 1 分。由于本研究系以美国企业为研究范围，因此采用 S&P 之信息透明度评等结果来进行分析，其他包括里昂证券与台湾证券基金会亦制定其评等系统，相关内容的比较如表 1 所示。

表 1　　　　　　　　　　　　　评等系统之比较

| | S&P 公司[1] | 里昂证券[2] | 台湾证基会[3] |
|---|---|---|---|
| 评鉴项目 | 公司治理机制<br>信息透明度机制 | 公司治理机制 | 信息透明度机制 |
| 信息透明度评等构面 | 有三大构面 | 无，只有治理机制评等系统之构面 | 有五大构面 |
| 评鉴信息透明度之评鉴构面 | 财务透明度及信息揭露、董事会及管理者结构和流程之揭露及所有权结构及投资关系之揭露，一共 98 项指标 | 无 | 信息揭露相关法规遵循情形、信息揭露之时效性、预测性财务信息揭露之信息、年报之信息揭露及企业网站信息之揭露，一共 95 项指标 |
| 评鉴之区域 | 西太平洋（包括中国大陆、澳洲）、美国及拉丁美洲国家 | 全球 25 个新兴市场中的 495 个公司 | 中国台湾上市、柜公司 |

注：1. 参阅 S&P："Standard & Poor's Corporate Governance Scores-Criteria, Methodology And Definitions" 2001 年 7 月；

2. 里昂证券：https：//www. clsa. com；

3. 参阅台湾证券基金会：http：//www. sfi. org. tw。

## 2. 公司治理与信息透明度

过去研究文献均认为信息透明度对于资本市场都有其重要性。博托尚（Botosan，1997）衡量公司信息透明度与权益资金成本的关系，其研究自行建构衡量揭露程度的标准，包括五大要素：公司背景数据、历史获利信息、非财务性关键统计量、未来投资计划信息、公司经营讨论与分析。实证结果显示公司揭露程度对资金成本有深远的影响，也就是相对于较少分析师关注之公司，自愿性揭露之水平与权益资金成本之间呈现负相关。埃德林顿、亚威茨和罗伯茨（Ederington，Yawitz & Roberts，1987）、齐巴特和赖特（Ziebart & Reiter，1991）与森古普塔（Sengupta，1998）的研究中均发现，公司信息之评等是影响企业各项利率高低的重要因素。希利、赫顿和帕莱普（Healy，Hutton & Palepu，1999）调查公司提高自愿性信息揭露，结果指出揭露程度愈高，其获得资本市场的利益愈大。由此推论，企业信息的透明度越佳，预期将可以降低企业举债的资金成本及投资人之认同，进而获取利益。

## 3. 信息质量

财务信息中之盈余信息代表公司经营绩效的优劣，因此，盈余水平的高低常是投资人关心的重点，且正因为投资人对其高度关切，使得盈余质量的好坏更加重要，伊斯顿和日米科夫斯基（Easton & Zmikewski，1989）、科林斯和科塔里（Collins & Kothari，1989）、金成隆与曹寿民（1999）等研究均指出盈余为会计信息系统中最重要的产出。巴尔和布朗（Ball & Brown，

1968）研究结果指出会计盈余与股票报酬之关系后，与其类似的国内外的资本市场研究已普遍发现，盈余信息会反映在股价上，亦即盈余具有信息内涵。因此，在从事财务信息质量的研究中，多以盈余质量来加以衡量及表示。但该如何去加以衡量，就变成一个非常重要的课题。而且随着各个学者对盈余质量的看法及见解的不同，而有多种之论调及衡量方法。

因此，本研究为求衡量标准的客观性，在财务信息质量衡量架构方面采用美国财务会计准则委员会（Financial Accounting St & ard Board，FASB）在规范会计基本目的财务会计观念公报（SFAC）2 号中指出"区别有用与无用的信息端视攸关性及可靠性两项质量，及这两项质量所隐含的特征"。本研究将以攸关性（Relevance）中的预测价值（Predictive Value）、回馈性（Feedback Value）和时效性（Timeliness）以及可靠性（Reliability）中之忠实表达（Representational Faithfulness）及中立性（Neutrality）来作为衡量财务信息质量的变量。

### 4. 研究假说

本研究首先欲探讨信息透明度评等是否具信息内涵，再者，其是否具有信息内涵，与其信息透明下是否提供有质量的财务信息是否有关系？依据相关文献，提出下列之假说。

（1）信息透明度评等之宣告效果。

当股票市场中有一事件发生时，投资人将会对该信息进行解读，然而这样的解读程序若造成投资人对于未来预期报酬几率分配产生改变时，此公开信息即具有信息内涵。由于本研究欲探讨 S&P 针对美国 S&P500 所宣告的信息透明度之评等对股市的影响。本研究做出以下假说：

**H1：信息透明评等之宣告具有信息内涵**。

（2）信息透明评等结果与信息质量之关系。

提供信息为财务报导之目的，而近年来在了解信息可作为重要决策依据后，许多人开始利用信息优势来获取利益，因此衍生了信息不对称的问题。由于信息不对称必然存在于代理关系中，进而导致监督成本增加，也就是代理成本。信息揭露之公开为其解决的方式之一，松德尔（Sunder，1997）认为，提供契约双方可共享之信息有助于契约之设计及履行，在组织内利用会计控制所提供之信息可在各个主体的利害关系中取得平衡。

在信息内涵之研究中，学者归纳出信息之所以具有内涵，其原因并不只在于信息宣告动作，而更来自于其所宣告之内容（沈中华、李建然，2000）。因此，本研究认为，信息透明评等结果之宣告欲具有信息内涵，除宣告本身外，需有具质量之信息的配合，亦即信息透明宣告，若其同时提供了高质量之信息，则此宣告将会具信息内涵；若所揭露的信息不具信息质量，则即使信息透明，仍将因其所提供之信息无法帮助决策而导致无信息内涵。

但各公司所揭露的信息有多寡、好坏、优劣之分，因此，S&P 公司针对样本所揭露的信息，以其公司设计的评鉴系统来加以评等。希冀该信息能作为投资决策者制定决策时的依据之一。本研究拟探讨该评等结果与财务信息质量之关系，亦即信息透明的公司，是否提供较佳质量之信息。S&P 公司进行信息透明度评等时，将问题分成：所有权结构和投资人权利、财务透明和信息披露、董事会与管理结构和程序这三大分类，一共有 98 个选项。本研究就总评等结果及三大分类指标评等结果做成以下假说：

**H2：信息透明评等结果与企业财务信息质量具显著相关。**

**H2a：所有权结构和投资人权利与企业财务信息质量具显著相关。**

**H2b：财务透明和信息揭露与企业财务信息质量具显著相关。**

**H2c：董事会与管理结构与企业财务信息质量具显著相关。**

## 三、研究设计

### 1. 事件研究法

事件研究法（Event Study）之主要目的，是在探讨当某一事件或信息发生时，是否会引起股价异常的变动，也就是说，是否会引起异常报酬（Abnormal Return）。换句话说，事件研究法就常被使用在探讨每一特定信息或事件发生时，该信息或事件是否具有信息内涵。故本研究欲研究信息透明度评等的信息内涵时，亦使用事件研究法，来探讨 S&P 宣告样本公司的信息透明度评等时，该事件是否影响投资人的投资决策，并进而对公司股价造成异常影响，以至于造成该公司股价产生为预期报酬。因此，本研究以 S&P 宣告信息透明度评等的时间点 2002 年 10 月 16 日为事件日，前后各一天作为事件窗期。并且以事件日前 102 天至前 3 天，共 100 天作为估计期。

本研究以风险调整法中的市场模型（Market Model）作为股票报酬预期模式。关于用来检定平均异常报酬率是否显著性的统计量，在伯默尔、穆苏梅奇和波尔森（Boehmer，Musumeci & Poulsen，1991）的模拟实验中发现，不论事件是否会引起事件期异常报酬率变化，标准化横剖面法在检定力及判断力上的表现最佳，且即使在事件集中的情况下，对其表现几乎没有影响。因此拟采取标准化横剖面法 t 值，来检定平均异常报酬率是否显著大于零或小于零。

### 2. 财务信息质量之衡量

本研究对于财务信息质量（Financial Information Quality，FQ）的衡量，是依据美国财务会计准则委员会财务会计观念公报第 2 号（SFAC No. 2）《会计信息质量之特性》中，所提到好的信息质量是必须具备两项主要信息质

量：攸关性及可靠性。攸关性由下列三项要素所组成：预测价值、回馈价值
及时效性；而可靠性是指确保信息能免于错误及偏差，并能忠实表达其所要
表达之现象及状况，因此可靠性也是由三大要素所组成：忠实表达、中立性
及可验证性。本研究参考以其中预测价值、回馈价值、时效性、忠实表达及
中立性等五个构面来作为本研究衡量财务信息质量的架构。本研究排除可验
证性之部分，在如韦卢瑞（Velury，1999）及其他学者之研究中，可验证性
之代理变量常以会计师的查核意见作为代理变量，本研究之样本公司为
S&P500 大企业，经检视其财务报表之查核意见绝大多数为无保留意见，不具
可辨别性，因此本研究未放入可验证性，以其他五大构面作为衡量财务信息
质量的架构。

（1）预测价值之衡量。

席佩尔和文森特（Schipper & Vincent，2003）认为当企业有高的盈余持
续性时，投资者会接受到企业盈余组成中固定的部分比短暂盈余的部分还要
大的讯息，因此，就可以根据此讯息来加以预测公司在资本市场的价值。芬
格尔（Finger，1994）研究指出，盈余具有较佳预测未来现金流量的能力时，
该盈余就是具备好的盈余质量。贝恩施泰因（Bernstein，2000）表示，相对
于以净利来衡量公司绩效，比以来自营运活动的现金流量来衡量公司绩效是
比较差的；而且，来自于营运现金流量占净利的比率越高时，其盈余品质就
越好。故本研究以下列指针衡量预测价值：

预测价值指针 = 营运活动现金流量/净利

（2）回馈价值之衡量。

比弗（Beaver，1966）曾定义：若公司之盈余报告能够改变投资者对未
来股票报酬之预期，亦即能使现行股票均衡价格发生变动，则称该盈余具有
信息内涵。列夫（Lev，1989）更为股价和会计信息（盈余）的关系提出更
进一步的阐述，他认为：盈余和股价报酬关系之研究基础是建立在信息论之
架构上。根据信息论，一项讯息（如财务报告或一则新闻）如果使讯息接受
者改变其对相关变量之几率分配的预期时，则该项讯息传达了某种信息，亦
即信息有价值的必要条件是其可以改变决策者之信念，进而改变其所采取的
行动。因此若某项信息具有上述之特质，则称该信息为有用。同样地，对证
券市场的投资人而言，若某一信息改变其对股票价格的原有信念，因而促使
其采取行动到市场上去交易，进而造成股票价格及成交量的变动，则此信息
对投资人而言具有信息价值，即其具有“信息内涵”。

弗朗西斯和席佩尔（Francis & Schipper，1999）、科林斯等（Collins et
al.，1997）及布什曼等（Bushman et al.，2004）就曾以盈余之变动对股价
报酬之回归式中的 $R^2$ 来作为该盈余是否具备信息内涵。换句话说，就是该盈
余是否具备回馈价值。回归式如下：

$$RET_{j,t} = \delta_0 + \delta_1 EARN_{j,t} + \delta_2 \Delta EARN_{j,t} + \zeta_{j,t}$$

式中：

$RET_{j,t}$ = j 公司在 $t$ 年度的报酬率

$EARN_{j,t}$ = j 公司在 $t$ 年非常项目前的净利（NIBE）/（$t-1$）年期末的市场价值

$\Delta EARN_{j,t}$ = j 公司在 $t$ 年非常项目前净利之变动/（$t-1$）年期末的市场价值

所以回馈价值指针 = $R^2$，当 $R^2$ 越大时，就越具备回馈价值。

因此，本研究将以弗朗西斯和席佩尔（1999）、科林斯和科塔里（Collins & Kothari，1997）及布什曼等（2004）回归式中的 $R^2$ 作为本研究衡量回馈价值之指针。

（3）时效性（Timeliness）。

本研究则参考巴苏（Basu，1997）及巴尔等（Ball et al.，2000）的研究，以盈余与股价报酬反回归（Reverse Regression）模式中股票报酬（RET）估计系数 $b_2$ 以及反回归式中的判定系数 $R^2$ 作为及时性的衡量指标。其回归式如下：

$$EARN_t = b_0 + b_1 NEG + b_2 RET + b_3 NEG \cdot RET + \varepsilon_t$$

就变量含义的解释而言，反回归式中股票报酬估计系数 $b_2$ 及式中的判定系数 $R^2$ 系衡量个别公司当期会计盈余捕捉当期权益价值改变的程度。当盈余对管理者增加公司价值的活动越是延迟，我们预期的 $b_2$ 值将越低，亦即 $b_2$ 系捕捉好消息已反映在公司盈余的相对速度[①]。另外，公示中的 $R^2$ 当盈余越晚捕捉到已反映在股价中的好消息，此 $R^2$ 越低。最后以 $b_2$ 及 $R^2$ 作为衡量时效性之值。为了汇总 $b_2$ 及 $R^2$ 这两个衡量面向的盈余及时性，以及避免变量衡量误差的影响，首先分别对 $b_2$ 及 $R^2$ 这两个衡量变量计算每一公司在样本中的百分位数（Percentile Rank）。在将位于的分位数给予相同分数后平均加总。其分数越高，代表盈余及时性越好。换句话说，盈余品质就越好。其指标如下：

及时性指标 = $(b_2 + R^2)/2$

（4）中立性（Neturality）。

实证研究证实，上市公司财务报表存在管理者特定目的的盈余操纵为一普遍现象（Healy & Wahlen，1999）。所谓盈余操纵，乃是管理者为某些目的对财务报表盈余数字的操纵，致使其未能正确地表示实际的经济盈余状况（Goel & Thakor，2000）。综合桑卡（Sankar，1999）、希利和沃伦（Healy & Wahlen）及戈埃尔和撒克（Goel & Thakor）的论点，管理者的盈余操纵可以分类为短视的投机性盈余操纵及损益平稳化两种行为。盈余波动较高、不确定性较高时，公司会从事盈余平稳化，比特纳和多兰（Bitner & Dolan，1998）指

---

①　由于会计的保守原则，我们预期盈余反应坏消息的速度比好消息还要快，故回归式中的定式就可以容许 $b_2$ 捕捉股价中的好消息反映在会计盈余的速度。而 $b_2 + b_3$ 则是可捕捉到坏消息反映到会计盈余中的速度。

出盈余平稳化可以达成减少财务市场风险、降低资金成本及避免违反债务契约等目的，进而获取较高的市场评价。所以，借由了解企业盈余平稳化的情况，就可以得知公司是否为了某些目的来将信息加以扭曲或选用不适当的会计原则来操纵盈余，而违反中立性的定义。

洛伊策等（Leuz et al.，2003）及弗朗西斯、拉丰和席佩尔（Francis, LaFond & Schipper, 2004）都使用盈余平稳化指标，来看公司是否有操纵盈余，其指标如下：

$$Smoothness_{j,t} = \sigma(NIBE_{j,t}) / \sigma(CFO_{j,t})$$

式中：

$NIBE_{j,t}$ = j 公司在 t 年，其非常项目前之盈余/期初总资产之标准差

$CFO_{j,t}$ = j 公司在 t 年，来自营运活动之现金流量/期初总资产之标准差

标准差之算法是以该公司 5 年为基准所算出的。当盈余平稳化之指标比较大时，就代表该公司从事较少盈余平稳化的动作。也就表示该公司较具中立性。故本研究采用洛伊策等（2003）及弗朗西斯、拉丰和席佩尔（2004）的盈余平稳指标来作为中立性的衡量指标。

（5）忠实表达（Representational Faithfulness）。

德肖和迪切夫（Dechow & Dichev, 2002）认为，除了盈余管理外，应计项目之质量亦会受到公司及产业特性的影响，因此发展出一个模式来衡量应计项目估计误差的程度，并以应计项目估计误差的程度作为盈余质量的代理变数。

其回归式如下：

$$\Delta WC_t = b_0 + b_1 CFO_{t-1} + b_2 CFO_t + b_3 CFO_{t+1} + \varepsilon_t$$

其中 CFO 为营业活动现金流量，$\Delta WC$ 营运资本的应计项目，其定义如下：

$$\Delta WC = \Delta AR + \Delta Inventory - \Delta AP - \Delta TP + \Delta Other\ Assets\ (net)$$

AR = 应收账款

AP = 应付账款

TP = 应付所得税

Other Assets（net）= 其他流动资产净额

上述之变数均以平均总资产平减。此模式为个别公司（Firm-Specific）之时间序列回归模式，以营运资金的变动对前期、本期及下一期之营业活动现金流量进行回归，再计算此回归所得之估计残差标准差，此标准差即为应计项目与盈余质量之指针，标准差愈高代表其质量愈差。所以本研究采用德肖和迪切夫（Dechow & Dichev, 2002）发展出来之模型来作为衡量忠实表达之指标。

在确认五个衡量财务信息质量指针之代理变量后，本研究将财务信息质量作为应变量，因此，本研究进一步以因素分析（Factor Analysis）将五个衡量指标加以结合成单一财务信息质量指针。

先前研究中多分别以五个衡量财务信息质量的变量来探讨与财务信息质量之关联性，然而这样的研究设计仍嫌不足。因为财务信息质量是由这五项变量所组成，若单以各个变量来探讨与财务信息质量之间的关联性，似乎无法显示整体财务质量与研究变量间的关系。本研究为补充文献上此部分之不足，研究设计上进一步使用因素分析来将研究中所取得的五个衡量指标抽取出共同因素，而以因素分数（Factor Score）来萃取出代表财务信息质量之值。至于因素分数的产生以因素负荷量为基础，透过回归分析原理来取得一组因素分数之系数，即可计算因素分数。因素分数系数是由因素负荷量与相关系数反矩阵的乘积而得：

$$B = R^{-1}A$$

而因素分数就是原始变项分数转换为 Z 分数后乘以因素分数系数而得：

$$F = ZB$$

科姆瑞（Comrey，1973）建议样本宜大于 300；而戈萨奇（Gorsuch，1983）提出更为相对性的策略，他认为样本数最少为变项数的 5 倍，且大于 100。而本研究之样本数为 384 家公司，符合上述研究之建议数。使用因素分析得出：应变量－财务信息质量（FQ）之后，再使用多元复回归来探讨财务信息质量与 S&P 所使用的评鉴系统之间的关联性。综合上述，本研究所使用的回归模型如下：

$$FQ_{it} = \alpha_0 + \alpha_1 DIS + \alpha_2 LEV + \alpha_3 SIZE + \varepsilon_{it} \tag{1}$$

$$FQ_{it} = \alpha_0 + \alpha_1 HT + \alpha_2 FT + \alpha_3 MT + \alpha_4 LEV + \alpha_5 SIZE + \varepsilon_{it} \tag{2}$$

变量定义如下：

*FQ*——财务信息质量，该变量是将预测价值、回馈价值、时效性、中立性及忠实表达五大衡量变量，透过因素分析所衡量。

*DIS*——信息透明度指针，为 S&P 公司给样本公司在信息透明度部分之总分。以该总分为基础，若分数位于所有样本之中位数以上者，给予 1；反之则为 0。

*HT*——所有权结构与投资人权利。此乃 S&P 为样本公司评估信息透明度时，题目分成三大类，此为其中之一类。每大类 S&P 各给一个子分数，以此分数为基础，若分数位于所有样本之中位数以上者，给予 1；反之则为 0。

*FT*——财务透明与信息揭露。仍为三大类其中之一类。以此项分数为基础，若分数位于所有样本之中位数以上者，给予 1；反之则为 0。

*MT*——董事会与管理结构程序。以此项分数为基础，若分数位于所有样本之中位数以上者，给予 1；反之则为 0。

*LEV*——负债比率。是以总负债/总资产来表示。

*SIZE*——规模。乃为样本公司期末市价取自然对数而得。

### 3. 样本选取及数据来源

（1）样本之选取。

本研究范围以 S&P 对美国 500 大企业信息透明度的评等结果为数据来源，其评等条件要求这些公司必须同时在 2002 年 6 月及 2002 年 9 月均是 S&P500 大之公司，才具有受测资格。除此之外，此评等的测试亦排除在 2002 年 6 月时不具完整信息的公司，因此总测试家数为 384 家。由于本研究是针对 S&P500 大企业来进行实证研究，因此除了排除数据不全及金融业之样本公司外，剩余之样本 384 家公司全纳入实证研究中（如表 2 所示）。

表 2　　　　　　　　　　　样本公司筛选过程汇总表

| 选样方式 | 观察值 |
| --- | --- |
| 初步取得之样本数 | 500 |
| 减：2002 年 6 月及 2002 年 9 月非 S&P500 大公司 | 40 |
| 减：股价信息不齐全者 | 76 |
| 最后选取样本公司总计 | 384 |

（2）资料来源。

本研究相关信息透明度评等之信息来自于 2002 年 10 月 16 日 S&P 出版的《全球的透明度与公开披露：方法与研究成果的概观——美国》（Global Transparency and Disclosure：Overview of Methodology and Study Results—United States）白皮书，而研究样本公司的股价信息及相关公司治理等变量数据，则取自于有价证券价格研究中心数据库（CRSP）及 Compustat 数据库。

## 四、实证结果

信息透明度评等是否具备信息内涵，指的是该评等被加以宣告时，美国的证券资本市场之投资人是否因该事件造成对于未来预期报酬的几率分配产生改变，若有，则该事件就具有信息内涵。因此，对本研究假说 H1 进行检测。

### 1. 事件期平均异常报酬及累积平均异常报酬

（1）事件期平均异常报酬分析。

由于本研究之事件期为 S&P 发布信息透明度评等之当日及前后各一天，即为 2002 年 10 月 15 日、16 日及 17 日。在表 3 中可以发现，t = -1、t = 0 及 t = -1 这三天的平均异常报酬经检定不具显著性，即美国之资本市场对于此信息评等之宣告并未明显受到影响，因此无法拒绝虚无假说。

表 3　　　　　　　　　　　　事件期平均异常报酬之检定

| | 事件期平均异常报酬之检定 | | |
| --- | --- | --- | --- |
| | t = -1 | t = 0 | t = -1 |
| SAR | 0.066884 | -0.029043 | -0.04109 |
| t（SAR） | 0.94577142 | -0.5472891 | -0.496615 |

注：1. 0.1 显著水平之双尾检定为 -1.645 ~ 1.645。
2. 0.05 显著水平之双尾检定为 -1.96 ~ 1.96。
3. 0.01 显著水平之双尾检定为 -2.576 ~ 2.576。
4. 以上之事件期的平均异常报酬均未达显著水平，故无法拒绝信息透明度评等宣告，不具有累积异常报酬之现象之假说。

（2）事件期累积平均异常报酬分析。

就事件期的累积平均异常报酬来进行分析，如表 4 所示，其检定结果亦呈现不显著之状况。也就是股价均无显著反应且不受到信息透明度评等之宣告而变动。故根据本研究之实证结果，无法拒绝虚无假说。

表 4　　　　　　　　　　　　事件期累积平均异常报酬之检定

| | 事件期累积异常报酬之检定 |
| --- | --- |
| SCAR | -0.00324792 |
| t（SCAR） | -0.027278099 |

注：1. 0.1 显著水平之双尾检定为 -1.645 ~ 1.645。
2. 0.05 显著水平之双尾检定为 -1.96 ~ 1.96。
3. 0.01 显著水平之双尾检定为 -2.576 ~ 2.576。
4. 以上之事件期的累积平均异常报酬均未达显著水平，故无法拒绝信息透明度评等宣告，不具有累积异常报酬之假说。

（3）事件研究法之结论与建议。

从信息透明度宣告之信息内涵测试结果得知，该宣告对于美国资本市场的投资人而言，并未有显著的影响，因此，股价也未有显著之变动。本研究推论其原因可能有两项：第一，该信息透明之宣告可能未具信息质量，此亦为本研究下一步回归所要测试之重点。第二，本研究认为除了未具信息质量之外，国家经济环境也是重要影响因素。

在公司治理之领域中，许多人认为，当一个企业具有较佳的公司治理机制时，这将会影响其市场价值。但此种论点在美国的资本市场中，却是非常薄弱的，甚至是无关联性的。主要是因为在美国，许多公司治理的规则、基准或是规范，都已由法律所规范，大部分的公司都广泛地遵守着，不敢去违背这些规范，因此公司治理之行为差异不大，本研究认为这也是造成 S&P 公布信息透明度之宣告时无法在市场中引起涟漪的原因之一。在许多学者之研究中也发现同样的研究结果，巴贾特和布莱克（Bhagat & Black，1999）、魏斯巴赫和埃尔马兰（Weisbach & Hermalin，2000）研究公司中独立董事的比例对公司价值之影响，实证发现该项公司治理的特质对于公司价值而言，并无显著之影响。克莱因、夏皮罗和扬（Klein，Shapiro & Young，2005）的研究中也发现，公司治理的指针对于加拿大的样本公司的绩效并无影响。

所以，许多学者发现，在美国、加拿大这样经济极度开发并且许多制度已相当成熟的国家中，寻找公司治理行为影响企业的市场价值的实证证据，是一件不容易的事情。即使找到也都相当薄弱。因此，许多学者开始研究是否在新兴市场中，这样的关联性就会较为强烈。布莱克（Black，2001）研究俄罗斯公司治理行为与公司价值之间的关联性，扬迪克和伦尼（Jandik & Rennie，2005）研究捷克公司治理与公司绩效之衡量，孙（Sun，2002）研究韩国的公司治理与公司获利能力及阿克苏和科塞达格（Aksu & Kosedag，2005）研究土耳其信息透明度与公司绩效之关联性。其研究结果发现在新兴市场中，这样的关联性确实是相当强烈的。换言之，这些新兴市场国家就是因为其公司治理机制不健全，因此，公司治理的强化与信息透明的要求才与公司价值之间呈高度关联性。

### 2. 信息透明度评等宣告与财务信息质量关联性之实证结果

（1）因素分析。

本研究采用因素分析的步骤就如同表 5 所示来加以进行。本研究各步骤均使用 SPSS 软件的数据缩减（Data Reduction）中因素分析来加以进行。将预测价值、回馈价值、时效性、中立性及忠实表达这五个因素，分别以主成分分析法及最大变异转轴，取特征值大于 1，作为因素选取共同因素之原则。并且以回归方式产生因素分数，以作为后续分析之用。

表5 因素分析结果

| | 因素 | 因素负荷量 | 特征值 | 累积解释变异数（%） |
|---|---|---|---|---|
| 步骤一 | 因素一：攸关性 | | | |
| | 预测价值 | 0.188 | 1.37 | 45.618 |
| | 回馈价值 | 0.804 | | |
| | 时效性 | 0.829 | | |
| | 因素二：可靠性 | | | |
| | 中立性 | 0.72 | 1.04 | 51.84 |
| | 忠实表达 | 0.72 | | |
| 步骤二 | 因素：财务信息质量 | | | |
| | 攸关性 | 0.714 | 1.02 | 51 |
| | 可靠性 | −0.714 | | |

在统计学的传统中，与潜在变项的测量有最为密切关系的统计概念即是因素分析。因素分析发展最初目的是在于简化一群庞杂的测量，找出可能存

在于观察变项背后的因素结构，使之更为明确，增加其可理解度（Kim & Mueller，1978）。从因素分析结果可以显示出，各萃取之因素构面其特征值均大于 1，代表着此因素即为一个有意义的因素。所以，从这些数据可以了解，因素分析所产生之因素分数应该是可信赖的。本研究欲探讨信息透明度变量与财务信息质量间的关联性，故使用因素分析的结果因素分数，再做进一步的回归分析。

（2）回归分析。

表 6 列示出标准差、平均数、中位数、最大值、最小值的叙述性统计。从表中可以发现，所有权结构与投资人权利透明度比财务透明与信息揭露程度、董事会与管理结构程序透明度的平均数要低。表示此一透明度各公司的得分较为分散。而至于财务透明与信息揭露程度与董事会与管理结构程序透明度的平均数较高且标准差低，表示样本公司在这两部分所得到的分数非常集中而且偏高。

表 6　　　　　　　　　　各研究变量之叙述性统计

| 变数 | 平均数 | 标准差 | 中位数 | 最大值 | 最小值 |
| --- | --- | --- | --- | --- | --- |
| FQ | 2.083 – E07 | 0.9987 | 0.106 | 1.88627 | – 5.8305 |
| DIS | 0.5000 | 0.5000 | 1.000 | 1.000 | 0.0000 |
| HT | 0.5339 | 0.4989 | 1.000 | 1.000 | 0.0000 |
| FT | 0.8930 | 0.3090 | 1.000 | 1.000 | 0.0000 |
| MT | 0.9430 | 0.2320 | 1.000 | 1.000 | 0.0000 |
| LEV | 0.6089 | 0.2171 | 0.624 | 2.12184 | 0.0610 |
| SIZE（ln） | 8.9367 | 1.3375 | 8.862 | 13.4827 | 5.5878 |

注：变量定义：

FQ：财务信息质量为该研究之应变——预测价值、回馈价值、时效性、中立性及忠实表达五个指标透过因素分析所产生的因素分数整合而成。

DIS：信息透明度指针，为 S&P 公司给样本公司在信息透明度部分之总分。以该总分为基础，若分数位于所有样本之中位数以上者，给予 1。反之则为 0。

HT：所有权结构与投资人权利，此乃 S&P 为样本公司评估信息透明度时，题目分成三大类，此为其中之一类。每大类 S&P 各给一个子分数，以此分数为基础，若分数位于所有样本之中位数以上者，给予 1。反之则为 0。

FT：财务透明与信息揭露。

MT：董事会与管理结构程序。

LEV：负债比率，是以总负债/总资产来表示。

SIZE：规模，乃为样本公司期末市价取自然对数而得。

从表 7 自变量的相关性分析及其显著性中得知，变量之间的共线性问题，除了规模（SIZE）及负债比率（LEV）之外，若规模及负债比率的系数均达显著水平，则共线性的问题将不另行调整，其原因为共线性会造成参数估计的无效率，若在共线性的情形下，参数的估计仍为显著，则调整共线性之后的参数将更易达到显著水平，因此若规模与负债比率的参数在未调整共线性前均已达显著水平，则不再特别调整。

表 7　　　　　　　　　　　　　　　自变量之相关性分析

$$FQ_{it} = \alpha_0 + \alpha_1 DIS + \alpha_2 LEV + \alpha_3 SIZE + \varepsilon_{it}$$

|  | DIS | LEV | SIZE |
|---|---|---|---|
| DIS | 1.000 | 0.140 *** | − 0.129 *** |
| LEV |  | 1.000 | − 0.442 *** |
| SIZE |  |  | 1.000 |

　　注：1. 变量定义：DIS：信息透明度指针，为 S&P 公司给样本公司在信息透明度部分之总分。以该总分为基础，若分数位于所有样本之中位数以上者，给予 1；反之则为 0。
LEV：负债比率，是以总负债/总资产来表示。
SIZE：规模，乃为样本公司期末市价取自然对数而得。
2. * 表示 $\alpha = 0.1$ 时为显著；** 表示 $\alpha = 0.05$ 时为显著；*** 表示 $\alpha = 0.01$ 时为显著。

　　从表 8 自变量的相关性分析中得知，信息透明度之间是具有相关的，尤其是财务透明与信息揭露（FT）及董事会管理结构程序（MT）之间呈显著相关。代表着公司的财务透明及信息揭露与否与整个董事会及整个管理结构程序是相关的。而在所有权结构及投资人权利（HT）与财务透明及信息揭露（FT）这两个变量，在 $\alpha = 0.10$ 时具有相关性。这有可能是因为整个财务是否透明与公司整个股权结构是相关的。

表 8　　　　　　　　　　　　　　　自变量之相关性分析

$$FQ_{it} = \alpha_0 + \alpha_1 HT + \alpha_2 FT + \alpha_3 MT + \alpha_4 LEV + \alpha_5 SIZE + \varepsilon_{it}$$

|  | HT | FT | MT | LEV | SIZE |
|---|---|---|---|---|---|
| HT | 1.000 | 0.066 * | 0.062 | 0.042 | − 0.083 * |
| FT |  | 1.000 | 0.205 *** | 0.118 ** | − 0.076 * |
| MT |  |  | 1.000 | 0.040 | − 0.042 |
| LEV |  |  |  | 1.000 | − 0.442 *** |
| SIZE |  |  |  |  | 1.000 |

　　注：1. 变量定义：HT：所有权结构与投资人权利，此乃 S&P 为样本公司评估信息透明度时，题目分成三大类，此为其中之一类。每大类 S&P 各给一个子分数，以此分数为基础，若分数位于所有样本之中位数以上者，给予 1；反之则为 0。
FT：财务透明与信息揭露。
MT：董事会与管理结构程序。
LEV：负债比率，是以总负债/总资产来表示。
SIZE：规模，乃为样本公司期末市价取自然对数而得。
2. * 表示 $\alpha = 0.1$ 时为显著；** 表示 $\alpha = 0.05$ 时为显著；*** 表示 $\alpha = 0.01$ 时为显著。

　　由于本研究之事件研究法之结论为 S&P 信息透明度评等之宣告，并无信息内涵。换句话说，投资大众接收该信息之后，并未有所反应。所以，本研究以复回归分析进一步来加以探讨及了解事件研究法之下的结论。从表 7 与表 8 所示，可以清楚地了解到自变量之间并无共线性之问题。因此，本研究将进行两条回归式之分析，以便了解 S&P 所使用之信息透明度评等变量与财务信息质量之间的关联性。兹将多元复回归式之结果列示于表 9 及表 10。

表 9　以 DIS 变量作为衡量整体信息透明度之变量的回归结果

$$FQ_{it} = \alpha_0 + \alpha_1 DIS + \alpha_2 LEV + \alpha_3 SIZE + \varepsilon_{it}$$

| 变数 | 系数 | t 值 | p 值 |
|---|---|---|---|
| 截距项 | 0.344 | 1.527 | 0.128 |
| DIS | 0.039 | 0.389 | 0.697 |
| LEV | −0.355 | −1.363 | 0.174 |
| SIZE | −0.031 | −3.596 | 0.000 *** |
| 样本数 | | | 384 |
| R-squared | | | 0.035 |
| Adjusted R-squared | | | 0.025 |

注：1. 变量定义：DIS：信息透明度指针，为 S&P 公司给样本公司在信息透明度部分之总分。以该总分为基础，若分数位于所有样本之中位数以上者，给予 1；反之则为 0。

LEV：负债比率，是以总负债/总资产来表示。

SIZE：规模，乃为样本公司期末市价取自然对数而得。

2. * 表示 $\alpha = 0.1$ 时为显著；** 表示 $\alpha = 0.05$ 时为显著；*** 表示 $\alpha = 0.01$ 时为显著。

表 10　以 HT、FT、MT 变量作为衡量信息透明度之变量的回归结果

$$FQ_{it} = \alpha_0 + \alpha_1 HT + \alpha_2 FT + \alpha_3 MT + \alpha_4 LEV + \alpha_5 SIZE + \varepsilon_{it}$$

| 变数 | 系数 | t 值 | p 值 |
|---|---|---|---|
| 截距项 | 0.829 | 2.596 | 0.010 |
| HT | −0.068 | −0.676 | 0.500 |
| FT | 0.011 | 0.071 | 0.943 |
| MT | 0.463 | −2.049 | 0.037 ** |
| LEV | −0.033 | −1.291 | 0.197 |
| SIZE | −0.032 | −3.740 | 0.000 *** |
| 样本数 | | | 384 |
| R-squared | | | 0.048 |
| Adjusted R-squared | | | 0.033 |

注：1. 变量定义：HT：所有权结构与投资人权利，此乃 S&P 为样本公司评估信息透明度时，题目分成三大类，此为其中之一类。每大类 S&P 各给一个子分数，以此分数为基础，若分数位于所有样本之中位数以上者，给予 1，反之则为 0。

FT：财务透明与信息揭露。

MT：董事会与管理结构程序。

LEV：负债比率，是以总负债/总资产来表示。

SIZE：规模，乃为样本公司期末市价取自然对数而得。

2. * 表示 $\alpha = 0.1$ 时为显著；** 表示 $\alpha = 0.05$ 时为显著；*** 表示 $\alpha = 0.01$ 时为显著。

从表 9 中可以得知，若衡量信息透明度指针为单一指标（DIS）时，其回归式所产生的结果是正向关系，但不显著。代表着信息透明度变量（DIS）与

财务信息质量之间无显著关系。这样的结果也呼应事件研究法之结论。根据英霍夫（Imhoff，1989）、乔和沙拉蒙（Choi & Salamon，1989）提出财务信息质量与股价报酬之间呈现正相关，认为财务信息质量较高之公司，其股价应有较好的表现。因此，当衡量信息透明度变量与财务信息质量之间无显著性时，换句话说，S&P 所使用的衡量信息透明度变量之变动无法捕捉到财务信息质量之变动，如此一来，则无法让依赖财务数字做出投资决策之投资大众信服，而将信息透明度评等宣告之信息反映在公司之股价的表现上。因此，本研究之回归结果是进一步证明为何 S&P 的信息透明度的宣告无信息内涵的原因。

　　而从财务比率，即变量 – 负债比率（LEV）来看，其与财务信息质量之间是如本研究预期的呈现负向关系。其关系符合"债务契约假说"。当公司的负债比率越高，其面临的限制条款的违约风险越高，故管理当局就越有诱因去操纵财务数字、选择增加报导盈余的会计方法来避免因违反条约而遭受违约成本，故当负债比率越高时，其财务信息忠实表达的情况越低，财务信息质量就越差。至于控制变量规模（SIZE），与财务信息质量之间是呈现负向显著相关。此结果符合了"规模假说"，认为当公司规模越大时，受到证管会与新闻媒体较多的注意，以至于所面临的政治成本越大，管理当局越有可能感受到压力，因而去从事盈余管理、盈余平稳化之行为（Watts & Zimmerman，1978），如此财务信息就较不具质量。

　　表 10 是将衡量信息透明度之指针又分成所有权结构与投资人权利（HT）、财务透明与信息揭露（FT）、董事会及管理结构程序（MT）这三项变量。由回归结果可以看出负债比率（LEV）及规模（SIZE）与表 9 是一致的，而所有权结构与投资人权利（HT），此变量与财务信息质量之间呈现不显著负相关。对于此变量本研究并未有预期之方向，所以所有权结构及投资人（HT）变量会呈现负相关是有可能的，信息的揭露对于投资大众而言，并无多大的预测价值及回馈价值，所以公司即使越多地揭露这方面的信息，基本上亦无助于投资者对公司财务信息质量产生信心，有时甚至该信息可能还会沦落成管理当局为了掩饰不佳的财务信息质量之工具。而财务透明与信息揭露（FT）这个变量呈现不显著正相关，此符合斯彭斯（Spence，1973）的讯号发射理论。因为当公司财务信息质量越高时，代表公司越怕被投资大众低估其财务信息质量，因此公司会提高其财务透明度及信息揭露程度，以散布公司的财务信息质量是良好的讯息。至于董事会及管理结构程序（MT）这一个变量在 $\alpha = 0.05$ 时与财务信息质量呈现显著正相关，有别于其他两项信息透明度之衡量变量。其原因是，该变量所传达的均是有关董事会的成员人数、董事会成员名字、各董事目前的工作、董事拥有的股票数量、公司是否设置审计委员会等之信息。因此当公司越多揭露这样的信息时，代表公司内部的结构是能让人有信心的，公司信息更加透明，进而对于其产生的财务信息的质量也就越加信赖。故此变数在本研究中是呈现显著正相关的。

# 五、研究建议与结论

在一连串管理阶层舞弊案发生之后，除了之前许多研究已广泛讨论的公司治理议题如股权结构、董事会规模、董监持股比例之外，信息透明度的议题已深受学术界、实务界以及政府主管机关的关切，实务在学术研究上均明确指出信息透明度为公司治理的基石，也是探讨公司治理机制的重点之一。因此在国内外建立许多信息透明度评鉴的方法及数据，其目的在于希望透过外部机制促使公司遵守法规的要求之外，也期盼各公司能加强自愿性的信息揭露，进而使公司治理能更加完善。

因此信息透明的目的，在于透过信息的充分揭露来确保报表使用者能取得所需之信息。然而信息透明需同时具有信息质量，其所提供的信息方具攸观性与有效性。因此，本研究就以美国著名的信评公司——S&P 所发展出来的信息透明度评鉴结果为研究焦点，以事件研究法来了解这样的信息透明度评等之宣告是否具备信息内涵，并且针对事件研究法之结论以多元复回归再进一步了解其原因。

实证结果发现，不管事件期的平均异常报酬检定（AR）或是事件期累积平均异常报酬检定（CAR），本研究均无足够证据去推翻假说——样本公司因信息透明度评等之宣告，无法产生异常报酬现象。亦即信息透明评等的宣告，并未对投资人之决策造成影响。为证实信息透明评等无信息内涵之可能原因，本研究以信息质量作为因变量进行回归分析。而回归结果显示，虽然 500 家大企业信息透明度普遍良好，但与信息质量间之关系并不显著。整体而言，本研究结果显示信息透明评等未具信息内涵，而其原因应与信息质量未能提升有关。

因此，在各国致力各项评等的同时，除各项形式上的要求外，本研究建议内容上的要求亦应同时加强，以信息透明评等为例，目前多仅注重是否揭露，而未注重揭露之内容是否可靠及攸关，建议主管机关未来可加强对揭露内容方面之要求，以确实强化公司治理中对信息透明与信息质量的要求。

## 参考文献

[1] 沈中华、李建然：《事件研究法：财务与会计研究必备》，华泰出版社 2000 年版。

[2] 叶银华、李存修、柯承恩：《公司治理与评等系统》，商智文化出版社 2002 年版。

[3] 薛明玲、蔡朝安：《从信息揭露看公司治理》，载《月旦法学杂志》2003 年第 96 期。

[4] 张振山、包幸玉：《我国信息公开制度之探讨》，载《证券暨期货月刊》，2004 年第 4 期。

[5] Ball, R., Brown, P., 1968, An Empirical Evaluation of Accounting Income Numbers. *Journal of Accounting Research*, (6): 159 – 178.

[6] Ball, R., S. Kothari, Robin, A., 2000, The Effect of International Institutional Fac-

tors on Properties of Accounting Earnings. *Journal of Accounting and Economics*, (29): 1 – 15.

[7] Basu, S., 1997, The Conservatism Principle and the Asymmetric Timeliness of Earnings. *Journal of Accounting and Economics*, (24): 3 – 37.

[8] Beaver, W. H., 1966, Financial Ratios As Predictors Of Failure. *Journal of Accounting Research*, (4): 71 – 111.

[9] Bhagat, Sanjai, Bernard Black, 1999, The Uncertain Relationship Between Board Composition and Firm Performance. *Business Lawyer*, (55): 921 – 963.

[10] Black, B. S., Jang, H., Kim, W., Mark, J., 2002, Does Corporate Governance Affect Firm Value? Evidence from Korea. *Working Paper, Stanford Law School*.

[11] Boehmer, E., J. Musumeci, A. B. Poulsen, 1991, Event-Study Methodology Under Conditions Of Event-Induced Variance. *Review of Economics and Statistics*, (69): 542 – 547.

[12] Botosan, C. A., 1997, Disclosure Level and the Cost of Equity Capital. *The Accounting Review*, (72): 323 – 349.

[13] Bushman, R., Chen, Q., Engel, E., Smith, A., 2004, The Sensitivity of Corporate Governance Systems to the Timeliness of Accounting Earnings. *Working Paper, University of Chicago*.

[14] Collins, D., S. Kothari, 1989, An Analysis of Intertemporal and Cross-Sectional Determinants of Earnings Response Coefficients. *Journal of Accounting and Economics*, (11): 143 – 181.

[15] Collins, D. W., Maydew, E. L., Weiss, I. S., 1997, Change in the Value-Relevance of Earnings and Book Value over the Past Forty Years. *Journal of Accounting and Economics*, (24): 39 – 67.

[16] Danos, P., Holt, D. L., Imhoff, Jr. E. A., 1989, The Use of Accounting Information in Bank Lending Decisions. *Accounting, Organizations & Society*, (14): 235 – 246.

[17] Dechow, P., I. Dichev, 2002, The Quality of Accruals and Earnings: The Role of Accrual Estimation Errors. *The Accounting Review*, (77): 35 – 59.

[18] Durnev, A., Kim, E. H., 2002, To Steal or not to Steal: Firm Attrivutes, Legal Environment, and Valuation. *Working Paper, University of Michigan Business School*.

[19] Easton, M. E. Zmijewski, 1989, Cross-Sectional Variation in the Stock Market Response to Accounting Earnings Announcements. *Journal of Accounting and Economics*, (11): 117 – 141.

[20] Ederington, L. H., Yawitz, J. B., Roberts, B. E., 1987, The Informational Content Of Bond Ratings. *Journal of Financial Research*, (10): 211 – 226.

[21] Finger, C., 1994, The Ability of Earnings to Predict Future Earning and Cash Flow. *Journal of Accounting Research*, (32): 325 – 347.

[22] Francis, J., K. Schipper, 1999, Have Financial Statements lost their relevance? *Journal of Accounting Research*, (37): 319 – 353.

[23] Francis, J., R. Lafond, P. Olsson, K. Schipper, 2005, The Market Pricing Of Accruals Quality. *Journal of Accounting and Economics* (39): 295 – 327.

[24] Francis, J., R. LaFond, P. Olsson, K. Schipper, 2004, Costs of Equity and Earnings Attributes. *The Accounting Review* (79): 967 – 1010.

[25] Goel, A. M., A. V. Thakor, 2000, Why Do Firms Smooth Earnings? *Working Pa-*

per, *University of Michigan Business School.*

［26］ Healy, P. M. , Palepu, K. G. , 2001, Information Asymmetry, Corporate Disclosure and the Capital Markets: A Review of the Empirical Disclosure Literature. *Journal of Accounting and Economics*, (31): 405 - 440.

［27］ Healy, P. , A. Hutton, K. Palepu, 1999, Stock Performance and Intermediation Changes Surrounding Sustained Increases in Disclosure. *Contemporary Accounting Research*, (16): 485 - 520.

［28］ Healy, P. , J. Waheln, 1999, A Review of the Earnings Management Literature and Its Implications for Standard Setting. *Accounting Horizons*, (21): 365 - 383.

［29］ Jandik, T. , Rrnnie, C. G. , 2005, The Evolution of Corporate Governance and Firm Performance in the Czech Republic: The Case of Sellier and Bellot. *Working Paper.*

［30］ Kim, J. , Mueller, C. W. , 1978, Introduction To Factor Analysis-What It Is & How To Do It. *A Sage University Paper.*

［31］ Klein, Shapiro, D. , J. Young, 2005, Corporate Governance, Family Ownership and Firm Value: The Canadian evidence. *Journal of Corporate Governance*, (13): 1 - 17.

［32］ Kosedag, A. , Aksu, M. , 2006, Transparency And Disclosure Scores and Their Determinants in The Istanbul Stock Exchange. *Corporate Governance*, (14): 277 - 296.

［33］ Leuz, C. , D. Nanda, P. Wysocki, 2003, Earnings Management and Investor Protection: An International Comparison. *Journal of Financial Economics* (69): 505 - 527.

［34］ Lev, B. , 1989, On The Usefulness Of Earnings: Lessons and Directions from Two Decades of Empirical Research. *Journal of Accounting Research* (27): 153 - 201.

［35］ Mallin, C. , 2002, The Relationship Between Corporate Governance, Transparency and Financial Disclosure. *Corporate Governance: An International Review*, (2): 179 - 207.

［36］ Reiter, S. A. , Ziebart, D. A. , 1991, Bond Yields, Ratings, and Financial Information: Evidence From Public Utility Issues. *Financial Review*, (26): 45 - 73.

［37］ Sankar, M. R. , 1999, The Impact Of Alternative Forms of Earnings Management On The Return-Earnings Relation. *Working Paper*, *University of Southern California.*

［38］ Schipper, K. , L. Vincent, 2003, Earnings Quality. *Accounting Horizons*, (17): 97 - 110.

［39］ Sengupta, P. , 1998, Corporate Disclosure Quality and the Cost of Debt. *Accounting Review*, (73): 459 - 474.

［40］ Sun, Wook Joh, 2002, Corporate Governance and Firm Profitability: Evidence From Korea Before The Economics Crisis. *Journal of Financial Economics*, (68): 287 - 322.

［41］ Velury, U. , Reisch, J. T. , OReilly. D. M. , 2003, Institutional Ownership and the Selection of Industry Specialist Auditors. *Review of Quantitative Finance and Accounting*, (21): 35 - 48.

［42］ Watts, R. , J. Zimmerman, 1986, Positive Accounting Theory, Englewood Cliffs. *NJ: Prentice-Hall.*

［43］ Weisbach, Michael S. , Benjamin E. Hermalin, 2000, Boards of Directors as an Endogenously Determined Institution: A Survey of the Economic Literature. *working paper*, *papers. ssrn. com.*

# A Study of Information Transparency Ratings of Corporate Governance, Information Content, and Information Quality

**Chiang Hsiangtsai    Huang Miaoru**

**Abstract**: A series of accounting scandals has lessened the reliability of financial statements. Investors then realized whether the information were disclosed or not was very important to their decision making. However, while reviewing the financial statements of the problematic companies, although they disclosed the required and some voluntarily disclosed information, the information that they disclosed didn't seem fairly presented their financial situation, and even some information were fake. The purpose of this study is to study whether the information transparency rating possessed of information contents or not, and its relation with information quality. The study inferred that, the information transparency rating should focus on both forms and quality. If a company disclosed information, but they did not seem to be relevant to decision-making, then the disclosure itself was simply nominal. The study first used event study to find out the information content of transparency rating, and then further tests the relationship between rating and information quality.

The result indicated that the rating did not possess information content, and the regression results revealed that there was no relationship between transparency rating and the accompanied information quality. The study concluded that the reason for information to have information content was based on not only its disclosure but also on their quality. The ranking and rating of corporate governance and transparency should focus on both transparency and quality in order to provide relevant information.

**Key Words**: Corporate Governance    Information Transparency    Information Quality    Information Content

第 1 卷第 1 辑　　　　　　　公司治理评论　　　　　　　　Vol. 1　No. 1
2009 年 1 月　　　　　Review of Corporate Governance　　　　　Jan. 2009

# 跨国企业收入最大化的行为模型

胡松华　　沈炎琴[*]

【摘要】跨国企业的理论一般建立在利润最大化的传统假设基础上。但是，跨国企业的管理层追求销售收入最大化，不仅有战略动因，也有个人利益的驱使。因此，本文提出了跨国企业受利润约束的收入最大化的理论模型。通过运用非线性规划技术，深入分析跨国企业的经营决策及均衡条件，探讨跨国企业在国内外的产量、内部产品转移量以及国际转移价格的最优解，同时揭示了收入最大化型和利润最大化型跨国企业之间的行为差异。

【关键词】跨国企业　销售收入最大化　转移价格　企业行为模型

## 一、问题的提出

内涵丰富的企业行为模型是现代企业理论研究领域的重大成果，著名的企业行为模型包括：管理层满意假说（Management's Satisfying Hypothesis）（Cyert and March，1963）、管理者效用最大值模型（Williamson，1964）、受约束的销售收入最大化模型（Baumol，1967）等。但是，迄今为止，这些具有现实意义的行为模型却极少延伸到跨国企业的理论分析，已公开发表的关于跨国企业的理论基本上都是以利润最大化为假定前提。这种传统的假定对于具有多种经营战略和治理结构的跨国企业来说，显得过于单一和简单。由于经营环境的复杂性、管理层的差异性以及公司治理结构的多样性，跨国企业在不同的计划期选择不同的经营目标是符合实际情况的做法。因此，突破传统假设的局限性，通过扩展企业行为模型来拓宽跨国企业经营行为研究的维度，就显得很有必要。

事实上，销售收入最大化是跨国企业一个可行的中短期经营目标。正如邓宁（Dunning，1995）所指出的，获得市场是一个公司对外直接投资的显著动因。此外，根据罗和朋（Luo & Peng，1999）及罗（Luo，2003）的实证研究，占领当地市场是大部分跨国企业进入一个新兴市场的主要目的。显然，

---

* 胡松华，男，福建长汀人，中山大学岭南学院副教授，留美博士，硕士生导师。研究方向：跨国企业管理、国际商务。

沈炎琴，女，福建泉州人，中山大学岭南学院管理科学与工程硕士研究生。研究方向：国际企业管理。

跨国企业的管理层可以通过计划期内跨国销售收入的最大化，来谋求更多的长期的全球利润。尤其是在经验曲线的作用相当显著时，扩大市场份额更是跨国企业获得有利竞争地位和增长潜力的关键。因此，在可接受的盈利水平上寻求市场销售额的最大化，就自然而然地成为跨国企业在一定时期内力图实现的一个经营战略目标。

除了上述的战略动因之外，销售收入有时候会比利润更受到跨国企业管理层的青睐。跨国企业的一个明显特征是所有权和管理权的分离，而这种分离必然产生委托代理的问题。管理者作为代理人在企业经营过程中，有可能利用自主决策权，通过牺牲股东利益来获取私利。由于跨国经营活动十分错综复杂，股东就更难监督企业的具体管理决策。此外，巨额的国际销售收入是企业成功的重要标志，对跨国企业管理层富有极大的吸引力。由于成为跨越国界的市场领导者所拥有的声望会使管理者的个人诉求合理化，便于他们营造"私人王国"、提高薪水、购买总裁高管专机、开销额外的昂贵旅行费用等。所以，当跨国销售最大化目标能更轻易达到，或者能带来更多个人利益时，跨国企业的管理层就会不惜放弃利润最大化的目标。这对于大型国有企业的管理者而言，更是如此。

概括地说，销售收入最大化是跨国企业的一种重要行为模式，在这种行为模式下的跨国经营决策及均衡问题值得深入研究。本文结合跨国企业的多国生产、多种经营策略和多国市场销售的特点，通过扩展鲍莫尔（Baumol）的受约束销售收入最大化理论，建立了跨国企业追求销售收入最大化的严谨模型，并对其行为模式进行了深入的分析。本文的结构安排如下：在本节的引言之后，第二节将建立跨国企业收入最大化的基本模型；第三节对跨国企业的生产和销售决策及均衡条件进行探讨；第四节探讨跨国企业的转移定价策略，并比较利润最大化和收入最大化跨国企业之间的行为差异；第五节简要说明本文的主要结论，最后是关于文中一个命题的数学证明附录。

## 二、基本模型

众所周知，跨国企业拥有一些专有资产，比如，专利或非专利技术、品牌、先进的管理方法等（Hymer，1960；Buckley and Casson，1985；Grosse，1985）。因此，在我们的模型中，假定跨国企业是不完全竞争公司。为便于分析，假定跨国企业由母公司和一家境外子公司组成，采用母国生产、国外生产和进口的混合策略，在国内外两个市场销售产品。母公司在国家 1 生产，而其子公司在国家 2 生产，母公司的一部分产品在本国销售，其余产品 $y_{12}$ 以 $p_{12}$ 的价格转移给子公司，并在其东道国销售。两国之间不允许该产品的套利交易行为，两国货币为等值的汇率。$R_i$、$y_i$、$C_i$、$p_i$ 及 $v_i$ 分别代表跨国企业在国家 $i$（$i=1,2$）的销售收入、产量、成本、产品价格和进口关税，这样，跨国企业的总收入可表示如下：

$$R = R_1(y_1) + R_{12}(y_{12}) + R_2(y_2 + y_{12}) - (1 + v_2)R_{12}(y_{12})$$
$$= p_1(y_1)y_1 + p_2(y_2 + y_{12})(y_2 + y_{12}) - v_2 p_{12} y_{12}$$

其中 $R_{12}$ 是母公司收入的一部分，为了避免重复计算，必须从子公司的收入中减去。

在一个时期内，公司面对 $\pi_0$ 的利润约束，该最低利润在客观上由资本市场所决定。也就是说，跨国企业所获得的总利润 $\pi_1$ 和 $\pi_2$，必须大于最小的可接受值 $\pi_0$。

跨国企业的目标如下：

$$\max R = R_1(y_1) - v_2 R_{12}(y_{12}) + R_2(y_2 + y_{12})$$

满足：$(\pi_1 + \pi_2) \geq \pi_0$

其中　$\pi_1 = R_1(y_1) + R_{12}(y_{12}) - C_1(y_1 + y_{12})$
　　　　$\pi_2 = R_2(y_2 + y_{12}) - C_2(y_2) - R_{12}(y_{12})(1 + v_2)$

为解决这个最大化问题，建立如下拉格朗日函数：

$$L = [R_1(y_1) + R_2(y_2 + y_{12}) - v_2 R_{12}(y_{12})](1 + \lambda) - \lambda[C_1(y_1 + y_{12}) - C_2(y_2) - \pi_0]$$

假设总收入函数和总利润函数都是凹函数，Kuhn-Tucker 条件是收入最大化存在的必要和充分条件。最优条件如下：

$$\partial L/\partial y_1 = R'_1 - [\lambda/(1+\lambda)]C'_1 \leq 0 \qquad\qquad y_1(\partial L/\partial y_1) = 0 \qquad\qquad (1)$$

$$\partial L/\partial y_2 = R'_2 - [\lambda/(1+\lambda)]C'_2 \leq 0 \qquad\qquad y_2(\partial L/\partial y_2) = 0 \qquad\qquad (2)$$

$$\partial L/\partial y_{12} = R'_2 - v_2 R'_{12} - [\lambda/(1+\lambda)]C'_1 \leq 0 \qquad y_{12}(\partial L/\partial y_{12}) = 0 \qquad (3)$$

$$\partial L/\partial \lambda = \pi_1 + \pi_2 - \pi_0 \geq 0 \qquad \lambda \geq 0 \qquad\qquad \lambda(\partial L/\partial \lambda) = 0 \qquad\qquad (4)$$

在这里，$\lambda$ 代表利润的边际收入，即在利润约束减少时总销售额的增长率。当 $\lambda = 0$ 时，表明利润水平不再影响公司的生产和销售决策。

## 三、推　论

根据以上的最优化条件，下面分析两种一般情形。

情形一：当 $(\pi_1 + \pi_2) > \pi_0$ 时，假定存在内部最大值，则 $\lambda = 0$。从（1）到（3）式得 $R'_1 = R'_2 = R'_{12} = 0$，此时跨国企业的总收入将不受利润的约束，可达到最大值，而 $\pi_1$ 和 $\pi_2$ 在 $\pi_0$ 的约束范围内可以取不同的值。因此，我们得出：

**命题 1：如果利润约束不起作用，公司会增加产量和销售量，直到在每个市场的边际收入（$MR_i$）为 0；公司在每个市场都会销售当地生产的产品，母公司和子公司之间没有产品的内部转移。**

这一命题与微观经济学的基本原理一致，销售收入最大化时的产量与需求弹性等于 1 相对应，即，边际收入为零。因此，当每个市场的销售量达到边际收入为零时，跨国企业的总收入，作为国内外两个市场的销售总额，也达到最大。当利润不形成有效约束时，就没有必要采用跨国内部交易来减少成本，所以，追求收入最大化的跨国企业会在当地生产来满足本地市场。

情形二：当 $(\pi_1 + \pi_2) = \pi_0$ 时，$\lambda > 0$，则 $\lambda/(1+\lambda) < 1$。根据等式（1）~（3），受约束的收入最大化条件为：

$R'_1 \leq [\lambda/(1+\lambda)]C'_1$        即，$MR_1 < MC_1$

$R'_2 \leq [\lambda/(1+\lambda)]C'_2$        即，$MR_2 < MC_2$

$R'_2 - v_2 R'_{12} \leq [\lambda/(1+\lambda)]C'_1$        即，$MC_1 \leq MC_2$

根据这些条件，可以得出：

**命题 2：给定一个有效的利润约束，当跨国企业在国内外的产量水平使边际收入小于或等于边际成本以及出口的边际收入小于或等于进口的边际成本时，才能达到收入最大化均衡。在均衡点上，边际收入和边际成本的差异水平取决于利润的边际收入（$\lambda$）。**

该命题涵盖了母子公司产量变化所形成的四种经营状态，具体描述如下：

状态一：$y_i > 0$，其中 $i = 1$、2 或 12，即，跨国企业采用在国内外同时生产，并且母子公司之间进行内部交易的策略。那么，$\lambda > 0$，它要求以下条件成立：

$$R'_1 = [\lambda/(1+\lambda)]C'_1 \quad 或 \quad MR_1 < MC_1 \qquad (5)$$

$$R'_2 = [\lambda/(1+\lambda)]C'_2 \quad 或 \quad MR_2 < MC_2 \qquad (6)$$

$$R'_2 - v_2 R'_{12} = [\lambda/(1+\lambda)]C'_1 \quad 或 \quad MR_2 - v_2 MR_{12} < MC_2 \qquad (7)$$

这些最优解条件表明，跨国企业要达到收入最大化，必须在每个市场使边际收入等于 $\lambda$ 调整后的边际成本，也就是相当于边际成本的一个百分比，即，$[\lambda/(1+\lambda)] < 1$。显然，这种均衡条件不同于追求利润最大化的跨国企业，后者最优条件为 $MC_i = MR_i$。因此，销售最大化跨国企业的产量水平会高于利润最大化的跨国企业。再进一步分析，把（6）代入（7），$C'_2 = C'_1 + [(1+\lambda)/\lambda]v_2 R'_{12}$。它表示子公司边际生产成本必须等于 $\lambda$ 调整后的进口边际成本。然后，把（5）代入（7），得到：$R'_2 - v_2 R'_{12} = R'_1$，它的含义是：母公司会增加出口直到母公司产量的出口税后净边际收入等于从国内市场可获得的边际收入。否则，该公司在满足利润约束的情况下，可以通过把产品从低边际收入的市场转到高边际收入的市场来增加总销售额。概括地说，由等式（5）~（7）推导出：

**命题 3：给定利润约束有效的情况，在两个国家同时生产的跨国企业要达到收入最大化的均衡条件为：①国内外市场的边际收入分别等于 $\lambda$ 调整后的边际成本；②国外子公司的边际生产成本必须等于 $\lambda$ 调整过的进口边际成本；③母公司产量的出口税后净边际收入等于从国内市场可获得的边际收入。**

为了详细说明这一命题的均衡条件，图 1 描述了收入最大化跨国企业在利润约束有效的情况下的最优化策略。图 1 的 A 分图描述了母公司在本国的

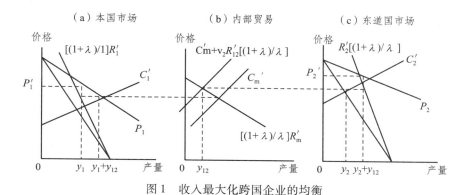

图 1　收入最大化跨国企业的均衡

生产和销售水平。$C'_1$，$P'_1$，$R'_1$ 和 $R'_1(1+\lambda)/\lambda$ 分别表示公司的边际成本、国内需求、边际收入和 $\lambda$ 调整过的边际收入曲线。正如条件（5）所示，只要边际收入大于 $\lambda$ 调整后的边际成本，即，$R'_1 > \lambda/(1+\lambda)C'_1$，母公司会增加国内产量用于本国销售和出口，直到边际收入等于 $\lambda$ 调整过的边际成本。边际成本曲线与 $\lambda$ 调整后的边际收入曲线的水平距离表示母公司的出口边际成本曲线 $C'_m$，如图 1（b）所示。在图 1（c）中，$C'_2$，$P'_2$，$R'_2$ 和 $R'_2[(1+\lambda)/\lambda]$ 分别表示子公司的边际成本、东道国市场需求、边际收入和 $\lambda$ 调整过的边际收入曲线。条件（6）表明子公司的最优选择是使其边际成本等于 $\lambda$ 调整过的边际收入。边际成本曲线与 $\lambda$ 调整后的边际收入曲线的水平距离表示子公司的 $\lambda$ 调整过的进口边际成本曲线。如图 1（b）中的 $[(1+\lambda)/\lambda]R'_m$ 曲线所示。重新整理条件（7）得：

$$[(1+\lambda)/\lambda]R'_2 = C'_1 + [\lambda/(1+\lambda)]v_2R'_{12}$$

它表示 $\lambda$ 调整后的进口边际收入必须等于出口的边际成本加上 $\lambda$ 调整过的关税。所以，我们把图 1（b）中的 $C'_m$ 曲线上移每单位税收的 $\lambda$ 调整量，即 $[\lambda/(1+\lambda)]v_2R'_{12}$。经 $\lambda$ 调整过的进口边际成本曲线与新的出口边际成本曲线的交点就是进口的最优数量 $y_{12}$。结合图 1（a）和图 1（c），可以得出：本国的最优销售量为 $y_1$，本国的最优生产量为 $y_1+y_{12}$，东道国的最优生产量为 $y_2$ 和东道国的最优销售量为 $y_{12}+y_2$。

状态二：$y_1 > 0$，$y_2 = 0$，$y_{12} > 0$，也就是说，公司在本国生产后出口到国外，而不在国外进行生产。那么，收入最大化的条件为：

$$R'_1 = [\lambda/(1+\lambda)]C'_1 \qquad\qquad 或 \qquad MR_1 < MC_1$$
$$R'_2 \leqslant [\lambda/(1+\lambda)]C'_2 \qquad\qquad 或 \qquad MR_2 < MC$$
$$R'_2 - v_2R'_{12} = R'_1 \qquad\qquad 或 \qquad MR_2 > MC_2 + v_2MR_{12}$$

这些条件表明，当子公司自己的边际生产成本大于 $\lambda$ 调整后的进口边际成本时，就会出现厂房的闲置。

状态三：$y_1 > 0$，$y_2 > 0$ 且 $y_{12} = 0$，也就是说，跨国企业在国内外同时生产，而不进行母子公司之间的跨国内部交易，此时的最优条件为：

$$R'_1 = \left[\lambda/(1+\lambda)\right]C'_1 \qquad 或 \qquad MR_1 < MC_1$$
$$R'_2 = \left[\lambda/(1+\lambda)\right]C'_2 \qquad 或 \qquad MR_2 < MC_2$$
$$C'_2 \leqslant C'_1 + \left[\lambda/(1+\lambda)\right]v_2 R'_{12} \quad 或 \quad MC_2 < MC_1 + v_2 MR_{12}$$

在这里，由于在东道国生产的边际成本小于或等于进口边际成本，子公司选择在当地生产而不进口。

状态四：$y_1 > 0$ 但 $y_2 = y_{12} = 0$，公司只在国内生产，并仅在本国市场销售。此时，公司就不是跨国企业了，鲍莫尔（Baumol）的模型正是讨论这种情形的，所以，它可以视为本文模型中的一种特殊情况。

## 四、转移价格策略的比较分析

转移定价是跨国经营活动中的重要决策，在制定转移价格时，利润最大化跨国企业和收入最大化跨国企业会采用不同的策略吗？为了解答这个问题，我们先分析利润最大化跨国企业的转移价格策略。假设跨国企业在国家 1 和国家 2 需要缴纳的从价销售税分别为 $t_1$ 和 $t_2$，那么，它的国内外总利润为：

$$\Pi = (1-t_1)\left[R_1(y_1) + R_{12}(y_{12}) - C_1(y_1 + y_{12})\right] + (1-t_2)$$
$$\left[R_2(y_2 + y_{12}) - C_2(y_2) - R_{12}(y_{12})(1+v_2)\right]$$

该方程可简化为：

$$\Pi = (1-t_1)\left[R_1(y_1) - C_1(y_1 + y_{12})\right] + (1-t_2) \tag{8}$$
$$\left[R_2(y_2 + y_{12}) - C_2(y_2)\right] + (1-t_2)(T - v_2)P_{12}y_{12}$$

其中，$T = (t_2 - t_1)/(1 - t_2)$。

显然，当 $T > v_2$ 时，跨国企业的利润（$\Pi$）随着转移价格（$P_{12}$）的变化同方向改变。相反的，当 $T < v_2$ 时，利润和转移价格反向变化。

各国政府出于反避税和反倾销的考虑，为确保"正常（或公平）交易"价格（Arm's Length Price），针对跨国企业内部贸易广泛采用四种转移定价方法：①以市价为基础定价；②交易独立定价；③成本定价；④可比利润或可比收入定价。根据这些方法，"正常交易"价格的范围一般为：国内的销售价格作为最高的转移价格（HTP），生产的边际成本作为最低转移价格（LTP）。一个著名的转移价格法则（Horst，1971；Grosse，1985）是：当两国相对税率差异大于关税时，利润最大化跨国企业会采用最低转移价格。这正如图 2 所示。对 45°线上方 $v_2$ 和 $T$ 的任意组合，跨国企业会选择 LTP。对 45°线下方 $v_2$ 和 $T$ 的任意组合，HTP 是最优选择。

现在分析收入最大化跨国企业，其全球收入的拉格朗日方程如下：

$$L = R_1(y_1) + R_2(y_2 + y_{12}) - v_2 P_{12}y_{12} + \lambda[(1-t_1)R_1(y_1)$$
$$- C_1(y_1 + y_{12}) + (1-t_2)(T + v_2)P_{12}y_{12} - \Pi_0]$$

上式可写为：

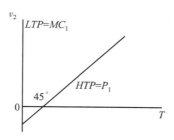

图 2　利润最大化跨国企业

$$L = \left[\, 1 + \lambda\left(1 - t_1\right)\,\right] R_1 - \lambda\left[\,\left(1 - t_1\right)\,\right] C_1 + \left[\, 1 + \lambda\left(1 - t_2\right)\,\right] R_2$$
$$- \lambda\left(1 - t_2\right) C_2 + \lambda\left(1 - t_2\right)\left[\, T - v_2\left(1 + k\right)\,\right] P_{12} y_{12} - \lambda \varPi_0 \tag{9}$$

其中，$k = 1 / \lambda\left(1 - t_2\right)$。

　　要达到收入最大化，$\lambda \geqslant 0$，从上述方程可以看出，当 $T < v_2\left(1 + k\right)$ 时，随着转移价格（$P_{12}$）的下降，总收入将增加。这表明：面对"正常交易"的限制，收入最大化型跨国企业会比利润最大化型公司更倾向于采用最低转移价格。分开来看，（$T - v_2$）给公司提供了把利润转移给子公司的盈利动力，而（$T - kv_2$）给公司选择低转移价格提供了额外的销售动力，因为这可以使其少付关税和公司所得税。在图 3 中，处在 $T = v_2\left(1 + k\right)$ 曲线上方 $T$ 和 $v_2$ 的任意组合，跨国企业都会偏好最低转移价格，即 $LTP = MC_1$。在正常情况下，因为两国的税率差距不太可能大到满足 $T > v_2\left(1 + k\right)$，所以，最高转移价格 $HTP = P_1$ 很难成为最佳选择。根据这种比较分析，得出：

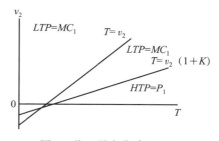

图 3　收入最大化跨国企业

　　**命题 4：给定有效的利润约束，收入最大化跨国企业不仅有盈利动力把利润转移给子公司，而且也有额外的销售动力给子公司降价，所以一般会选择最低的内部转移价格。**

　　关于转移价格对跨国企业生产和贸易的影响，可以从其作为内生变量（Endogenous Variable）和外生变量（Exogenous Variable）两方面来探讨。从外生变量的角度来看，跨国企业会将转移价格设置在边界（最可能是 $P_{12} = LTP = MC_1$），且不随销售量和内部贸易量而变化。把方程（9）作为跨国企业的目标函数，我们可以得到下面的最优化条件：

$$[1 + \lambda(1 - t_1)]R_1 - \lambda(1 - t_1)C_1 \leqslant 0 \quad\quad (10)$$

$$[1 + \lambda(1 - t_2)]R_2 + \lambda(1 - t_2)(1 - v_2)(1 + k)p_{12} - \lambda(1 - t_1)C_1 \leqslant 0 \quad (11)$$

$$[1 + \lambda(1 - t_2)]R'_2 + \lambda(1 - t_2)C'_2 \leqslant 0 \quad\quad (12)$$

$$\lambda[(1 - t_1)\pi_1 + (1 - t_2)\pi_2 - \pi_0] = 0 \quad\quad (13)$$

一方面，跨国界的公司内部转移量（$y_{12}$）与国内外市场的销售相似，取决于公司销售税负和边际收入利润调整后的边际收入和边际成本。另一方面，它也受关税影响。如果在出口关税征收前后，达到收入最大化的出口量都可以使公司得到一个可接受的利润，即 $\lambda = 0$，那么，即使税率改变了，跨国企业也不会改变内部贸易量。然而，如果关税税率改变前后，公司都受到利润约束，即 $\lambda > 0$，内部转移量就会减少，即 $dy_{12}/dv_2 < 0$（推导证明见附录）。因此，我们得出：

**命题 5：如果受到最低利润要求的有效约束，跨国企业的生产和贸易量会随进口关税的变动而发生变化，进口关税的增加会使跨国企业减少生产和跨国内部交易量。**

从内生变量的角度来看，内部转移价格是公司活动的函数（Samuelson，1980）。出于减少税收和关税负担的考虑，跨国企业会通过调整生产和销售量来影响国内销售价格（$P_1$）和边际生产成本（$MC_1$），获得一个如意的转移价格区间，从而达到销售收入的最大化。

现在分析在 $LTP = MC_1$ 时，作为内生变量的转移价格对产量和内部交易量的影响。在方程（9）用 $MC_1$ 代替 $P_{12}$，得到最优化条件如下：

$$\partial L/\partial y_1 = [1 + \lambda(1 - t_1)]R'_1 - \lambda(1 - t_1)C'_1 - v_2 y_{12}C''_1$$
$$+ \lambda(1 - t_2)[T - v_2(1 + k)] \leqslant 0 \quad\quad (14)$$

$$\partial L/\partial y_{12} = [1 + \lambda(1 - t_2)]R'_2 - v_2 C'_1 - v_2 y_{12}C''_1 + \lambda(1 - t_2)$$
$$[T - v_2(1 + k)](C'_1 + y_{12}C''_1) \leqslant 0 \quad\quad (15)$$

$$\partial L/\partial y_2 = [1 + \lambda(1 - t_2)]R'_2 - \lambda(1 - t_2)C'_2 \leqslant 0 \quad\quad (16)$$

$$\lambda[(1 - t_1)\pi_1 + (1 - t_2)\pi_2 - \pi_0] = 0 \quad\quad (17)$$

此外，$y_i(\partial L/\partial y_i) = 0$ 及 $y_i \geqslant 0$，其中 $i = 1$，2，或 12，将不等式（14）~（16）与不等式（10）~（12）相比较，可以得出：

**命题 6：当边际成本成为转移价格的下限时，与外生变量的情况不同，跨国企业在内生变量的情况下，会减少生产和出口的内部交易量；转移价格作为内生变量因素并没有改变收入最大化跨国企业和利润最大化跨国企业之间的行为差异。**

该命题建立在内生变量和外生变量的比较分析基础上。为了扩大转移价格的上、下限，内生变量的考虑会使得跨国企业减少生产和出口的内部交易量，即 $y_1$ 和 $y_{12}$。原因是：在生产国扩大本地销售量和出口，虽然一方面会增加公司总收入，但另一方面，由于需求有弹性，这也会使得本地销售价格降低、边际成本增加，导致转移价格下限的提高，同时，多付的税收和关税会部分抵消增加出口和国内销售量带来的初始收入增额。由于这种效应，就需要减少产量和出口量来降低转移价格的下限。尽管如此，收入最大化型公司仍会比利润最大化型公司在两个国家产量更高。因为收入最大化条件是边际收入小于边际成本，所以，转移价格作为内生变量因素并没有改变跨国企业目标函数特性所形成的行为差异。

## 五、结　论

本文的跨国企业模型扩展了鲍莫尔的销售收入最大化理论，探讨了收入最大化跨国企业的均衡状态及其与利润最大化跨国企业之间的行为差异，主要有以下发现：

第一，如果不受最低利润要求的有效约束，收入最大化型跨国企业会采用当地生产、当地销售的策略。

第二，如果受到利润约束，在国内外生产的跨国企业要达到收入最大化的均衡，不仅国内外市场的边际收入必须分别等于 $\lambda$ 调整后的边际成本，同时，国外子公司的边际生产成本必须等于 $\lambda$ 调整过的进口边际成本，母公司产量的出口税后净边际收入等于从国内市场可获得的边际收入。

第三，在受到有效的利润约束的情况下，销售最大化型的跨国企业比利润最大化型公司更倾向于提高产量和内部转移量。

第四，收入最大化跨国企业比利润最大化公司更趋向于选择最低的内部转移价格。

第五，受到利润有效约束时，进口关税的增加会使跨国企业减少生产和跨国内部交易量。

最后，转移价格作为内生变量时，相对于作为外生变量来说，更会促使收入最大化跨国企业减少母国生产和跨国内部交易量，但这并不会改变销售最大化企业和利润最大化企业的不同行为模式。

**附录**

令 $\lambda > 0$，不等式（10）~（13）全部变成了等式。对最优化条件微分，并设定 $dt_1 = dt_2 = 0$，得到：

$[1 + \lambda(1 - t_1)]R''_1 dy_1 + (1 - t_1)R'_1 d\lambda - \lambda(1 - t_1)C''_1(dy_1 + dy_{12}) - (1 - t_1)C'_1 d\lambda = 0$

$[1 + \lambda(1 - t_2)]R''_2(dy_2 + dy_{12}) + (1 - t_2)R'_2 d\lambda + (1 - t_2)(T - v_2)p_{12}d\lambda - p_{12}dv_2 - \lambda(1 - t_2)p_{12}dv_2 - \lambda(1 - t_1)C''_1(dy_1 + dy_{12}) - (1 - t_1)C'_1 d\lambda = 0$

$[1 + \lambda(1 - t_2)]R''_2(dy_2 + dy_{12}) + (1 - t_2)R'_2 d\lambda - \lambda(1 - t_2)C''_2 dy_2 - (1 - t_2)C'_2 d\lambda = 0$

$$(1-t_1)\left[R'_1 d\lambda_1 - C'_1(dy_1 + dy_{12})\right] + (1-t_2)\left[R'_2(dy_2 + dy_{12}) - C'_2 dy_2\right]$$
$$+ (1-t_2)(T-v_2)p_{12}dy_{12} - (1-t_2)p_{12}y_{12}dv_2 = 0$$

将上面的等式写成矩阵如下：

$$
\begin{vmatrix}
1+\lambda(1-t_1)R''_1 -\lambda(1-t_1)C''_1 & 0 & (1-t_1)(R''_1 - C''_1) \\
\begin{matrix}-\lambda(1-t_1)C''_1\\-\lambda(1-t_1)C''_1\end{matrix} & \begin{matrix}[1+\lambda(1-t_2)R''_2\\-\lambda(1-t_1)C''_1]\end{matrix} & \begin{matrix}[1+\lambda(1-t_2)]R''_2\\ \end{matrix} & \begin{matrix}(1-t_2)R'_2 - (1-t_1)C'_1\\+(1-t_2)(T-v_2)p_{12}\end{matrix} \\
0 & [1+\lambda(1-t_2)]R''_2 & [1+\lambda(1-t_2)]R''_2 & (1-t_2)(R'_2 - C'_2) \\
\begin{matrix}(1-t_1)\\(R'_1 - C'_1)\end{matrix} & \begin{matrix}(1-t_1)(R'_1 - C'_1)\\+(1-t_2)(T-v_2)P_{12}\end{matrix} & \begin{matrix}-\lambda(1-t_2)C''_2\\(1-t_2)(R'_2 - C'_2)\end{matrix} & 0
\end{vmatrix}
$$

$$
\begin{vmatrix}
dy_1/dv_2 \\
dy_{12}/dv_2 \\
dy_2/dv_2 \\
d\lambda/dv_2
\end{vmatrix}
=
\begin{vmatrix}
0 \\
[1+\lambda(1-t_2)]P_{12} \\
0 \\
(1-t_2)P_{12}y_{12}
\end{vmatrix}
$$

令 $D$ 代表等式中系数矩阵里的行列式，给定总收入函数和总利润函数都是凹函数，那么，$D < 0$。

根据 Crammer 规则，可知

$$dy_{12}/dv_2 = (1/D)(H)$$

上式中 $H$ 为以下行列式：

$$
\begin{vmatrix}
\begin{matrix}[1+\lambda(1-t_1)]R''_1\\-\lambda(1-t_1)C''_1\end{matrix} & -\lambda(1-t_1)C''_1 & 0 & (1-t_1)(R'_1 - C'_1) \\
-\lambda(1-t_1)C''_1 & [1+\lambda(1-t_2)]R''_2 & [1+\lambda(1-t_2)]R''_2 & \begin{matrix}(1-t_2)R'_2 - (1-t_1)C'_1\\+(1-t_2)(T-v_2)P_{12}\end{matrix} \\
0 & [1+\lambda(1-t_2)]R''_2 & [1+\lambda(1-t_2)]R''_2 & (1-t_2)(R'_2 - C'_2) \\
(1-t_1)(R'_1 - C'_1) & \begin{matrix}(1-t_1)(R'_1 - C'_1)\\+(1-t_2)(T-v_2)P_{12}\end{matrix} & \begin{matrix}-\lambda(1-t_2)C''_2\\(1-t_2)(R'_2 - C'_2)\end{matrix} & 0
\end{vmatrix}
$$

从以上行列式可以推定：$dy_{12}/dv_2 < 0$。

## 参考文献

[1] Baumol, W. J., 1967, Business Behavior, Value and Growth. *Harcout, Brace & World, Inc.*

[2] Buckley, P. J., Casson, M., 1985, The Economic Theory of the Multinational Enterprise. *The Macmillan Press Ltd.*

[3] Cyert, March, 1963, A Behavioral Theory of the Firm. *Prentice-Hall.*

[4] Dunning, J. H., 1995, Multinational Enterprises and the Global Economy. *Addison-Wesley, Workingham, UK.*

［5］Grosse, R. , 1985, An Imperfect Competitive Theory of the MNE. *Journal of International Business Studies*, （1）: 57 – 80.

［6］Horst, T. , 1971, The Theory of the Multinational Firm: Optimal Behavior under Different Tariff and Tax Rules. *Journal of Political Economy*, （79）: 1059 – 1072.

［7］Hymer, S. H. , 1960, The International Operations of National Firms: A Study of Direct Foreign Investment. *M. I. T. Press*.

［8］Luo, Y. , Peng, M. W. , 1999, Learning to Compete in a Transition Economy: Experience, Environment, and Performance. *Journal of International Business Studies*, （30）: 278 – 307.

［9］Luo, Y. , 2003, Market-seeking MNEs in an emerging market: how parent-subsidiary links shape overseas success. *Journal of International Business Studies*, （34）: 290 – 309.

［10］Samuelson, L. , 1982, The Multinational Firms with Arm's Length Transfer Price Limits. *Journal of International Economics*, （13）: 366 – 374.

［11］Williamson, O. E. , 1964, The Economics of Discretionary Behavior of Managerial Objectives in the Theory of the Firm. *Prentice Hall*.

# A Behavioral Model of the Revenue-Maximizing Multinational Enterprise

**Hu Songhua    Shen Yanqin**

**Abstract**：Departing from the traditional profit-maximization assumption underlying the theory of the multinational enterprises（MNEs）, this paper proposes a model of the revenue-maximizing MNE subject to the profit constraint. The nonlinear programming techniques are used for the equilibrium analysis of the MNE's decision-making. A set of optimal conditions is derived regarding the quantity of output, volume of intra-firm trade, allocation of multinational production, as well as transfering prices in both exogenous and endogenous cases. Under the context, a comparison of the behavioral differences is made between the revenue-maximizing MNE and the profit-maximizing MNE.

**Key Words**：Multinational Enterprise   Revenue Maximization   Transfer Price   Behavioral Model

第 1 卷第 1 辑　　　　　　　公司治理评论　　　　　　　　Vol. 1　No. 1
2009 年 1 月　　　　Review of Corporate Governance　　　Jan. 2009

# 中国上市公司股权变革的动态效应分析

王冰洁　井润田[*]

**【摘要】** 本文从股权竞争、私有化、交易成本、公司治理等方面检验了中国上市公司股权变革对公司绩效的短期、中期和长期效应，结果发现股权竞争具有短期和中期效应。私有化的作用要在长期才能体现出来，但是对绩效有副作用。无偿转让并没有产生代理成本。相反，这种零成本交易因为降低了交易成本而促进公司业绩增长。公司治理因素中的领导权结构和独立董事机制在短期内对公司绩效有促进作用，但在长期就会产生负向的作用。这说明公司治理机制是动态的。

**【关键词】** 上市公司　股权变革　动态效应

## 一、引　　言

上市公司的股权交易是非常普遍的现象。根据国泰安公布的数据库，截至 2006 年，上市公司的股权交易数量达 3917 次，其中比较频繁的变更发生在 1997 年之后。这也正好是国有企业产权改革被大力推进的时期。根据蒋殿春等人（2002）的研究，中国上市公司的控制权更迭存在各种各样的原因，有资源整合的需要，有股权竞争的因素，还有国有企业改制的需要。拯救亏损企业和改善公司治理则是国有企业控制权更迭的主要动因。在一个健全的资本市场中，股权变革的主要目的就是促进股权竞争和改进公司治理。一些研究者对于股权竞争、公司治理、私有化都分别做过研究，讨论这些机制对公司绩效的影响，但是，这些机制在股权变革的不同阶段发挥着怎样的作用，它们是否具有稳定的效应？则在前人的研究中未曾得到过明确的答案。本文的主要目的就是通过上市公司的股权变革数据来检验股权竞争、交易成本、私有化、公司治理等因素在变革中的动态效应。

　*　本研究得到国家自然科学基金项目"国有企业控制权变迁的交易费用和路径选择"（70602028）的资助。
　王冰洁（1971~　　），女，山西永济人，电子科技大学经济与管理学院讲师，博士。研究方向：公司治理、组织变革。
　井润田（1971~　　），男，陕西西安人，电子科技大学经济与管理学院副院长，教授，博士生导师。研究方向：组织变革、跨文化管理。

## 二、相关研究

　　股权竞争者作为监督者和提高公司业绩的作用被国内外很多学者所证实。希汉姆（Sheeham，1985），巴克利和霍尔德内斯（Barclay & Holderness，1991）通过实证研究发现股权收购会提高公司的股票业绩。肖梅和辛格（Shome & Singh，1995），阿伦和菲利普斯（Allen & Phillips，2000）也发现股权收购会提高公司的财务业绩。贝泰尔等（Bethel et al.，1998）进一步证明积极的股权收购会促使公司重组，扭曲的股票价格的重新调整，经营利润的提高。控制权市场使股东有能力和权力通过收购和出售股权对不称职的经理做出惩罚（Henry Manne，1965；Donna Card Charron，2007），而股东同时也会找到一个替代管理团队来经营企业，以提高企业的业绩。我国的方轶强（2004）通过对中国上市公司控制权转移前后有关业绩变化的研究，发现控制权转移公司在转移控制权前相对（配对样本来说业绩较差）控制权转移后业绩有所提高且其业绩（主营业务利润率）好于配对样本。

　　产权私有化变革是国有企业改革中呼声最高的一种，根据产权理论，产权的清晰界定可以降低交易成本，企业产权的明确可以提高企业的效率。国有企业被许多学者批评为产权不清晰，国家不是实实在在的产权主体。国家股东没有办法亲自履行监督权，它所有的权力都是委托国有资产管理部门或者国有企业去履行，在多重的委托代理模式下，国有企业的代理成本远远高于私有企业。另外，国有企业目标的多元化使它无法专注于单一的效率目标（Chong-En Bai et al.，2000），政府对国有企业的预算软约束和长期的历史包袱也是制约国有企业发展的重要因素（林毅夫等，2004）。因此，产权的私有化得到许多企业和学者拥护。近年来国有企业通过各种方式进行产权改革，国有企业私有化的程度越来越高。但是，产权私有化的效果在现实中引起了很多的质疑和争论。然而关于国有企业私有化的效果，国内外学者并没有得出一致的结论。国外许多国家大量的实证研究表明私有产权效率高于国有产权效率，如瓦伊宁和博德曼（Vining & Boardman，1992），梅吉森等（Megginson et al.，1994），布贝克瑞和科塞（Boubakri & Cosset，1998），德索萨和梅吉森（D'Souza & Megginson，1999），德温特和马拉泰斯塔（Dewenter & Malatesta，2001），梅吉森和内特（Megginson & Netter，2001）等都证明当国有股权转让给私人时，企业的财务效率和运营效率都会提高。埃尤布奥卢（Eyyuboglu，2005）对土耳其煤业的私有化效果研究之后，发现私有化有利于能源行业生产效率的提高。中国学者徐莉萍等（2005）根据对 1996 ~ 2000 年发生的 262 个控制权转移样本的研究，发现只有有偿转让给民营企业的上市公司才会表现出盈利能力和经营绩效的提高。但是，卡夫和克里斯坦森（Caves & Christensen，1980），沃策尔（Wortzel，1989），马丁和帕克（Martin & Parker，1995），以及科尔和马尔赫林（Kole & Mulherin，1997）的研究认为国有产权并不一定比私有产权效率低。巴伯里等（Barberis et al.，1996）也认为无法明确证实私有股权是否能提高企业效率。孙和唐（Sun & Tong，2003）研究了中国上市公司的股权变革，发现私有化后三年企业的收益、销售收入和员工生产率都提高了，而销售回报率和销售收益率却在私有化后下降了。陈、弗恩和鲁伊（Chen，Firth & Rui，2006）对中国上市公司的研究也发现私有化后企业的投资回报率和资产周转率都下降了。

在公司治理方面，大股东的作用、领导权结构和董事会的独立性较多地受到人们的关注。大股东有能力监督并影响管理者的行为。如果管理者不能很好地经营公司，大股东可以通过出售股权来威胁管理者。这一理论得到了一些实证证明（如 Brickley，Lease & Smith，1988，1994；Van Nuys，1993）。一些研究认为，董事长和 CEO 权力集中于一人不利于公司业绩的提高（Jensen，1993），但是实证研究存在很多争议，雷希纳和达尔顿（Rechner & Dalton，1989）发现同样样本的情况下，领导权结构和股东回报没有关系，但是分离的领导权结构对财务业绩指标（ROE、ROI 和利润率）有明显的提高作用（Rechner & Dalton，1991）。于东智和谷立日（2002）在对中国上市公司领导权结构进行研究后，也赞成两职分离会更有利于控制经理人员的败德行为。但布里克利等（Brickley et al.，1997）提出了相反的观点，他证明了单一领导权结构不一定有差的会计或市场绩效。巴利加、莫耶和拉奥（Baliga，Moyer & Rao，1996）在用 MVA 和 EVA 衡量公司业绩时并没有发现领导权结构对业绩有什么显著影响。科莱什、麦克威廉斯和森（Coles，McWilliams & Sen，2001）同样用 MVA 和 EVA 衡量公司业绩，但发现集中的领导权结构和公司业绩正相关。

董事会规模和组成影响着董事在公司事务方面的作用，影响董事会作为监督者和战略控制者的能力和有效性，也会影响内部人和权益所有者对公司业绩的作用。资源依赖理论认为，提高规模和多样化会加强同外部环境的联系，并且获取广泛的资源基础（Pfeffer，1973；Pearce & Zahra，1992）。但是詹森和梅克林（Jensen & Meckling，1976）预测大的董事会不能很好地监督管理层，叶尔马克（Yermack，1996），艾森伯格等（Eisenberg et al.，1998），巴贾特和布莱克（Bhagat & Black，1996），马诺哈尔·辛格和华莱士·N·戴维松（Manohar Singh & Wallace N. Davidson，2003）实证研究结论证实了他们的预测。董事会结构是解决代理问题的另一个突破口。法马（Fama，1980），法马和詹森（Fama & Jensen，1983）认为独立董事通过提供专家知识和监督服务来提高公司绩效。一部分人认为加强外部董事的力量有助于保护股东的利益（Bhagat & Black，1997；Rosenstein & Wyatt，1990；Park & Roze，1996）。实证也证明独立董事是监督和约束管理者的重要人选（Coughlan & Schmidt，1985；Hermalin & Weisbach，1988），上市公司的外部董事在声誉的激励下，将解雇无效率的 CEO（Weisbach，1988），增加独立董事可以提高公司的价值（Peter Roosenboom，Tjalling van der Goot，2005）。但是，也有相当的证明（如，MacAvoy et al.，1983；Baysinger & Butler，1985；Fosberg，1989；Hermalin & Weisbach，1991；Gilson & Kraakman，1991）发现外部董事和公司绩效之间没有明确的正相关关系。叶尔马克（Yermack，1996），阿格拉沃尔和克内贝尔（Agrawal & Knoeber，1996）甚至发现独立董事比例和托宾 q 值（Tobin's q）之间显著负相关。辛格和戴维森（Singh & Davidson，2003）实证研究认为董事会组成并不是影响公司业绩或代理成本的显著因素。

## 三、模型、变量和数据

### 1. 模型

本文通过回归模型来检验产权变革的作用，模型中不仅包括了产权变革的相关变量，还包括了一些控制变量。回归模型为：

$$\Delta p_{T+t} = \alpha + \beta_1 PIV_T + \beta_2 SC_T + \beta_3 CT_T + \beta_4 GOV_{T+t} + \beta_5 other + \varepsilon$$

其中，$\Delta p_{T+t}$ 表示公司在变革后 $t$ 年的业绩增长量，$PIV_T$ 表示私有化变革，$SC_T$ 表示股权竞争变量，$CT_T$ 表示变革当年的交易成本，$GOV_{T+t}$ 表示变革后 $t$ 年的公司治理因素。$other$ 表示其他变量。

### 2. 变量

（1）业绩变量。

为了全方位检验产权变革对公司业绩的改进作用，本文从公司的盈利能力、股东获利能力、营运能力、发展能力四个方面选择业绩变量，分别为净资产收益率、每股收益、每股净资产、总资产周转率、净利润增长率五个指标。其中用净资产收益率反映盈利能力，用每股收益和每股净资产反映股东获利能力，用总资产周转率反映营运能力，用净利润增长率反映发展能力。

由于企业在不同的行业中会面临不同的机会和竞争空间（Hamel & Prahalad，1994），这一点得到科莱什、麦克威廉斯和森（Coles，McWilliams & Sen，2001）的实证证明，所以本文以剔除行业影响的相对业绩变化量作为考察变量。在考察业绩变量的相对变化量时，本文采用要考察年份的业绩与股权变更前三年平均业绩的差值，并且用行业变化量进行调整。具体来说，公式如下：

$$\Delta p_{T+t} = \left( p_{T+t} - \frac{p_{T-1} + p_{T-2} + p_{T-3}}{3} \right) - \left( p_{T+t}^i - \frac{p_{T-1}^i + p_{T-2}^i + p_{T-3}^i}{3} \right)$$

其中，$T$ 表示股权变更年份，取值范围为［1999，2005］；$t$ 表示股权变更之后的年数，取值范围为［0，3］；$i$ 表示行业，根据上市公司标准行业分类，取值范围为 $[A, M]$；$p$ 表示公司的业绩，包括五个业绩变量。

如果产权变革能够促进公司在四个方面的能力都得到提升，那么可以说产权变革对公司是有效率的，如果产权变革只对某些指标有促进作用，那么它的作用就是不完全的，如果产权变革对所有的指标都有负作用，那么说明产权改革是失效的。

（2）私有化变量。

考虑到产权性质变革前后的复杂性，本文将产权性质变革分为三类：从国有产权变为私有产权（定义为私有化）；国有产权之间的转让；非国有产权之间的转让。在这三种类型的变革中，本文选择两个虚拟变量：私有化和国有股之间转让。博伊科等（Boycko et al.，1994，1996a，1996b）认为国有企业的低效率是因为国家股东追求的是政治效率而非经济效率，只有私有股东代替国家股东才可以解决代理成本问题。因此，本文也将国家股比例作为衡量私有化程度的变量。

（3）股权竞争变量。

股权竞争变量包括控制权变更、变更股权比例、流通股比例、控制股东比例。控制权变更也是一个虚拟变量。第一大股东发生变更就意味着控制权发生了变化，定义为 1，否则为 0。无论是控制权变更与否，变更的股权比例越大，产权变革的程度也越大，因此，本文选择变更股权比例作为产权变革的又一变量。大股东对公司治理有重要作用。因此，本文考虑控股股东股权比例作为一个控制变量。其他的文献证明，股权的流通性对公司业绩也有显著的影响，比德和阿马尔（Bhide & Amar，1993）认为股票市场流动性具有双重效应：一方面，股票流动性由于降低了"不愉快"股东的退出成本而降低了内部监督效率。另一方面低的股票流动性可能会增加信息不对称问题（Ernst Maug，1998）。恩斯特·毛格（Ernst Maug，1998）也发现一个重要的事实：如果监督是有成本的，则流动性的股票市场会使公司治理更有效率。因此本文也考虑流通股比例这一指标。

另外，在股权转让中出现的以股抵债和关联交易行为与股权竞争是相对立的，因此本文也考虑这两个虚拟变量对业绩变化的影响。

（4）交易成本变量。

从转让成本的角度看，产权转让分为无偿转让和有偿转让。这些产权转让方式影响着新股东获得产权的成本以及政府的干预性。在股权分置的历史前提下，非流通国有股东经常在控制权转移过程中通过流通溢价获取控制权私利（敬景程，2005），这种流通溢价其实就是转让价格和股东资产实际成本之差。如果转让价格过高，会产生原股东通过获取控制权私利转移成本的现象。当然，如果是零成本转让，则又可能因为行政干预而导致其他的代理成本。因此，本文选择虚拟变量无偿转让和每股转让价格两个变量来考察产权转让成本对业绩的影响。

（5）公司治理变量。

根据多方的文献研究，公司治理因素对公司的业绩有着重要的影响，因此本文将 T + t 年的公司治理变量作为控制变量进行研究。这些控制变量包括领导权结构、董事会规模、独董比例、监事会规模、高管人数、高管人均报酬、员工费用。本文选择二职合一作为衡量领导权结构的变量，董事长和总经理由一人担任时，二职合一的值为 1，否则为 0。中国的监事会是董事会和经理人的监督机构，强有力的监事会应该能够起到改善公司绩效的作用。本文选择监事会规模作为考察监事会作用的变量。

（6）其他控制变量。

企业规模增加可能会产生规模效应，提高公司绩效。因此本文将公司规模作为控制变量。用公司资产的自然对数来表示。员工人数也是企业规模的另一种反映形式。

变革前的业绩表现可能会影响到变革后的业绩，因此将变革前三年业绩表现的平均值作为控制变量来考虑。

## 3. 数据

本文样本数据来源于国泰安数据库，为了便于考察产权变革和控制权转移的时间相关性影响，本文选择 1999～2006 年发生股权变更的企业作为总样本，股权变更和公司治理的数据涵盖 1999～2006 年，财务绩效数据则涵盖 1996～2006 年。其中对信息不全的样本进行了剔除。表 1 是对 1999～2006 年间发生股权变更企业的总体描述。

表 1 样本企业的描述统计

| | 样本 | 最小 | 最大 | 均值 | 方差 |
|---|---|---|---|---|---|
| 私有化 | 1135 | 0.00 | 1.00 | 0.154 | 0.3613 |
| 国有股之间转让 | 1135 | 0.00 | 1.00 | 0.226 | 0.4187 |
| 控制权变更 | 1135 | 0.00 | 1.00 | 0.342 | 0.474 |
| 变更股权比例 | 1134 | 0.01 | 75.00 | 14.491 | 13.210 |
| 无偿转让 | 1135 | 0.00 | 1.00 | 0.083 | 0.276 |
| 每股价格 | 1102 | 0.00 | 13.64 | 2.243 | 1.619 |
| 有效样本 | 958 | | | | |

由表 1 可以看出，股权由国有性质变为非国有性质的样本占总样本的 15.4%，国有股之间转让的样本占 22.6%，其余 62% 的样本都属于非国有法人股之间的转让。控制权变更的企业占总样本 34.2%，无偿转让只占 8.3%。变更股权比例最高达到 75%。

这些产权变革所引起的经济效果如表 2 所示。从每年的业绩表现来看，公司总体的业绩表现呈现不平衡的状态，除了每股净资产和总资产周转率都是正的之外，每股收益、净利润增长率和净资产收益率几乎都是负的。从业绩增长的表现来看，也是不平衡的，总资产周转率在三年内都显著提高，而且是逐年提高，净利润增长率在第一、第二年都显著提高，而每股收益和每股净资产几乎都是显著下降的，净资产收益率变化不明显。由于每股收益和每股净资产反映的是股东获利能力，总资产周转率代表公司的营运能力，净利润增长率反映公司的发展能力，所以可以说产权变革带给股东收益的效应是负的，而带给公司的营运和发展效应则是正的。

表 2　　　　　　　　　　　　产权变革对公司业绩的改进

| 业绩变量 | 变革前 | 第一年 | 第二年 | 第三年 |
|---|---|---|---|---|
| 每股收益 | 0.097 | 0.057 *** | 0.065 *** | − 0.002 |
| 每股净资产 | 2.336 | 2.213 *** | 2.169 *** | 2.052 *** |
| 总资产周转率 | 0.439 | 0.493 *** | 0.493 *** | 0.533 *** |
| 净利润增长率 | − 2.539 | − 2.195 *** | − 0.564 | − 3.228 *** |
| 净资产收益率 | − 0.086 | − 0.659 | 0.005 | − 0.679 ** |
| Δ 每股收益 | | 0.011 | 0.047 *** | − 0.011 |
| Δ 每股净资产 | | − 0.043 | − 0.029 | − 0.098 ** |
| Δ 总资产周转率 | | 0.025 ** | 0.033 ** | 0.060 *** |
| Δ 净利润增长率 | | 1.531 *** | 3.032 *** | 0.744 |
| Δ 净资产收益率 | | 0.143 | 0.164 ** | − 0.530 * |

注：*** 表示显著水平 < 0.01，** 表示显著水平 < 0.05，* 表示显著水平 < 0.1。

## 四、股权变革对绩效改进作用的回归分析

本文采取前向回归的方法，得出所有显著的影响变量。前向回归的特点是把初设的自变量按照显著程度逐一添加到回归模型中，最后得出的模型自动剔除不显著的变量，只保留显著的变量。

### 1. 股权变革对短期业绩增长量的影响

短期业绩为股权变革后第一年的业绩。根据回归分析，股权变革后短期业绩增长量的影响因素如表 3 所示。由于采用前向回归的方法，模型中只显示了显著的变量，而一些不显著的变量则被自动剔除。所以，由表 3 可以看出，股权的私有化变革和控制权变革在短期内都没有对业绩产生显著影响。

变革前的业绩和变革后业绩的短期增长大部分呈负相关关系。这很容易理解，前期业绩表现后，后期增长难度相对大一些。资产规模和净资产收益率、每股收益等指标都呈负相关关系，这主要是因为这几个业绩变量在计算公式上和资产规模呈倒数关系。变革后控股股东比例和流通股比例都和业绩增长正相关，这是因为控股股东股权比例越大，他越有积极性监督管理层，

表 3　　　　　　　　　　　　　产权变革对短期业绩增长量的影响

| | 因变量 | Δ 每股收益 | Δ 每股净资产 | Δ 净资产收益率 | Δ 净利润增长率 | Δ 总资产周转率 |
|---|---|---|---|---|---|---|
| 常数项 | | 0.155 | − 1.517 *** | 1.491 *** | 24.565 ** | − 0.736 *** |
| 变革前业绩 | 变革前每股收益 | − 0.359 *** | 1.193 *** | | | |
| | 变革前每股净资产 | − 0.069 *** | − 0.586 *** | − 0.279 *** | | − 0.056 *** |
| | 变革前净资产收益率 | 0.024 *** | 0.044 *** | − 0.984 *** | | |
| | 变革前净利润增长率 | | | | − 0.992 *** | 0.002 ** |
| | 变革前总资产周转率 | | − 0.341 *** | | | − 0.143 *** |
| 资产规模 | | − 0.054 ** | | | − 1.523 *** | |
| 股权竞争变量 | 变更后控股股东比例 | 0.002 ** | | | | 0.002 ** |
| | 流通股比例 | | | | 0.091 *** | |
| | 抵债 | − 0.171 *** | | | − 6.293 *** | |
| | 关联交易 | | 0.335 *** | | | |
| 交易成本变量 | 无偿转让 | | 0.718 *** | | | 0.175 *** |
| | 每股转让价格 | | 0.264 *** | | | 0.019 ** |
| 公司治理变量 | 二职合一 | | 0.203 ** | | | |
| | 监事规模 | | | − 0.209 ** | | |
| | 高管人数 | | 0.029 *** | | | − 0.006 ** |
| | 员工费用 | 0.066 *** | 0.132 *** | | | 0.052 *** |
| R² | | 0.151 | 0.391 | 0.333 | 0.449 | 0.102 |
| F | | 22.647 *** | 50.800 *** | 142.595 *** | 139.815 *** | 13.050 *** |

注：*** 表示显著水平 < 0.01，** 表示显著水平 < 0.05，* 表示显著水平 < 0.1；变革前的业绩指标均采取变革前三年业绩表现的平均值。

甚至参与管理，促使业绩提高。流通股比例增大时，就可以削弱非流通股东操纵企业的力量，同时可以提高股权的市场竞争性，提高公司的外部约束力，从而促使经营者提高公司业绩，保护股东和公司的利益。

无偿转让、转让价格都和业绩（每股净资产、总资产周转率）的增长正相关，这两个因素似乎是矛盾的，但是仔细分析可以看出二者并不矛盾，无偿转让的贡献率要大一些，这是因为无偿转让可以降低股权变更的交易成本，交易成本的节约使公司所要承担的额外成本下降，从而使变革后的业绩增长比较显著。股票转让价格和绩效的因果关系与前者相反，预期的业绩变好会提高股票的价格。以抵债为目的的股权转让则和绩效负相关，一方面是因为受让股权的债权人属于消极的股东，不会积极参与企业管理，另一方面是因为以股抵债的公司本身绩效就已经很差了，很难再有所提高。关联交易和短期的每股净资产正相关，这是因为关联交易大多在集团内部发生，集团出于资源配置的目的进行股权转让，主要是希望通过集团中非上市的资产输送来支持上市公司，提高上市公司的竞争力，在这种情况下，每股净资产就会提高。二职合一的状态与每股净资产正相关，说明当权力比较集中时，高层管理者扩大资产规模的倾向更大一些，这在某种程度上也属于代理行为。高管人数和每股净资产正相关，和总资产周转率负相关，这是因为，当资产增加时，高管人数会随之增加，而高管人数的增加会增加高层团队内部的摩擦，降低决策质量和团队工作效率，从而导致公司的营运能力下降。员工费用和业绩增长正相关，说明公司业绩的增长会增加公司在员工方面的资金投入，比如增加工资和福利等。

### 2. 产权变革对中期业绩增长量的影响

产权变革后第二年业绩增长量的影响因素如表 4 所示。从表 4 中可以看出，在中期，变革前的业绩对后期业绩的增长作用依然以负效应为主。资产规模和业绩增长负相关，变更后控股股东比例、流通股比例都和业绩正相关，无偿转让、每股价格、关联交易和业绩增长正相关，员工费用和绩效正相关，这些表现都和短期相同，其原因也相同。

表 4　　　　　　　　　　产权变革对中期业绩增长量的影响

| 因变量 | | Δ 每股收益 | Δ 每股净资产 | Δ 净资产收益率 | Δ 净利润增长率 | Δ 总资产周转率 |
|---|---|---|---|---|---|---|
| 常数项 | | 0.020 | - 2.467 *** | 7.088 *** | 22.968 ** | - 0.410 |
| 变革前业绩 | 变革前每股收益 | - 0.916 *** | 0.886 *** | | | - 0.282 *** |
| | 变革前每股净资产 | | - 0.690 *** | | | - 0.033 ** |
| | 变革前净资产收益率 | | 0.067 ** | - 0.946 *** | | |
| | 变革前净利润增长率 | 0.003 ** | 0.007 ** | 0.040 *** | - 0.910 *** | 0.003 *** |
| | 变革前总资产周转率 | | - 0.559 *** | | | - 0.214 *** |
| 股权竞争 | 变更后控股股东比例 | | | | 0.083 ** | |
| | 变更股权比例 | 0.004 *** | - 0.010 *** | | | |
| | 控制权变更 | | 0.215 ** | | | |
| | 流通股比例 | | | | 0.162 *** | |
| | 关联交易 | | 0.412 ** | | | |
| 交易成本 | 无偿转让 | | 1.225 *** | | | |
| | 每股转让价格 | | 0.273 *** | | | |
| 公司治理 | 董事人数 | | | | 0.400 ** | |
| | 独董比例 | | 0.098 ** | | | |
| | 监事规模 | | | | | - 0.029 *** |
| | 二职合一 | | | | | - 0.085 ** |
| | 高管人数 | | | | - 0.781 *** | 0.014 ** |
| | 员工费用 | | 0.210 *** | | | 0.107 *** |
| 规模变量 | 资产规模 | | | - 0.274 *** | - 1.444 *** | - 0.054 *** |
| | 员工人数 | | | - 0.175 *** | | |
| R² | | 0.220 | 0.316 | 0.321 | 0.494 | 0.132 |
| F | | 67.923 *** | 28.362 *** | 85.256 *** | 116.627 *** | 12.996 *** |

注：*** 表示显著水平 <0.01，** 表示显著水平 <0.05，* 表示显著水平 <0.1。

与短期不同的是，控制权变更和每股净资产正相关，体现了一定的正向效应。董事人数和净利润增长率的增长正相关，表明扩大董事会规模在一定程度上可以提高公司绩效。独董比例和公司每股净资产的增长正相关，说明增加董事会的独立性有利于保护股东利益。高管人数和净利润增长率的增加负相关，但是和总资产周转率正相关，这和短期表现不同，这是因为在短期，高层团队需要一个磨合的过程，到中期时他们之间的协调性增加，在内部决策上更容易取得一致。但他们的努力还不可能很快达到促进绩效快速提升的地步。员工人数和净资产收益率增长负相关，这是因为员工人数超过了其最优规模。

### 3. 产权变革对长期业绩增长量的影响

本文用股权交易后第三年的业绩增长反映股权变革的长期效应。回归模型如表 5 所示。与短期、中期效应表现相同的是，变革前业绩和长期业绩增长负相关，无偿转让和每股净资产正相关，抵债和绩效负相关，高管人均报酬、员工费用和公司绩效正相关。其原因也是相同的。

表 5　　　　　　　　　产权变革对长期业绩增长量的影响

| | 因变量 | Δ 每股收益 | Δ 每股净资产 | Δ 净资产收益率 | Δ 净利润增长率 | Δ 总资产周转率 |
|---|---|---|---|---|---|---|
| | 常数项 | −0.952 *** | −6.851 *** | −22.280 *** | −67.012 *** | −1.496 *** |
| 变革前业绩 | 变革前每股收益 | −0.684 *** | 1.182 *** | | | −0.254 *** |
| | 变革前每股净资产 | −0.059 ** | −0.754 *** | | | −0.038 *** |
| | 变革前净资产收益率 | | 0.066 *** | −1.021 *** | | −0.028 *** |
| | 变革前净利润增长率 | | | | −1.061 *** | |
| | 变革前总资产周转率 | | −0.480 *** | | | −0.459 *** |
| | 控制权变更 | | 0.175 *** | −2.768 *** | −5.825 *** | |
| 股权竞争 | 变更股权比例 | | | 0.087 *** | | |
| | 抵债 | | | −6.652 *** | | |
| 私有化 | 私有化 | −0.230 *** | −0.445 *** | | | |
| | 国有股内部转让 | | −0.325 *** | | | |
| 交易成本 | 无偿转让 | | 0.910 *** | | | |
| | 每股转让价格 | −0.056 *** | 0.100 *** | | | |
| 公司治理 | 二职合一 | −0.321 *** | −0.552 *** | | | −0.101 *** |
| | 董事人数 | | −0.049 *** | 0.440 *** | | −0.021 *** |
| | 独董比例 | | −0.965 *** | | | |
| | 高管人数 | | 0.049 *** | | | |
| | 高管人均报酬 | | 0.202 *** | | | |
| | 员工费用 | 0.079 *** | 0.199 *** | 1.431 *** | 5.256 *** | 0.122 *** |
| 规模 | 资产规模 | | 0.158 *** | | | |
| | 员工人数 | | | −0.0987 *** | −3.322 *** | |
| | R² | 0.174 | 0.381 *** | 0.101 | 0.221 | 0.186 |
| | F | 24.957 *** | 27.244 *** | 11.988 *** | 49.410 *** | 23.340 *** |

注：*** 表示显著水平 <0.01，** 表示显著水平 <0.05，* 表示显著水平 <0.1。

与短期和中期表现不同的是，资产规模和每股净资产正相关。控制权变更和净资产收益率、净利润增长率两个业绩指标负相关，和每股净资产正相关，这可能是因为当控制权变更时，股东追求自身的收益比追求公司整体的盈利能力动机更大。说明控制权变更所引起的控制权竞争效应已经衰弱，新的控股股东在位时间变长之后，会失去竞争意识。股权私有化变革和每股收益、每股净资产负相关，说明私有化的作用在长期才能显示出来，但是它的作用是负向的，说明私有化并不是产权变革的很好选择。变更股权比例和业绩增长量正相关，这是因为更替的股权比例越大，新股东参与监督和管理的机会越大，新的股东会给管理层带来一定的激励，有利于企业业绩的增长。国有股内部转让股权和业绩增长负相关，这是因为国有股东性质都是相同的，他们对于企业的约束力远远比不上非国有股东。

每股转让价格和每股收益增长负相关，和每股净资产增长正相关，这表明转让价格在反映公司预期收益的同时，也会带来一定的交易成本，影响公司的绩效。二职合一和业绩增长量负相关，说明权力的集中削弱了董事会和管理层之间的制约关系，符合代理理论的假设。这种效应和中短期不同，可能是因为在变革完成的短期时间内，权力的集中有利于平衡变革中的矛盾，而随着时间的延长，二职合一的代理成本效应就逐渐超过其正向效应，从而破坏公司的绩效。董事规模呈现正负双重效应，这可能是因为董事会规模存在一个合理的范围，大董事会和小董事会都不是最佳选择。最佳的董事会规模可以在进一步研究的内容中进行讨论。独董比例和每股净资产的增长负相关，这也和中期表现不同，其原因是在变革的短期和中期时间范围内，独立董事可以平衡变革各方的利益，减少变革摩擦，促进公司发展。但是当变革期结束之后，公司进入正常发展期，独立董事的作用就发挥不出来了。相反，过多的独立董事反而会限制一些带有风险性质的决策，限制公司的发展。但是，独立董事的作用也可能正在于此，可以限制公司的无谓膨胀，保证公司拥有一个健康的规模。高管人数和每股净资产正相关，说明当公司资产规模增大时会增加公司的高管人数。员工人数和业绩增长量负相关，这反映出上市公司存在员工人数过多的情况，当员工人数超过最优规模时，就会产生人浮于事、工作效率低下的现象，影响公司绩效。

## 4. 讨论

控制权变更，变更股权比例、控股股东比例、流通股比例等因素对不同时期业绩的作用体现了股权竞争的中短期效应。如控制权变更在中期会促进业绩的提升，第三年则开始出现负面的效应。变更股权比例、控股股东股权、流通股比例在短期和中期内对业绩增长量有显著正向影响。

私有化的效应只在长期出现，而且以负效应为主，说明私有化没有促进效率的提升，这一结论和代理理论矛盾，究其原因，可以归纳为以下几点：
①中国现阶段资本市场上的股权收购行为出于多方面的目的，有些是政府干预下的行业重组行为，有些是集团干预下的公司内部重组行为，有些是借壳上市的行为，真正出于代理权自由竞争的行为是比较少的。关于不同收购行为可能产生的影响，笔者将在以后的研究中进行讨论。②大多数的股权转让行为发生在非国有股东之间，由国有股东转让给非国有股东的股权私有化行为比较少。③私有化大多符合"丑女先嫁"的情形，出让股权的公司绩效普遍比较差。

交易成本通过无偿转让和每股价格来表现，无偿转让稳定的正效应说明了这种零成本交易虽然不符合市场竞争的规则，但是可以节约成本，有利于公司后续的发展。每股转让价格和业绩具有双重的因果关系，一方面价格体现了预期业绩增长的因素，另一方面转让价格会带来一定的交易成本，影响未来的业绩增长。这两个因素充分体现了交易成本对股权变革效应的影响。

在公司治理方面，二职合一、独董比例的作用在变革的中短期内会促进公司业绩增长，但长期就会失效。董事会规模和公司业绩的双向作用可能是因为董事会规模只是公司业绩间接的影响因素，而影响董事会规模的董事会组成、委员会结构、企业年龄才是真正的影响因素①。也说明过大过小的董事会都不能起到有效监督和决策的作用，只有适当的董事会规模才能很好地履行这一功能。高管人均报酬和员工费用无论在什么时期都和公司业绩增长正相关，说明与业绩紧密结合的报酬计划是有效的激励机制，可以形成员工和公司的双赢。资产规模的增大会引起高管人员的增加，但是高管人员增加也会引发一定的管理成本。

## 五、结　　论

股权竞争对公司绩效的影响具有中短期性质。产权私有化变革的效果不如预期的好，非旦不能提高企业效率，反而对企业业绩有破坏性的作用。交易成本可以影响股权变革的效果。在公司治理方面，和业绩联动的激励方式有利于激励高管人员和员工提升公司业绩。董事长和总经理权力的安排应该符合动态的机制，在变革期加强权力的集中有利于公司的发展，而变革结束后应适当分权。独立董事的作用也是类似的，在变革期可以增加独立董事的数量，以平衡各方矛盾，但在平稳期独立董事的数量可以适当减少。

本文的贡献在于通过实证的数据讨论了股权竞争、私有化、交易成本和

----

① 方轶强：《控制权转移能改善企业的经营业绩吗》，载《当代财经》2005 年第 6 期。

公司治理机制在股权变革短期、中期和长期的作用。得出了一些和代理理论不同的结论。不足之处在于对公司绩效指标的讨论还不够具体，对交易成本的讨论还有待深化，这些不足将在以后的研究中进行补充和完善。

## 参考文献

［1］蒋殿春等：《上市公司控股权更迭研究》，深圳证券交易所第五届会员单位、基金管理公司研究成果评选，2002 年。

［2］方轶强：《控制权转移能改善企业的经营业绩吗》，载《当代财经》2005 年第 6 期。

［3］林毅夫、刘明兴、章奇：《政策性负担与企业的预算软约束：来自中国的实证研究》，载《管理世界》2004 年第 8 期。

［4］徐莉萍、陈工孟、辛宇：《控制权转移、产权改革及公司经营绩效之改进》，载《管理世界》2005 年第 3 期。

［5］于东智、谷立日：《公司的领导权结构与经营绩效》，载《中国工业经济》2002 年第 2 期。

［6］敬景程：《股权流动性抑制与公司治理绩效》，载《经济问题探索》2005 年第 3 期。

［7］Donna, Card Charron, Stockholders, Stakeholders. 2007. The Battle For Control Of The Corporation. *Cato Journal*, (27)：1 – 22.

［8］ChongEn Bai, David D. Li, Zhigang Tao, 2000, A Multitask Theory of State Enterprise Reform. *Journal of Comparative Economics*, (28)：716 – 738.

［9］E. Mustafa, Eyyuboglu, 2006, Effects of Privatization：A Case Study from Cayirhan Coal District, Turkey. *Energy Policy*, (34)：3017 – 3026.

［10］Qian Sun, Wilson, H. S., Tong, 2003, China Share Issue Privatization：the Extent of Its Success. *Journal of Financial Economics*, (70)：183 – 222.

［11］Gongmeng Chen, Michael Firth, Oliver Rui, 2006, Have China's Enterprise Reforms Led to Improved Efficiency and Profitability? *Emerging Markets Review*, (7)：82 – 109.

［12］James, A., Brickley Jeffrey L., Coles, Gregg Jarrell, 1997, Leadership Structure：Separating the CEO and Chairman of the Board. *Journal of Corporate Finance*, (3)：189 – 220.

［13］Jerilyn, W. Coles, Victoria, B., McWilliams, Nilanjan Sen, 2001, An Examination of the Relationship of Governance Mechanisms to Performance. *Journal of Management*, (27)：23 – 50.

［14］Peter Roosenboom, Tjalling van. der. Goot, 2005, The Effect of Ownership and Control on Market Valuation：Evidence from Initial Public Offerings in The Netherlands. *International Review of Financial Analysis*, (14)：43 – 59.

［15］Yermack, D., 1996, Higher Market Valuation of Companies with a Small Board of Directors. *Journal of Financial Economics*, (40)：185 – 211.

［16］Agrawal, A., Knoeber, C. R., 1996, Firm Performance and Mechanisms to Control Agency Problems Between Managers and Shareholders. *Journal of Financial and Quantitative Analysis*, (31)：377 – 397.

［17］Manohar Singh, Wallace, N., Davidson, 2003, Agency Costs, Ownership Structure and Corporate Governance Mechanisms. *Journal of Banking & Finance*, (27)：793 – 816.

[18] Zuobao Wei, Oscar Varela, M. Kabir Hassan, 2002, Ownership and Performance in Chinese Manufacturing Industry. *Journal of Multinational Financial Management*, (12): 61 −78.

[19] Bhide Amar, 1993, The Hidden Costs of Stock Market Liquidity. *Journal of Financial Economics*, (34): 31 −51.

[20] Ernst Maug, 1998, Large Shareholders as Monitors: Is There a Trade-Off Between Liquidity and Control? *The Journal of Finance*, (53): 65 −98.

# Analysis on the Dynamic Effect of the Ownership Change on Chinese Listed Corporation

**Wang Bingjie    Jing Runtian**

**Abstract**：This paper documented the short-term and long-term effects of ownership changes happened in Chinese listed corporations on corporate performance, and the result showed that the effect of ownership competition has short-term and medium-term effects on corporate performance. Privatization has long-term effect on corporate performance, but it is negative. Zero cost ownership change improved corporate performance by decreasing transaction cost, rather than destroyed corporate performance by bringing agent cost. Governance factors, such as leadership structure and independent director mechanism, increased corporate performance in short-term, but decreased it in long-term, which showed that corporate governance mechanism is dynamic.

**Key Words**：Listed Corporation   Ownership Change   Dynamic Effect

第 1 卷第 1 辑　　　　　　　公司治理评论　　　　　　　　Vol. 1　No. 1
2009 年 1 月　　　　　Review of Corporate Governance　　　　Jan. 2009

# 基于 SV - GED 模型估计波动率的管理层股票期权定价研究

## ——来自沪深 300 指数的实证数据

潘　　敏　唐胜桥[*]

【摘要】针对管理层股票期权定价的有效性问题，本文在考虑股票收益率的波动特征以及到期日标的股票价格可能发生异常波动的基础上，构建了一个基于 SV - GED 模型估计波动率的管理层股票期权定价模型，同时，以中国沪深 300 指数为样本，采用马尔可夫链蒙特卡罗模拟方法，对 SV - GED 模型进行参数估计，并对基于 SV - GED 模型估计波动率的管理层股票期权价值与普通 B - S 期权定价模型下的管理层股票期权价值进行了比较。结果表明：SV - GED 模型对市场指数波动率的刻画具有较好的拟合效果；基于 SV - GED 模型估计波动率的期权价值与普通 B - S 模型计算的管理层股票期权价值存在明显的差异，而且，这种差异随期权授予日标的股票价格与行权价格差异的变化而变化。

【关键词】随机波动模型　广义误差分布　股票期权定价　马氏链蒙特卡罗方法

## 一、引　言

随着管理层薪酬补偿中股票期权补偿的普遍应用和大幅度增加，管理层股票期权定价的有效性受到了学术界的广泛关注。长期以来，管理层股票期权定价采用的是经典的布莱克－斯科尔斯（Black，Scholes，1973）期权定价模型（以下简称 B－S 模型），然而，基于市场风险中性和无套利假设的 B－S 模型在应用到管理层股票期权定价时却受到了广泛的质疑。兰伯特、拉尔克和韦雷基亚（Lambert，Larcker & Verrecchia，1991）、霍尔和墨菲（Hall &

---

　　* 本研究得到国家自然科学基金项目（项目批准号：70372071）、国家社科基金项目（批准号：06BJY107）、教育部 2007 年度"新世纪优秀人才支持计划"项目和武汉大学国家"985"创新基地项目子课题的资助。

　　潘敏（1966~　　），男，湖北鄂州人，武汉大学经济与管理学院金融系副主任，教授，博士生导师。研究方向：公司金融与公司治理、金融经济学。

　　唐胜桥（1981~　　），男，湖北武汉人，武汉大学经济与管理学院金融学博士研究生。研究方向：公司金融与公司治理、金融经济学。

Murphy，1992）等基于管理层风险厌恶和资产不可分散性，采用确定性等价方法，研究了经理人不同风险厌恶程度和资产分散程度下股票期权的确定性等价值。其结论表明，以风险中性和投资者资产广泛分散为前提条件的 B – S 模型定价的管理层期权价值远高于考虑风险厌恶和资产不可分散的管理层期权的确定性等价值。另一方面，B – S 模型中标的资产的价格是以期权到期日标的股票价格来计算的，对实施管理层股票期权的公司而言，股票的到期日价格可能会受市场"噪声"影响或管理层操纵的影响而出现异常波动，从而影响期权激励的有效性。针对这一问题，部分学者主张采用期权期间标的股票的平均价格或采用双边敲出障碍期权模型对管理层股票期权定价。

　　然而，在有关标的资产收益率的波动方面，现有的理论拓展遵循的仍是经典 B – S 期权定价的基本假设，即标的资产收益的波动率为常数。但众多有关金融市场资产收益率波动的实证研究表明，资产收益率的波动具有尖峰厚尾、集聚性、持续性、长记忆性以及溢出效应等特征。显然，只有考虑证券市场标的资产价格波动的这类特征，管理层股票期权定价才能更为有效，相关的扩展研究也会更为符合实际。这正是本文研究的目的所在。

　　目前，刻画金融资产收益率波动的模型主要有三类，即自回归条件异方差模型（ARCH 模型）、广义自回归条件异方差模型（GARCH 族模型）以及随机波动模型（SV 模型）。众多的研究表明，SV 模型简明的特点使其表现出更多的优势，能够更好地拟合金融数据，在金融分析、风险预测等方面有着广泛的用途。在 SV 类模型中，根据随机误差项的不同，又可分为正态分布型 SV 模型、$t$ – 分布型 SV 模型与 GED 分布型 SV 模型。然而，由于 SV 模型中的波动变量是不可观测的隐变量（Latent Variable），要得到精确的样本似然函数十分复杂和困难。近年来，在 SV 模型的参数估计方面已取得较大的进展。估计方法基本分为两大类：①用近似的或者模拟的方法构造模型的似然函数和无条件矩。这包括拟最大似然估计（QML）、广义矩估计（GMM）、仿真最大似然估计（SML）、模拟矩估计（SMM）等。②基于贝叶斯原理的参数后验分布分析。雅基耶等（Jacquier et al. ，1994）采用马尔可夫链蒙特卡罗（MCMC）中的 Gibbs 抽样方法来估计模型，该方法采用 Metmpolis 算法从模型参数和波动变量的联合分布中进行循环抽样，每一步得出一个参数的后验分布，等参数的后验分布序列收敛后，再进行若干回合的有效抽样并以此对参数进行统计推断。大量模拟表明，MCMC 在估计参数上优于 QML 方法和 MM 方法（Kim et al. ，1998）。

　　本文的目的是在考虑标的资产收益率波动特征和到期日标的股票价格异常波动的基础上，构建基于 SV – GED 模型估计波动率的管理层股票期权定价模型，以此扩展现有的 B – S 期权定价模型。同时，以中国沪深 300 指数为样本，运用马尔可夫链蒙特卡罗模拟方法（MCMC）和 WinBugs 软件，对 SV – GED 模型进行参数估计，并对基于 SV – GED 模型估计波动率的管理层股票期权价值与经典 B – S 期权定价模型下的管理层股票期权价值进行比较。

## 二、基于 SV – GED 模型估计波动率的管理层股票期权定价模型

### 1. SV – GED 模型及参数估计方法

SV 模型不同于 ARCH 模型，在 SV 模型中，方差项是不可观测的变量。在此，采用均值修正后的对数收益率 $y_t = R_t - \overline{R}$，其中，$\overline{R}$ 为 $t$ 期收益率的均值。标准 SV 模型表示为：

$$y_t = \sigma_t \varepsilon_t, \quad \varepsilon_t \sim i.i. N(0, 1) \tag{1}$$

$$\ln\sigma_t^2 = \alpha + \beta\ln\sigma_{t-1}^2 + \eta_t, \quad \eta_t \sim i.i. N(0, \sigma_\eta^2) \tag{2}$$

其中 $\varepsilon_t$ 与 $\eta_s$ 对于所有 $t$ 和 $s$ 相互独立，并称 $\sigma_t^2$ 为 $y_t$ 的波动。（1）式描述的是均值，（2）式描述的是波动率。（2）式可改写为：

$$\ln\sigma_t^2 = \mu + \beta(\ln\sigma_{t-1}^2 - \mu) + \eta_t \tag{3}$$

（3）式中 $\mu = \alpha/(1-\beta)$。模型中 $\mu$、$\beta$、$\sigma_\eta^2$ 是参数。SV 模型中，波动率不仅依赖于前期波动，而且依赖于当前的信息项 $\eta_t$，这正是 SV 模型刻画金融时间序列更为精确的原因，也是 SV 模型与 GARCH 模型的主要区别之处。

下面考虑 GED 分布。

在标准 SV 模型中，$\varepsilon_t$ 服从正态分布，实际使用时，由于金融时间序列的"尖峰厚尾"性决定了 $\varepsilon_t$ 具有大于 3 的峰态系数。这里引入 GED。GED 分布是由 J. P. 摩根（J. P. Morgan）在 Risk Metrics 模型中提出的，GED 的分布密度函数为：

$$f(\varepsilon_t) = \frac{c\exp\left\{-\frac{1}{2}(|\varepsilon_t|/\lambda^c\right\}}{\lambda\Gamma(1/C)2^{(C+1)/C}} \tag{4}$$

其中 $0 < C < 2$，$\Gamma(\cdot)$ 为 Gamma 函数[①]，

$$\lambda = \left[2^{-\frac{2}{c}}\frac{\Gamma(1/C)}{\Gamma(3/c)}\right]^{\frac{1}{2}} \tag{5}$$

分布的形式由参数 $c$ 决定，当 $c=2$ 时，GED 是正态分布；当 $c>2$ 时，GED 的尾部比正态分布更薄；当 $c<2$ 时，GED 的尾部比正态分布更厚。

建立 SV – GED 模型：

$$y_t/\sigma_t = \varepsilon_t, \quad \varepsilon_t \sim GED(c) \tag{6}$$

$$\ln\sigma_t^2 = \mu + \beta(\ln\sigma_{t-1}^2 - \mu) + \eta_t \tag{7}$$

其中 $c$ 为 GED 分布的自由度。

在此，我们可运用 MCMC 方法估计 SV – GED 模型参数。其基本思路

---

① Gamma 函数：$\Gamma(x) = \int_0^\infty e^{-t}t^{x-1}\mathrm{d}t$

是：通过构造一个平稳分布 $\pi(x)$ 的马尔可夫链得到 $\pi(x)$ 的抽样，基于这些抽样，并借助于马尔可夫链的遍历性做出各种统计推断，然后估计出模型参数。

### 2. 基于 SV – GED 模型估计波动率的 B – S 期权定价模型

我们考虑一般欧式看涨期权的定价。在 B – S 期权定价理论中，基本的假设方程式为：

$$\frac{\mathrm{d}S_t}{\mathrm{d}t} = \mu S_t \mathrm{d}t + \sigma S_t \mathrm{d}W_t \tag{8}$$

其中，$\mu$ 为期望收益率（常数），$\sigma$ 为波动率（常数），$\mathrm{d}W_t$ 为标准布朗（Brown）运动。

现以 SV – GED 模型中所描述的波动率 $\sigma_t$ 替代（8）式中的常数波动率 $\sigma$，于是改写后的 B – S 方程假设形式为：

$$\frac{\mathrm{d}S_t}{\mathrm{d}t} = \mu S_t \mathrm{d}t + \sigma_t S_t \mathrm{d}W_t \tag{9}$$

其中，$\mu$、$\mathrm{d}W_t$ 与一般 B – S 方程的定义相同，$\sigma_t$ 通过下列 SV – GED 模型给出：

$$y_t / \sigma_t = \varepsilon_t, \quad \varepsilon_t \sim GED(c)$$

由于

$$V_t = V(S_t, \sigma_t, t) \tag{10}$$

类似于 B – S 模型的推导可以得出，具有基于 SV – GED 模型波动率的欧式看涨期权的定价公式为：

$$V(S, \sigma_t^2, t) = SN(\hat{d}_1) - Ke^{-r(T-t)}N(\hat{d}_2) \tag{11}$$

其中，

$$\hat{d}_1 = \frac{\ln\dfrac{S}{K} + \displaystyle\int_t^T (r + \sigma_w^2)\,\mathrm{d}w}{\sqrt{\displaystyle\int_t^T \sigma_w^2\,\mathrm{d}w}}$$

$$\hat{d}_2 = \hat{d}_1 - \sqrt{\int_t^T \sigma_w^2\,\mathrm{d}w}$$

$$y_w / \sigma_w = \varepsilon_w, \quad \varepsilon_w \sim GED(c)$$

$$\ln\sigma_w^2 = \mu + \beta(\ln\sigma_{w-1}^2 - \mu) + \eta_w$$

### 3. 考虑到期日标的股票价格异常波动的管理层期权定价模型

在上述扩展的期权定价模型中，标的股票的市场价格 $S$ 为到期日的时点价格。在管理层股票期权的到期日，标的股票价格容易受到外部市场"噪音"影响或管理层的人为操纵而出现大幅度的异常波动，从而降低期权激励的有效性。因此，采用期权期内平均价格替代期权期末时点价格计算管理层股票期权到期时的收益，不仅有利于平滑市场"噪音"对股票价格短期异常波动的影响，而且能够增加管理层的操纵成本，降低经理人操纵股价的动机。平均价格表示为：

$$S_A = \exp\left( \frac{1}{T} \int_0^T LnS_t \mathrm{d}t \right)$$

在授予管理层期权后，若市场整体走势较弱，股票价格可能持续下降，当股票价格下降至某一极低水平 $\underline{S}$ 时，即使使用期权期内的平均价格，经理人仍不能获得期权收益。为了激励经理人努力工作，多数公司此时会授予经理人以 $\underline{S}$ 为行权价格，期权期延长至 $T_1$ 的新期权。然而，股票价格也存在异常上升（如市场"噪音"或经理人操纵）的可能，若公司希望控制赋予股票期权的成本，必然限制管理层期权收益于一个合理范围。因此，需要限制股票价格在区间 $[\underline{S}, \bar{S}](\underline{S} < \bar{S})$ 内变化，当股票价格达到区间上界时，期权自动取消，同时给予经理人固定补偿 $C_0$；当股票价格达到区间下界时，授予经理人一份延长期权期的新期权。综合以上情形，当 $S_A \in [\underline{S}, \bar{S}]$ 时，以 $S_A$ 替代模型（11）中的 $S$ 进行定价；当 $S_A < \underline{S}$ 时，赋予经理人一份新的期权，执行价格为 $\underline{S}$，期权期为 $T_1$；当 $S_A > \bar{S}$ 时，期权取消，给予经理人固定补偿 $C_0$。

这样，考虑到期目标的股票价格异常波动的管理层股票期权价值为：

$$V = V_K(S_A, \sigma_t^2, T)I_{\{\underline{S} \leq S_A \leq \bar{S}\}} + V_{\underline{S}}(S'_A, \sigma_t^2, T_1)I_{\{S_A < \underline{S}\}} + C_0 I_{\{S_A > \bar{S}\}} \qquad (12)$$

其中，$V_K(S_A, \sigma_t^2, T_1)$ 表示股价以 $S_A$ 衡量，敲定价格为 $K$，期权期为 $T$ 的期权价值；$V_{\underline{S}}(S'_A, \sigma_t^2, T_1)$ 表示股价以 $S'_A = \frac{1}{T_1}\int_0^{T_1} LnS_t \mathrm{d}t$ 衡量，敲定价格为 $\underline{S}$，期权期为 $T_1$ 的期权价值；$C_0$ 表示当 $S_A > \bar{S}$ 时，期权取消后给予经理人的固定补偿。

## 三、实证分析

本文实证研究的对象为代表中国股票市场价格变化的沪深 300 指数。选取的样本数据为 2005 年 4 月 8 日 ~ 2007 年 11 月 29 日期间的数据①，样本数为 642。数据来源为大智慧分析软件的网络实时数据。股指日价格收益率采用连续复利的对数收益率，即 $R_t = \ln(P_t/P_{t-1})$。其中，$P_t$ 为第 $t$ 天的收盘指数；$R_t$ 为第 $t$ 天的日收益率。

**1. 基于 SV – GED 模型的市场收益率波动特征分析**

表 1 为反映样本期间沪深 300 指数收益率序列统计特征的相关指标，图 1 ~

---

① 沪深 300 指数的编制和发布始于 2005 年 4 月 8 日。

图 4 分别为沪深 300 指数的收益率时间序列图、QQ 图、收益率直方图和自相
关函数图。从相关数据和图中可以看出，沪深 300 指数的收益率波动存在明
显的集聚性和分布的"尖峰厚尾"性。并且，QQ 图显示出这种"厚尾"性
呈明显的非对称性特征。

表 1　　　　　　　　　沪深 300 指数价格收益率序列基本统计特征

| 均值 | 标准差 | 偏度 | 峰度 | $JB$ | $Q(24)$ |
|---|---|---|---|---|---|
| 0.00248 | 0.01789 | − 0.71 | 3.50 | 374.78 | 39.34 |

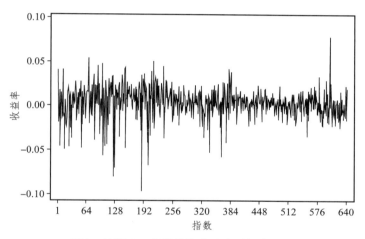

图 1　沪深 300 指数价格收益率时间序列图

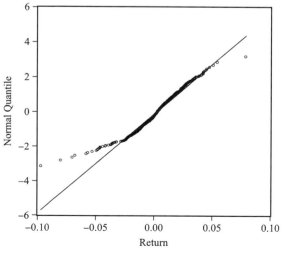

图 2　沪深 300 指数价格收益率分布 QQ 图（分位数 – 分位数图）

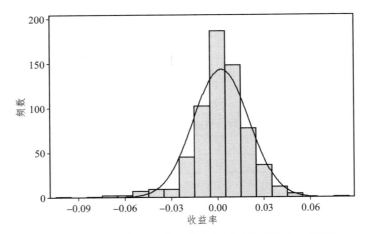

图 3    沪深 300 指数价格收益率直方图（含正态分布曲线）

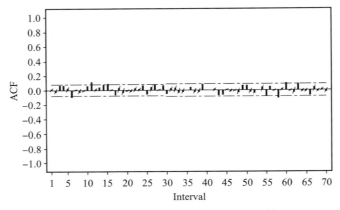

图 4    沪深 300 指数价格收益率自相关函数图

## 2. SV – GED 模型的参数估计

我们采用 MCMC 方法对 SV – GED 模型的参数进行估计。对 SV 模型而言，标准 SV 模型的似然函数表示为：

$$f(y \mid \theta) = \int f(y \mid h, \theta) f(h \mid \theta) \, \mathrm{d}h \tag{13}$$

其中包含了样本的所有观测量，$h = (h^1, \cdots, h^T)^T$ 是 $T$ 维潜在波动向量，且 $\theta = (\alpha, \beta, \sigma_\eta)^T$ 包含了 SV 模型中的所有参数。在（13）式中 $f(h \mid \theta)$ 可以看做 $h$ 的先验密度，可由波动方程给出，但由于 $y$ 的条件密度函数未知，似然函数（13）不能直接求解。我们可通过在密度函数 $\pi(\theta, h \mid y)$ 中抽样来解决，而不需计算似然函数 $f(y \mid \theta)$。从 MCMC 算法中取得的样本是一个高维样本，利用这些取样，并借助于马尔可夫链的遍历性可进行统计推断。

通过 Winbugs 软件进行适当编程, 得到的 SV 模型的参数估计结果如表 2 所示。

表 2　　　　　　沪深 300 指数价格收益波动率 SV – GED 模型参数估计结果

| 分布 | $\mu$ | $\beta$ | $\sigma_\eta^2$ | 自由度 $c$ |
|---|---|---|---|---|
| GED | – 8.1453 | 0.9784 | 0.1206 | 1.4087 |

在 GED 分布条件下, 式 (6) 和 (7) 所表示的 SV 模型为

$$y_t / \sigma_t = \varepsilon_t, \quad \varepsilon_t \sim GED(1.4087)$$

$$\ln \sigma_t^2 = -0.1759 + 0.9784 \ln \sigma_{t-1}^2 + \eta_t$$

以上结果再次验证了 SV 模型所描述的市场收益波动率序列具有较强的波动集聚性与持续性, 同时验证了波动的厚尾性。

### 3. 以沪深 300 指数为标的资产的管理层股票期权价值及比较静态分析

为了结果的简化及比较分析的方便, 在此我们只考虑以期权期内标的资产 "平均价格" 修正的期权价值。我们以沪深 300 指数为期权标的资产, 对期权价值进行计算以保证数据的一致性。假定期权赋予日为 2005 年 8 月 15 日, 当日指数为 954.50, 到期日为 2007 年 8 月 15 日, 当日指数为 4798.75, 期权期内指数均值为 1856.66。假设执行价格为 $K$, 赋予期权当日价格为 $S_0$, 且 $K = S_0 / \lambda$, $\lambda > 0$, 则当 $\lambda > 1$ 时, 期权为实值; 当 $0 < \lambda < 1$ 时, 期权为虚值; 当 $\lambda = 1$ 时, 期权为平值。期权期为 2 年, 无风险利率为 2.4% (国债 2 年期利率)。

在上述条件下, 我们可以计算出指数价格年平均波动率 $\sigma$ 为 33.96%, 基于 SV – GED 模型估计的期权期内指数价格波动率为 48.46%。在得到这两个波动率后, 我们分别给出了不同的 $\lambda$ 取值下的基于 B – S 模型和 SV – GED 模型估计波动率的管理层股票期权价值变化曲线。如图 5 (B – S – A 曲线为基于 B – S 模型计算的管理层期权价值变化曲线, SV – GED – A 为基于 SV – GED 模型估计波动率的期权价值曲线) 所示。

从图 5 可以看出, 在 $\lambda$ 的不同取值区间, 两种模型计算的管理层股票期权价值存在着明显的差异, 当 $\lambda < 0.713$ 时, B – S – A 模型计算的期权价值大于 SV – GED – A 模型计算的期权价值, 特别是, 当期权处于虚值的程度越深时, 两者的差异越大; 而当 $\lambda > 0.713$ 时, SV – GED – A 模型计算的期权价值大于 B – S – A 模型计算的期权价值, 但是, 随着 $\lambda$ 取值的上升, 两者的差异逐渐缩小。现实中较为普遍的情形是, 管理层期权行权价格一般以期权授予日当天的价格为准 (即 $\lambda = 1$, 期权为平值时的情形)。从图中可以看出, 当 $\lambda = 1$ 时, SV – GED – A 模型计算的期权价值大于由传统 B – S 模型计算的期权价值。该结论表明, 在通常情况下 (管理层期权为平值), B – S 模型所估计

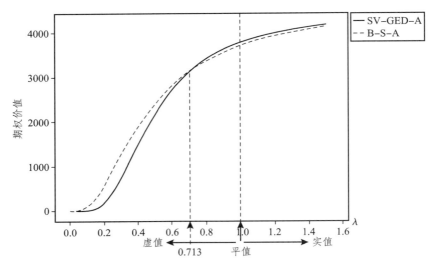

图 5　两种模型下管理层股票期权价值变化曲线

注：图中 $B-S-A$ 曲线方程为 $B-S-A=1856.66N(2.082\ln\lambda+1.7254)-\dfrac{909.73}{\lambda}N(2.082\ln\lambda+1.2451)$，$SV-GED-A$ 曲线方程为 $SV-GED-A=1856.66N(1.4592\ln\lambda+1.3836)-\dfrac{909.73}{\lambda}N(1.4592\ln\lambda+0.6983)$，其中 $N(x)=\dfrac{1}{\sqrt{2\pi}}\displaystyle\int_{-\infty}^{x}e^{\frac{x^2}{2}}\mathrm{d}x$。

的经理人股票期权的价值可能被低估。因此，如果考虑管理层风险厌恶和资产不可分散性的霍尔和墨菲（$Hall\ \&\ Murphy$，2002）等人的观点成立，那么，基于 $SV-GED$ 模型估计波动率计算的企业管理层股票期权的成本将会更高。

## 四、结　语

　　针对现有的以 B - S 模型为基础的管理层股票期权定价的有效性问题，本文在考虑资本市场股票收益率的波动具有"尖峰厚尾"、集聚性、持续性、长记忆性等特征以及经理人股票期权在到期日标的股票价格可能发生异常波动的基础上，构建了一个基于 SV - GED 模型估计波动率的 B - S 股票期权定价模型，同时，以中国沪深 300 指数为样本，采用马尔可夫链蒙特卡罗模拟方法（MC-MC）和 WinBugs 软件，对 SV - GED 模型参数进行估计，并对基于 SV - GED 模型估计波动率的管理层股票期权价值与经典 B - S 期权定价模型下的管理层股票期权价值进行了比较。本文的研究表明，①SV - GED 模型对市场指数波动率的刻画具有较好的拟合效果，能够充分反映市场所具有的"尖峰厚尾"、集聚性等特征；②基于 SV - GED 模型估计波动率的期权价值与普通 B - S 模型计算的期权价值存在着明显的差异，而且，这种差异随着期权授予日标的股票价格与行权价格差异的变化而变化。当经理人期权处于深度虚值时，普通 B – S 模型计算的期权价值高于以 SV – GED 模型估计波动率修正后的 B – S 模型计算的期权价值，而当期权处于平值或实值时，后者计算的价值大于前者的价值①。在一般情况下，经理人股票期权的行权价格大多以授予日当天标的股票的价格为准。在此情况下，以普通的 B – S 模型计算的经理人股票期权的经济成本可能会被低估。

## 参考文献

［1］魏宇、余怒涛：《中国股票市场波动率预测模型及其 SPA 检验》，载《金融研究》2007 年第 7 期。

［2］姜礼尚：《期权定价的数学模型和方法》，高等教育出版社 2003 年版。

［3］余素红、张世英：《SV 与 GARCH 模型对金融时间序列刻画能力的比较研究》，载《系统工程》2002 年第 2 期。

［4］仪垂林、刘国华、李明：《金融市场波动性预测研究动态》，载《经济学动态》2005 年第 10 期。

［5］Black，F.，M. Scholes，1973，The Pricing of Options and Corporate Liabilities. *Journal of Political Economy*，(81)：637 – 654.

［6］Core，J. E.，Wayne，R. Guay，David F. Larcker，2003，Executive Equity Compensation and Incentives：A Survey. *Economic Policy Review*，(9)：793 – 819.

［7］Hall Brian J.，K. J. Murphy，2002，Stock Options for Undiversified Executives. *Journal of Accounting and Economics*，(33)：3 – 42.

［8］Harvey，A.，Ruiz E. Shepard N.，1994，Multivariate Stochastic Variance Models. *Review of Economic Studies*，(61)：247 – 264.

［9］Kim，S.，Shephard，N.，Chib，S.，1998，Stochastic Volatility：Likelihood Inference and Comparison with ARCH Models. *Review of Economic Studies*，(65)：361 – 393.

［10］Lambert，R.，D. Larcker，R. Verrecchia，1991，Portfolio Considerations in Valuing Executive Compensation. *Journal of Accounting Research*，(29)：129 – 149.

［11］Jacquier，E.，N. G. Poison，P. E. Rossi，1994，Bayesian Analysis of Stochastic Volatility Models ［J］，*Journal of Business and Economic Statistics*，(12)：371 – 388.

［12］Renate Meyer，Jun Yu，2000，Bugs for a Bayesian Analysis of Stochastic Volatility Models. *Econometrics Journal*，(3)：198 – 215.

［13］Ruey，S. Tsay，2002，Analysis of Financial Time Series. *John Wiley & Sons，Inc.*

---

① 当期权处于深度实值时，两者计算的价值逐渐趋于相等。

# A Study on Executive Stock Option Pricing Based on Volatility Estimated by SV – GED Model

## Evidence from Shanghai and Shenzhen 300 Index

**Pan Min    Tang Shengqiao**

**Abstract**: This paper develops an executive stock option pricing model based on the volatility estimated by SV – GED model, considering both the features of the volatility of stock return and the exceptional volatility of stock price which in exercise date, estimates the parameters of SV – GED model using Markov Chain Monte Carlo method, based on Shanghai and Shenzhen 300 Index, and compares the executive stock option prices computed by the option pricing model based on volatility estimated by SV – GED model and Black-Scholes model. It shows that SV – GED model has greater veracity in describing the volatility of stock market return. There are differences between the option price computed by stock option pricing model based on SV – GED model and that computed by B – S model, and the differences varing with the discrepancy between the underlying stock price and strike price.

**Key Words**: Stochastic Volatility Model    General Error Distribution    Stock Option Pricing    Markov Chain Monte Carlo Method

# 中国公司治理制度形成的源流考察及
# 创新发展的理论解析

【摘要】本文基于比较制度分析视角构建了一个公司治理制度变迁的理论模型，并据此对中国公司治理制度的演化进行了考察。研究认为，中国公司治理的产生最初是缘于放权让利所引致的经营者激励约束问题。此后，面对转轨经济背景下特殊的市场和社会条件，依存于一定的历史路径，并充分借鉴国际经验，在利益相关者的不断博弈中实现了从结构到机制的创新发展。在此基础上，对公司治理制度变迁的规律进行了总结，并对中国公司治理的未来走向及公司治理理论的创新发展提出了进一步的思考。

【关键词】公司治理　利益相关者　国有企业　转轨经济

## 一、引　　言

回顾近三十年的转轨经济实践，在中国的整个经济体制改革中，早已明确并一直坚持了国有企业改革的中心地位。从总体上和主要思路上看，在"国退民进"这一总体路径下，经历了从"以放权让利为主线，但不涉及所有权问题的'经济分权'"到"以所有权变更为内涵的'产权重构'"的历程。在这一过程中，国有企业越来越认识到建立一个适应市场经济体制要求的现代企业制度的重要性。为了满足由计划经济体制向市场经济体制过渡和建立现代企业制度的需要，1993 年 12 月 29 日，颁布了新中国成立以来的第一部《公司法》。在这部《公司法》中，正式确立了董事会、监事会与经理层相互制衡的公司治理结构。此后，在政府相关部门的主导下，一方面着手

　　* 本研究得到国家自然科学基金重点项目"中国公司治理及其评价研究"（项目号：70532001）、教育部人文社科基金："监事会的本原性质、作用机理与中国上市公司治理创新"（项目号：08JC630013）、教育部博士点基金新教师项目："基于价值创造的利益相关者治理问题研究"（项目号：20070145072）、辽宁省社会科学规划基金项目："基于公司治理视角的辽宁国有企业改革绩效评价与路径选择研究"（项目号：L07BJY024）、中国博士后科学基金：基于利益相关者治理的中国上市公司治理优化研究（项目号：20080431148）等项目的资助。
　　王世权（1977～　　），男，汉族，吉林省农安县人，东北大学工商管理学院讲师，管理学博士。研究方向：公司治理、战略管理。
　　李凯（1957～　　），男，汉族，辽宁省沈阳人，东北大学工商管理学院教授，博士生导师。研究方向：公司治理与产业组织。

建立和完善外部治理环境，如证券市场与经理市场；另一方面根据具体的中国环境，在治理结构与机制上实现创新发展，如 2001 年独立董事制度的导入（2006 年正式在《公司法》中被予以确立）、2002 年《上市公司治理准则》的颁布、2005 年开始的股权分置改革等。本文的目的在于基于比较制度分析视角来审视中国公司治理制度的生成及演进，以期对理论研究有所助益，为中国上市公司治理的制度创新提供可信赖的经验支持。

## 二、比较制度分析视角下的公司治理制度变迁

### 1. 比较制度分析的制度观及关注的焦点

比较制度分析方法以博弈论为分析工具，将制度定义为经济主体进行重复博弈之共有信念的自我维系系统。制度生成之后，不但能够通过协调参与人的信念来引导与控制参与人的行为，还能节约决策所需要的信息处理成本，从而缩减环境的不确定性和复杂性。在上述对制度认知的框架下，比较制度分析将焦点置于经济体制的多样性本身进行研究，其关注的课题主要有两个：一个是以经济中整体制度配置的复杂性和多样性作为多重均衡来理解的共时性问题；另一个是把制度视为一种均衡，在承认变化的事实上理解制度演化机制的历时性问题。在此基础上，比较制度分析认为各国各地区所特有的经济体制、制度及其结构，一方面依存于一定的历史路径，以过去的和现存的制度为依据，另一方面又随着技术的变化、外部环境的改变和国外不同体制的相互影响而发生着进化。为此，对于经济体制的研究不应仅仅关注现实层面的体制与制度差异，而应该将视野从市场制度向非市场制度，从制度安排向制度环境，从经济、政治、法律制度向文化传统、价值观念和意识形态拓展，尤其重视影响制度诸因素中的文化传统、价值观念和意识形态的作用。

### 2. 利益相关者博弈均衡与公司治理制度选择

由于不同利益相关者利益取向的差异性，他们对公司治理有着不同的要求，因此，利益相关者必然会基于自身效用的最大化，在治理制度设计中施加各种影响，以使制度安排有利于自身。在这一过程中，利益相关者的权益能否在制度安排中有所反映，最为关键的是取决于他们在博弈过程中的谈判力（Bargaining Power）与对谈判破裂担心程度（Fear of Disagreement）。

如果令谈判破裂时的威胁点（Threat Point）① 为 $d$；公司治理制度设计所产生的总收益为 $X$；利益相关者 $i$ 从谈判结果中得到的收益②为 $X_i$；$\alpha$ 为影响

---

① 即谈判破裂时的收益，一般而言，这是谈判者可接受的最低收益水平。

② 为了研究上的方便，本文令 $\sum_{i=1}^{n} X_i = X$，式中 $n$ 为参与谈判的利益相关者的类别数。

谈判结果的外生变量，即不直接进入谈判各方效用函数的向量；$U_i(X_i)$ 为利益相关者 $i$ 的效用函数。根据上述变量，可以定义谈判力和谈判破裂担心程度。

（1）谈判力（$\gamma_i$）

考虑谈判力的自身特性，利益相关者 $i$ 的谈判力 $\gamma_i$ 受宏观环境、自身认知能力等外生变量的影响。基于此，本文将谈判力定义为：$\gamma_i = F_i(\alpha_i)$，其中，$0 < \gamma_i < 1$，$\sum_{i=1}^{n} \gamma_i = 1$，$\dfrac{\partial X_i}{\partial \gamma_i} > 0$，$\lim_{\gamma_i \to 0} U_i(X_i) = U_i(d_i)0$，$\lim_{\gamma_i \to 1} U_i(X_i) = U_i(X)$。谈判力对于谈判各方而言是相对的，一方谈判力的增强意味着另一方谈判力的削弱。对于任何一个谈判者，其净收益将会随着谈判力的增加而增加，零收益意味着完全没有谈判力，而最大收益则对应具有完全谈判力的情形。

（2）谈判破裂担心程度（$f$）

作为对谈判破裂结果的规避程度（Svejnar，1982，1986），在谈判的每一个阶段，利益相关者 $i$ 事实上都在做一个赌博，即用目前得到的收益 $X_i$ 来赌谈判目标实现后的小增量收益 $h_i$。根据收益与风险匹配原理，如果 $h_i$ 相对 $X_i$ 很小，那么利益相关者 $i$ 由此所引致的谈判失败导致损失当前收益的概率 $q_i$ 就必然很小，否则作为理性人的利益相关者将不会选择为了效用增加而被迫接受谈判结果的行为。同时，利益相关者 $i$ 越不愿意损失 $X_i$，$q_i$ 就必须越小。所以，利益相关者 $i$ 接受这个赌博的最大概率就从反向上衡量了利益相关者 $i$ 对于损失 $X_i$ 的规避。基于此，奥曼和库尔茨（Aumann & Kurz，1977）根据 $h_i$ 和 $q_i$ 之间的关系，把 $\lim_{h_i \to 0}\left(\dfrac{q_i}{h_i}\right)$ 作为谈判方 $i$ 谈判破裂担心程度的反向量度，并指出，$\lim_{h_i \to 0}\left(\dfrac{q_i}{h_i}\right) = \dfrac{U_i(X_i)}{U'_i(X_i)}$。据此，可将谈判破裂担心程度定义为：$f_i = \dfrac{U_i(X_i)}{U'_i(X_i)}$。

根据上述对谈判力与谈判破裂担心程度的定义，周鹏、张宏志（2002）结合纳什（Nash，1950，1953）所提出的谈判模型中的公理体系，即个体理性、效用函数的线性变换、对称性和无关选择的独立性，认为利益相关者各方谈判破裂担心程度与谈判力比值相同，可以作为公理提出，即假定谈判力按照 $\Gamma = (\gamma_1, \gamma_2, \cdots, \gamma_n)$，$\Gamma > 0$ 的比例分布，则解就满足 $\dfrac{f_i}{\gamma_i} = \dfrac{f_j}{\gamma_j}$，$i, j = 1, 2, \cdots, n$ 且 $i \neq j$。

同时，由于 $f_i \dfrac{U_i(X_i)}{U'_i(X_i)}$ 依赖于 $X_i$，因此，随着 $i$ 的增减，其收益 $X_i$ 而变动。同时，根据利益相关者的行为特征，$U_i(X_i)$ 必然为凹函数，所以有：

$$\frac{\mathrm{d}f_i}{\mathrm{d}X_i} = \frac{\left[U'_i(X_i)\right]^2 - U_i(X_i)U''_i(X_i)}{\left[U'_i(X_i)\right]^2} > 0 \tag{1}$$

模型（1）的含义为：利益相关者对于谈判破裂担心程度是随着其收益增加而增加的。

为了不失一般性，本文假设只有两类利益相关者，分别为利益相关者 A 和利益相关者 B 进行双边谈判。A 方的谈判力为 $\gamma_1$，B 方的谈判力为 $\gamma_2$，其中，$0 < \gamma_1$，$\gamma_2 < 1$，$\gamma_1 + \gamma_2 = 1$。现双方就一项制度安排 X 进行谈判。用 $X_{ij}$ 表示 j 向 i 提出关于 X 的自己认为应该采取的制度安排方案（$i$，$j = A$ 或 B），如果双方首次会晤时就提出各自最优的方案，那么可以表示为 $U_A(X_{AA} > U_A(X_{AB})$ 以及 $U_B(X_{BB} > U_B(X_{BA})$[①]。进一步考虑到各自的相对谈判力和对谈判破裂的担心程度，他们会达到一个相互妥协解。给定 j 的方案 $X_{ij}$，i 就知道自己对谈判破裂的担心程度与谈判力之间的相对值 $\lambda_i = \dfrac{f(X_{ij})}{\gamma_i}$（$i = A$，B）。毋庸置疑，在接下来任一阶段的谈判，具有更大 $\lambda_i$ 的一方将容易做出让步并给出一个更为折中的方案。在达成协议过程中的某一阶段，一方虽然不一定接受另一方的要价，但 $\lambda_A$ 和 $\lambda_B$ 之间的差距必然不断减小，并直至 $\lambda_A = \lambda_B$，即 $\dfrac{f_A}{\gamma_A} = \dfrac{f_B}{\gamma_B}$，此时谈判达到均衡点。在图 1 中可以看出，个体理性假设要求谈判各方要达到效用的边界，在解点处效用边界与等值线 $U_A^{\gamma_A} U_B^{\gamma_B} = k$ 相切。

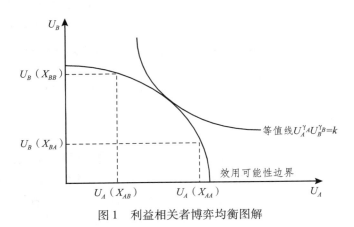

图 1    利益相关者博弈均衡图解

将双边谈判拓展到利益相关者之间的多边谈判，根据 Nash 谈判模型，这些利益相关者将通过谈判使下式最大化：

---

①    当然，实践中也可能存在着 $U_A(X_{AA}) < U_A(X_{AB})$ 以及 $U_B(X_{BB}) < U_B(X_{BA})$ 的情形，如果一旦出现，谈判方的可能选择有二：一个选择就是欣然地接受，则此时可认为谈判方达到均衡解；另一个选择就是重新设定自身的目标效用，并据此争取更大的效用。一般而言，后一种选择及一开始就提出较高的效用目标是作为理性的经济人的现实选择。因此，本文不考虑第一种情况。

$$U = \max \prod_{i=A}^{N} U_i^{\gamma_i} \tag{2}$$

上式中，$i = A$，$B$，$\cdots$，$N$，$\gamma_i$，为对应利益相关者的谈判能力，$\sum \gamma_i = 1$。各利益相关者的效用函数满足凹性，且在最优均衡解处满足：

$$\frac{f_A}{\gamma_A} = \frac{f_B}{\gamma_B} = \cdots = \frac{f_N}{\gamma_N} \tag{3}$$

进一步根据对 $f$ 的定义可知，利益相关者各方效用的对比最终将取决于他们各自的谈判力以及在最优解处边际效用评价的对比。事实上，公司治理作为一项制度安排，也正是在各利益相关者之间基于自身的谈判力与效用目标博弈均衡的结果，其本质是各参与人之间博弈均衡的概要表征，该表征被几乎所有参与人所感知并认为是与他们策略相关的，这种感知也许存在于人们的意会理解中，也许存在于人们头脑之外的某种符号表征中。但在任何情况下，某些信念被参与人共同分享并维持，由于具备足够的均衡基础而逐渐生成公司治理制度。公司治理制度一旦生成便会以一种自我实施的方式制约着参与人的策略互动，并反过来被他们在连续变化的环境下的实际决策不断地再生出来，见图 2。

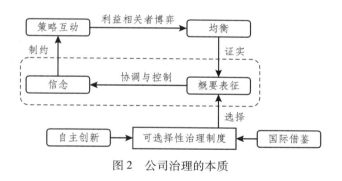

图 2　公司治理的本质

## 3. 公司治理制度变迁中的路径依赖与战略互补

公司治理制度安排虽然最终作为利益相关者之间的博弈均衡，但是，由于人类行为的"有限理性"（Boundedly Rational），公司治理制度生成过程中的各利益相关者面对着经济体制这个复杂系统，对周围的利害不能完全把握，也不具备在现实的环境下预测将来的全部能力，由此生成的制度只能是建立在一定经验的基础上，与当前状况尽可能地适应。如果环境发生变化使得原来"不确定成为确定"，现有制度也可能会缺乏存在下去的部分正当性条件，因此，必然会进行"适应性的进化"（Adaptive Evolution）。但是，由于制度本身具有惯性特征，一旦形成一定路径，它的既定方向就会在以后的发展中得到自我强化，现存的制度体系框架中相当一部分是由其经济、历史条件所规定下来的。

同时，也应看到，一定时期内的公司治理制度，作为稳定的结构而存在，是由于某种社会行为越普遍，选择这种行为方式在战略上越有利，从而作为一种自我约束机制固定下来。像这种在其他人采用了特定的战略时，自己也采用相同战略的激励便相应提高的情况，就说存在战略互补性。近年来，日本和中国等国家对美国独立董事制度的借鉴与移植就是最好的例证。换言之，公司治理制度的演进不但具有"历史路径依赖性"，而且具有"战略互补性"。

## 4. 公司治理制度变迁的理论模型

根据上述分析及制度演化过程中所表现出来的特性可知，公司治理制度变迁的根本原因是经济社会条件的变化（外因）和企业内部相关问题（内因）所引致的利益相关者之间的矛盾冲突，致使原来经过利益相关者博弈所达到的均衡的治理制度向失衡转变（由于不同阶段矛盾问题的差异性，作为直接矛盾主体的利益相关者也将有所不同）。然而，能否突破由于长期以来的惯性思维等因素所导致的制度创新的瓶颈，则取决于当时的利益相关者是"创新变革"还是"维持现状"的"共有信念"的对比。如果前者少于后者，公司治理制度失衡将持续；反之，将通过对现有制度的"创新变革"实现新的均衡。当在利益相关者之间就制度创新达成了共识之后，在矛盾主体之间不断的博弈过程中，各方会逐渐明确未来制度设计的可能方向，届时将采取激进或渐进的方式，在已有制度安排的基础上，充分借鉴国际上成功经验对治理制度做出选择。新的公司治理制度一旦生成，作为矛盾主体之间的博弈均衡解，将在一定程度上消除或者弱化利益相关者之间的矛盾，并作为"共有信念"固定下来，协调和控制着利益相关者的行为。

从公司治理制度变迁的整体过程来看，它起于一个均衡，然后历经了"公司治理制度失衡"→制度创新→"新的均衡"这一过程，但是一个周期完成后，公司治理制度并没有静止不动。实际上，经过一段时间后，新的经济社会条件的出现，受各种诱致性因素的影响，不同的利益相关者之间力量对比会产生或多或少的变化，由此直接引致原来潜在的治理问题可能会凸显出来，成为新的矛盾点，达到均衡的公司治理制度便潜伏着向失衡过渡的趋势，从而公司治理制度变迁又进入下一个"公司治理制度失衡"→制度创新→"新的均衡"的循环周期中，如图 3 所示。

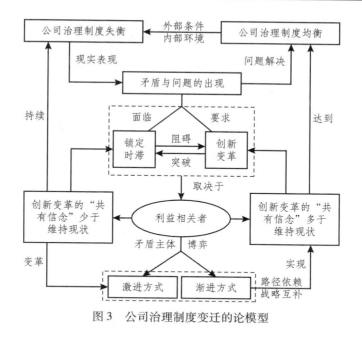

图 3　公司治理制度变迁的论模型

## 三、中国公司治理制度形成的源流及其创新发展的理论解析

在国有企业这场自上而下的民营化运动中，由于打破了原有的企业与社会的关系样式，使原来处于静止、孤立状态的一些社会阶层及其组织，在市场经济的推动下逐渐演变为独立的利益集团，企业与社会中整体性的利益结构也逐渐转化为多元的利益结构。与此同时，这些独立的利益集团，作为企业的利益相关者积极地参与到了公司治理改革的进程当中，最终在政府政策这个内生变量的作用下，通过利益相关者之间权力的博弈与权益关系的重组实现了中国公司治理制度的变迁。回顾中国公司治理制度变迁的历程，根据利益相关者的地位与行为的变化，大体上可以划分为四个阶段，即公司治理的起源阶段、行政型治理阶段、治理转型阶段和经济型治理阶段。本部分将基于不同阶段的"历史条件"和"制度特性"，来审视政府、经营者、员工以及作为债权人的银行这四类在转轨进程中居于举足轻重位置的企业的利益相关者的地位与行为的变化对公司治理制度变迁的影响①。

**1. 公司治理的起源阶段："放权让利"背景下的经营者激励约束问题的提出**

改革开放以前，在长期的计划经济影响下，中国是典型的"大政府、小

---

① 政府作为国有企业所有者的代表，是服从于现实约束条件的结果。因为具有行为能力的所有者只能是政府。银行之所以成为利益相关者的原因在于，国有企业自从"拨改贷"以后，主要投资均来自银行，银行成为国有企业的最大出资者。在企业看来，银行贷款和国家拨款实质上都是国家投资，都是某种程度的软预算。至于经营者和职工，由于他们的全部收益和福利均来自于企业的收益和积累，因而必然与企业有着十分密切的、息息相关的联系（刘小玄，2003）。

企业"的社会经济格局，实践中一切都是围绕着"政治权力"展开的。政府为了维持和扩大权威，在对企业控制上，实行国家管理者与国有资产所有者的职能并存，国家管理的行政职能与企业的经济职能合一。经营者（此时称为单位负责人更为恰当）作为政府派到企业具体执行其意图的代言人，只为各级政府中的领导负责。他们的职位等级随企业的规模和重要性而变化，并与官员相同，职位大小决定了他们的工资、福利以及其他权利。在"企而优则仕"的理念下，经营者追求的是政治地位。由于在企业内员工的绝大部分经济和社会需求都能够满足，员工也出于对"全员就业"、"终身雇佣"、"内部晋升"、"接班制"等现状的满足和"权力"的崇拜，唯经营者马首是瞻，致使经营者与员工的关系政治化，一时间员工的"等、靠、要"思想非常严重，并最终"堕落"为各种制度安排的被动接受者。银行的资金来源于财政拨款，债权人的身份完全被淡化，扮演着政府存储资金机构的角色，与企业同样成为政府的附属机构。图 4 反映了这一时期的政府、经营者、员工和银行之间的关系。

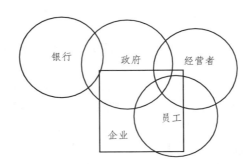

图 4　起源阶段的企业与利益相关者之间的关系

在上述利益相关者关系格局下，政府通过行政权利对企业和市场进行控制，根据已掌握的市场状况和主观判断，做出生产什么、生产多少、价格水平等经济决策，以指令性计划的形式下达给企业，从而控制了企业的生产经营活动，并以实物产出最大为主要目标、以国家无偿提供的各种生产要素来组织生产活动；企业微观经济活动除了接受国家（政府）的政策和指令以外，不再与外界发生任何形式的经济联系。在这一管理方式下，企业在失去"经济组织"身份的同时，不但披上了"行政组织"的外衣，更承担了繁多、庞杂的社会职能。现实中作为一种常态，经常是企业决策、经营目标的确定以及经营者的任命与激励都涂上了行政化的色彩。此时，就某种意义而言，并不存在着公司治理问题。

然而，这种完全计划经济的弊端，在"文化大革命"结束后日益显现。在国有企业经营难以维系，亏损面、亏损额巨大与加快振兴和发展国民经济、实现四个现代化的大课题相矛盾下，以 1978 年党的十一届三中全会的召开为契机，拉开了国有企业改革的序幕。在十一届三中全会和 1979 年 4 月中央工作会议所确定的方针指引下，1979 年 5 月开始了扩大企业自主权的试验。但是，由于扩权让利本身缺乏可以把握的明确边界，再加上宏观体制不配套，出现了企业为扩大自销比例而讨价还价、压低计划指标、不完成调拨计划和财政上缴任务等问题。如何对经营者予以激励约束成为作为经济主导者的政府所面临的首要课题。可以说，始于此时的经营者激励约束问题是中国公司治理制度建设的逻辑起点，自此中国也正式走上了公司治理制度建设之路。

### 2. 行政型治理阶段：利益相关者博弈与治理模式的渐进转型

为了对经营者进行有效的激励和约束，在政府的推动下，于 1978 年到 1992 年之间先后实行了"扩大企业自主权"、"两步利改税"、"拨改贷"、"承包制"等革新政策，这一系列政策的出台，催生了新的利益相关者之间的关系。首先，在政企关系上，所有权与经营权出现了分离的倾向，使得政府与经营者之间的关系发生了微妙的变化，虽然经营者还是由政府行政任命，但对经营者考核的标准更加倾向于经济性。其次，从银企关系来看，虽然银行仍然被政府控制，但银行的身份已转变为企业的债权人。最后，员工与政府之间的关系却基本上没有改变，但随着经营者经济权力的扩大，员工与经营者之间的经济关系也随之增强。变化后的利益相关者之间的关系可以通过图 5 来表示。

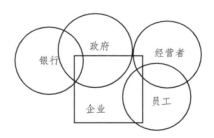

图 5　放权让利阶段企业与利益相关者之间的关系

这一阶段的"经济分权"式的改革，在保持对企业部分计划约束的条件下，兼顾了国家、企业和职工三者的利益，把企业所得、员工福利奖金与企业经营好坏、利润多少直接挂钩，改进了微观层次的激励问题，对发挥经营者和职工的主动性起了积极作用。但是，在放权让利过程中，虽然银行已经从无偿调拨，一跃而成为债权人，但是由于银行的一些权限仍由政府把持，企业又属于国家，由此出现了同一委托人下不同代理人之间的博弈问题，而这种博弈由于有政府这个纽带，所以银行与企业之间的关系实质上并没有改变，也缺乏监督企业的动力。并且，经营者本身具有行政级别，"企而优则仕"仍是其最佳的选择，经营者为了获得更多的国家资源，往往运用手中的权力展开寻租行为。而此时的员工，随着企业自主权的扩大，物质利益上的激励较以往有了较大提高，但员工在服从集体思维下，更多的是对改革的被动接受。相应的企业内部监督制衡机制，仍然延续了以往的形式，即在政府主导型产权制度基础上，通过行政型契约所维系的治理制度设计，见图6。

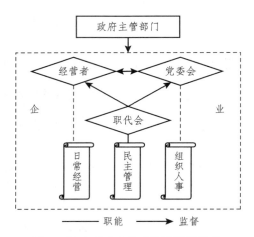

图 6　行政型治理模型的阶段性演化

上述治理制度安排主要表现为政府控制企业的人事权，考核企业的经营状况，评价经营者的业绩。在这种模式下，外部治理是通过国家作为所有者对企业实施监督的，所以，它的外部治理就是各级政府主管部门对企业进行监督、评价并控制企业经营者的任免权。而其内部治理则是在企业内部形成的三权相衡的治理结构：一是经营者（厂长或经理）负责企业的日常经营管理；二是党委（书记）负责组织人事工作，并对企业的经营状况进行监督；三是职工代表大会是职工参与企业民主管理的重要机构。然而，要使这一治理制度安排有效地发挥作用，必须具备三个条件：政府能够对企业进行有效监督；经营者是个道德人；党委会（党委）、职工代表大会能充分发挥作用。然而，在现实中，这三个条件都是不具备的。首先，在扩大企业主权、增强企业活力的改革过程中，政府处于企业之外，企业的控制权事实上处于经营者的手中，由于信息的不对称，政府无法判断企业经营业绩的变化是由于外部环境变化引起，还是由经营者主观因素导致的，这样就无法对经营者正确地实施奖惩措施，所以根本谈不上对企业进行有效的监督。除非把企业完全置于政府的控制之中，这显然与改革的初衷相背离。其次，经营者自身亦是经济人，他们追求着自身的利益最大化，在缺乏有效监督的情况下，必然会产生逆向选择和道德风险问题，所以第二个条件也是不成立的。最后，由于党委书记、经营者处于企业内，他们有着一致的目标取向，往往会形成"共谋"，再加上党政"一肩挑"情况的出现，更使监督流于形式，当然也存在着书记对经营者进行有力监督的事例，但是这种监督又往往转化为书记和经营者之间个人利益的摩擦，从而导致了决策资源的浪费。而职代会的监督更徒有其名，因为职工的工资、福利及升迁的机会被经营者掌握着（李维安，2001）。尽管现在看来，源于"放权让利"的阶段性均衡不是最优选择，但在当时的历史条件下，受到旧的经济体制的束缚、人们认知能力的局限和原有政治法律制度的制约，企业的利益相关者只能做出这样的选择。

### 3. 治理转型阶段：路径依赖、战略互补与治理制度的创新

经过十几年的"所有权与经营权"分离的尝试，充分借鉴国外经验，从根本上变革现有的产权关系，将企业控制权交给董事会，使企业自主经营、自负盈亏、自我发展、自我约束逐渐成为改革者的共识。但是，由于原有制度结构的惯性和利益相关者之间的内部冲突，致使在公司制改革的很长一段时间内，虽将国有企业在形式上改制成股份制公司，但产权仍属国有不能交易，由若干行政机关多头管理、政企合一问题实质上并没有得到解决，各利益相关者的地位及其相互关系也变化不大。随着改革的进一步深入，国家开始实施投资主体和股权结构多元化，另一方面着眼于资本市场、并购市场、产品市场的规范化发展，从内外两方面来构建企业治理机制运行的平台。在这一过程中各利益集团原有的利益格局被打破，逐渐衍生出新的利益关系。其中，政府由直接控制逐渐转变为通过国有资产管理部门来行使对国有企业的所有权，并呈退出态势；经营者伴随着"产权明晰、权责明确、政企分开、管理科学"政策的落实，虽然在一些大企业中仍一定程度上接受着政府的行政任命，但其职业化逐步增强；员工在企业脱却社会过程中，越来越成为一个独立的利益团体，与企业逐渐形成了双向选择关系；由于银行尚未确立真正的市场主体地位，致使银企关系的行政性倾向仍未根本扭转，一时间银企间的"借贷制"与"供给制"并存。具体而言，四者之间的关系可以参见图7。

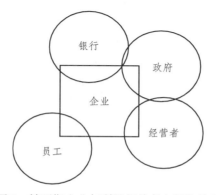

图 7　转型期企业与利益相关者之间的关系

　　转型期的各利益相关者行为也显现出了阶段性特征。政府作为所有者和执政者的双重身份，使其在改制中往往具有自相矛盾的动机和行为。作为执政者，要对社会的稳定、发展、就业和社会福利负有最基本的责任和义务，在这方面的基本目标是财政或税收收入增加、经济发展和增长、社会稳定等。而作为所有者，又要求企业利润最大化，实践中两者的目标是不同的，甚至是矛盾的。银行随着自身企业化的推进和证券市场的建立，通过直接或间接地控制着企业股份的发行等诸多事宜，开始在公司治理中发挥重要的外部作用。经营者为了满足股东利益的要求，开始将更多的时间与精力投到企业利润最大化上来，但是，"所有者缺位"使其有更大的动机利用公司资源实现自身利益最大化。由于技术文凭、管理能力等市场经济因素在人员分配与资源配置过程中发挥的作用越来越显著，员工的观念也开始转变，他们开始注重自身专业素质与能力的提高，以此奠定其在企业内的地位与获得话语权。如此一来，伴随着所有权与经营权的分离，在政府、银行、经营者和员工的博弈过程中，经营决策权逐渐转移到了董事会当中，并形成了内部和外部多元的监督体制。其中，外部监督机制在这一阶段主要有资本市场、并购市场①、产品市场以及来自银行的监督，而内部监督机构有监事会监督。此种体制的产生既依存了一定的历史路径，又充分借鉴了国际经验，实际上是世界多种治理模式调和的产物。例如，长时间"全民所有的理念"使得公司治理结构设计在借鉴日本监事会监督的基础上，又引入了德国员工参与的理念，最终形成了股东大会、董事会和监事会相互制衡的内部治理结构，见图 8②。

　　然而，按法律规范建立起来的公司治理结构（股东大会、董事会、监事会等）只是一个形式上的框架，事实上并未形成以股权为基础的所有—支配机制，实践中常常是原来的经理班子和董事会成员基本重合，董事长和总经理一身二任，经营者的权威有增无减，监督机构形同虚设，因信息不对称下政府难以有效地监督经营者的行为，使得"内部人控制"问题日益凸显。虽然对此进一步实行了诸如外派监事等制度，但由于政治性遗产和既有路径的约束，使得公司治理沿着原有的轨道进化，而没有向着预期的、有效率的方向变迁。但这些安排是现实的产物，是由目前的社会体制决定的。虽然不是帕累托最优的（瓦尔拉斯均衡），但却是局部最优的（进化稳定均衡）。中国国有企业的公司治理问题期待着由形式到机制的进一步优化。

---

① 实际上现阶段并不存在纯粹的并购市场，企业间的并购行为大都是政府的行政行为。
② 该图系根据李维安（1998）设计。

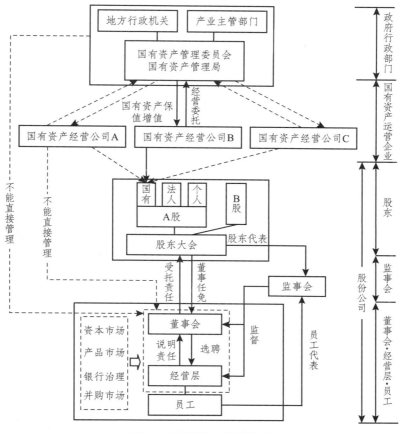

图 8　转型期治理制度安排

### 4. 经济型治理阶段：治理制度的优化

　　进入 2000 年，随着国有企业民营化进程的进一步推进，除了国民经济中具有战略性地位的行业外，政府开始逐步退出并减持企业股份，或"蜕化"为企业真正意义上的股东，或演变为一个宏观政策的调控者。作为治理者之一的银行，在银行股份制改革的背景下，与政府的行政关系也渐行渐远，并以"借贷关系"为纽带，成为企业资金的提供者。经营者在企业行政级别取消之后，不再享有国家机关干部的行政级别待遇，而是开始全面推向市场。员工在经历了由政府推动的"下岗再就业"之后，彻底转变了以往的就业和执业观念。综合来看，在经济型治理阶段，四者与企业建立起相对独立并平等的利益关系，见图 9。

　　由于与企业利益关系的转变，政府不再直接干预企业的大政方针，为了引导和规范经营者行为，保护相关利益人的权益，在加强各类市场机制建设的同时，积极促进企业内部监督机制建设，逐渐转变为市场经济的服务

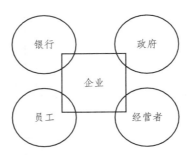

图9    经济型治理下企业与利益相关者之间的关系

者。银行则在其企业化推进的背景下，在注重自身专业化建设的同时，开始注重对贷款企业资金安全性的分析，并试图积极参与企业的治理，但是，源于既有法律法规的限制，银行只能作为外部利益相关者来实施债权治理，以约束经营者的行为。而经营者在所有权与经营权分离的条件下，成为完全的经济理性人，逆向选择与道德风险问题比以往任何时候都要更为突出，但由于外部治理机制建设的长期性，使得从内部加强监管成为现实的选择。员工再也不是制度革新的被动接受者，而是在实践中更加注重自身的专有性和专用性资本的培育，并通过承担了"职代会"功能的监事会等机构对企业的经营决策进行监督制衡，以维护自身的权益。与此同时，由于历史遗留的"一股独大"问题没有得到很好地解决，上市公司治理的主要矛盾逐渐转移到了大股东与小股东之间的代理问题。如何通过治理制度设计来规范大股东的行为成为亟待解决的难题。然而，中国外部治理与内部治理的阶段性特征，在大股东控制着董事会、经理层乃至监事会的条件下，小股东期待着通过诸如"累计投票权"等方式进行内部控制权的争夺来实现自身利益是比较困难的。基于此，选择一个能够独立于大股东的监督者参与到公司治理当中来成为现实的选择。鉴于独立董事自身的特性，最终在政府相关部门的主导下，以保护中小投资者权益为最重要的出发点，移植了盛行于欧美的独立董事制度。如此一来，在新的环境下，通过利益相关者不断的互动，公司治理呈现出既依存于一定的历史路径，又充分借鉴国际经验的经济型治理特征，见图10。

当然，现阶段的均衡亦是在当前人们认知水平上基础上的"共有信念"，从公司治理制度变迁的特征来看，具体的环境变化以及一个时期内人们观念的变化，都会影响到作为"共有信念"维系系统的公司治理制度内涵的演变。在环境的变化引致传统"股东价值最大化"理念正在推移的今天，不能不提早审视中国的公司治理制度未来可能的演化路径，以降低制度变迁的成本。

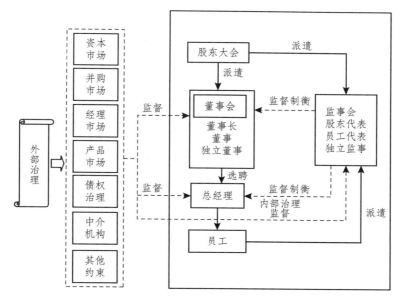

图 10    经济型治理阶段的公司治理制度安排

## 四、结论及启示

进一步深入分析中国公司治理制度的生成及演化，可得到如下启示：

首先，公司治理制度变迁的逻辑起点是"均衡状态"，其变迁的根本原因在于在新的经济社会形态下，不同的利益相关者的技能、决策习惯和认知模式等都发生了重大变化，这样就会给参与人带来不稳定的限制。为了应对这种潜在变动，利益相关者不断进行着"谈判"活动，从而通过重复博弈，打破均衡状态，使得一个均衡向另一个均衡变动，形成一种新的均衡解，即由一种公司治理制度向另一种公司治理制度转变。一般而言，任何治理制度的产生都不是一蹴而就的，常常体现出一定的路径依赖性和战略互补性。同时，政府作为主要的利益集团，通过立法、行政等程序完成制度的推进和确认，在其间发挥了重要作用。

其次，在中国现阶段，股权分置改革即将完成，作为中国上市公司治理的主要矛盾之一的独立董事制度与监事会制度的协调问题日益凸显。就目前而言，未来中国上市公司的治理制度设计无外乎存在两种可能：一个是全面采取独立董事制度而废除监事会制度；另一个就是在进一步明确监事会和独立董事职权的基础上，两种制度并存。从公司治理制度变迁的规律来看，监事会制度在中国具有一定"社会经济文化的适应性"、"制度的传承性"、"历史的路径依赖性"与"战略互补性"，并符合当前的利益相关者的"共有信念"，而独立董事制度在上述方面却较为欠缺。据此可以认为，如何进一步明确监事会和独立董事职权应该是制度创新的方向。但是，无论治理制度如何选择，应该遵循的总的原则就是，既要反映出明确的政策导向，又应该以自发性与自组织性占据主导地位。换言之，企业选择什么样的治理制度，应该由利益相关者在博弈过程中自发地完成，强制性移植只有在该项制度功能上与现有的公司治理模型和法律传统相一致的情况下才可能有效。

最后，如前所述，公司治理制度变迁的一个重要原因在于利益相关者"共有信念"发生变化。然而，进入 20 世纪 80 年代以来，由于知识经济、网络经济的兴起以及企业伦理观的深化，人力资本的价值日益凸显，企业组织边界也不断地模糊化，主流企业理论所确定的"股东统治地位"受到了很大的挑战。人们更加认识到，企业的生命力绝不仅来自股东，而是来自利益相关者之间的合作（杨瑞龙、周业安，1998），企业不仅要重视股东的利益，也要重视其他利益相关者的利益，不仅要强调所有者的权利，更要强调其他利益相关者的权利（李维安，2002）。企业必须要对包括雇员、顾客、政府及全社会等在内的更多类别利益相关者的预期做出反应，对多元的利益加以协调。全体企业成员的利益而不是少数人的利益正在成为现代社会的普遍和共同的理念。利益相关者"共同治理"大有取代股东"单边治理"的趋势。但是，由于一直以来，公司治理制度安排是在"物质资源稀缺性"的假设条件下设计的，因此，制度安排的细节和侧重点置于初始要素投入者，而缺乏对资源投入与产出之间所经历的组织协调与组织控制过程的关注，从而忽略了企业能力提升的关键——以创新为目标的内部资源配置过程的作用。在资源本身逐渐无法构成企业竞争瓶颈的现实背景下，唯有企业内部能力、资源与知识的积累才是解释企业获得超额收益和保持竞争优势的关键性概念（李维安、王世权，2007）。为此，公司治理理论研究的重点更应该关注在外部环境的动态变化下，什么样的治理制度安排更有利于降低企业内部成员之间分工与合作的交易成本，使企业家精神得到当然的释放，进而为企业在竞争性市场下的可持续性成长提供长期稳定的制度保证。

## 参考文献

［1］［日］李维安：《中国的公司治理》，税务经理协会，1998 年。

［2］李维安、王世权：《利益相关者治理理论研究脉络及其进展探析》，载《外国经济与管理》2007 年第 4 期。

［3］李维安：《现代公司治理研究：资本结构、公司治理和国有企业股份制改造》，中国人民大学出版社 2001 年版。

［4］刘小玄：《国有企业民营化的均衡模型》，载《经济研究》2003 年第 5 期。

［5］青木昌彦、奥野正宽：《经济体制的比较制度分析》，中国发展出版社 2005 年版。

［6］杨瑞龙、周业安：《论利益相关者合作逻辑下的企业共同治理机制》，载《中国工业经济》1998 年第 1 期。

［7］周鹏、张宏志：《利益相关者间的谈判与企业治理结构》，载《经济研究》2002年第 6 期。

［8］Aumann, R. J. , M. Kurz, 1977, Power and Taxes. *Econometrica*, （45）: 1137 - 1161.

［9］Gillan, Stuart. L. , 2006, Recent Developments in Corporate Governance An Overview ［J］. *Journal of corporate finance*, （12）: 381 - 402.

［10］Nash, John. F. , 1950, The Bargaining Problem. *Econometrica*, （18）: 155 - 162.

［11］Nash, John. F. , 1953, Two-person Cooperative Games. *Econometrica*, （21）: 128 - 140.

［12］Svejnar Jan, 1986, Bargaining Power, Fear of Disagreement, and Wage Settlements: Theory and Evidence from U. S. Industry. *Econometrica*, （54）: 1055 - 1078.

［13］Svejnar Jan, 1982, On the Theory of a Participatory Firm. *Journal of Economic Theory*, （27）: 313 - 330.

# Research on the Origin of Chinese Corporate Governance System and Theoretical Analysis of Its Innovation and Development

## Wang Shiquan　　Li Kai

**Abstract**：Based on the Comparative Institutional Analysis, this paper builds a theoretical model for the evolution of Corporate Governance, by which a study on the evolution of Chinese Corporate Governance is made. The study shows that the formation of Chinese Corporate Governance originates from operators'incentive constraint caused by decentralization of power and transfering of profits to enterprises. Since then, facing the special market and social conditions in the background of economy shunt, depending on certain historical path and fully drawing international experience, it realizes the innovation and development from structure to mechanism in the continuous gaming among relative parties. On this basis, this paper summarizes the evolutional law of corporate governance system, and makes further reflection in the future direction of corporate governance and its innovation and development in theory.

**Key Words**：Corporate Governance　Stakeholder　State-owned Enterprises Comparative Institutional Analysis

# 企业国际化中的公司社会责任

## ——基于我国沪深两市上市公司的经验证据*

王　文　张文隆

【摘要】针对中国企业在国际化的进程中，遇到的一些问题和贸易壁垒，本文根据公司社会责任和利益相关者理论，认为中国企业可以参照公司社会责任标准来运营，保护利益相关者的利益，有助于中国企业在国际市场上树立起竞争优势。并以中国上市公司为样本，通过回归分析来实证检验公司社会责任与公司绩效之间的关系，得出的结论和建议，能对中国企业国际化有一定的参考作用。

【关键词】国际化　公司社会责任　利益相关者　公司绩效

## 一、引　　言

企业社会责任（Corporate Social Responsibility，CSR）的概念从 20 世纪 20 年代在西方发达国家产生，到现在已有近百年的时间。企业社会责任运动在西方社会的兴起，伴随着经济全球化，通过跨国公司的供应链逐步扩展到发展中国家。世界经济一体化的趋势使得我国也处于公司社会责任的浪潮中。企业如何承担社会责任问题，已经成为理论界和企业界研究的焦点。国资委也在 2008 年 1 月，要求央企定期发布社会责任报告或可持续发展报告，及时了解和回应利益相关者的意见建议，主动接受利益相关者和社会的监督。可以说企业社会责任对促进企业的可持续发展及对我国和谐社会的建设，有着非常积极的现实意义。

近年来，我国经济在快速发展的同时，也出现了一小部分企业出口的产品由于价格和质量等原因，在国际社会上造成了一定的负面影响。如宠物饲

　　* 本文系下列研究基金项目资助成果：国家自然科学基金重点项目（70532001）、国家自然科学基金项目（70872048）；教育部人文社科重点研究基地重大项目（04JJD630004）；2007 年度天津哲学社会科学规划项目重点课题（TJGL07 - 83）以及南开大学"985 工程""中国企业管理与制度创新基地"项目资助成果（项目编号：1050821210）。
　　王文（1971~　　），男，山东烟台人，南开大学商学院博士研究生。研究方向：公司治理，企业国际经营与治理，E-mail：wangwen_nk@ yahoo. cn。
　　张文隆（1950~　　）：男，台湾台中市人，南开大学商学院博士研究生。研究方向：公司治理与战略管理。

料、少量食品、二甘醇牙膏、儿童玩具、鞋等产品，这些一小部分产品的价格和质量等问题甚至被国际化、政治化，导致中国制造业在世界上产生一定的信任危机。中国政府和企业也正在积极应对和化解这些危机，本文认为中国企业可以参照公司社会责任标准来运营，保护利益相关者的利益，有助于中国企业在国际市场上树立起竞争优势，并以中国上市公司为样本，通过回归分析来实证检验公司社会责任与公司绩效之间的关系，希望得出的结论和建议，能对中国企业在国际化的进程中有一定的参考作用。

## 二、文献综述

### 1. 公司社会责任的内涵

国外从 20 世纪 70 年代起，就开始了对企业社会责任的探讨。关于公司社会责任的内涵，有许多学者和组织也给出了定义：凯思·戴维斯（Keith Davis，1975）和罗伯特（Robert，1975）："公司社会责任是指决策在谋求企业利益的同时，对保护和增加整个社会福利方面所承担的义务"。麦克格尔（McGuire，1963）："公司社会责任概念意味着企业不仅仅有经济和法律义务，而且还对社会负有超过这些义务的某些责任"。爱泼斯坦（Epstein，1987）："公司社会责任就是要努力使公司决策结果对利益相关者有利的而不是有害的影响。"罗宾斯（Robbins，1991）："公司社会责任是指超过法律和经济要求的、公司为谋求对社会有利的长远目标所承担的责任。"世界可持续发展企业委员会（World Business Council for Sustainable Development，1998）定义为"公司社会责任是企业针对社会（既包括股东也包括其他利益相关者）的合乎道德的行为。"世界银行（World Bank，2006）认为，企业社会责任，是企业与关键利益相关方的关系、价值观、遵纪守法以及尊重人、社区和环境有关的政策和实践的集合，是企业为改善利益相关方的生活质量而贡献于可持续发展的一种承诺。我国学者刘俊海（1999）的定义是："所谓公司社会责任，是指公司不能仅仅以最大限度地为股东们营利或赚钱作为自己的唯一存在目的，而应当最大限度地增进股东之外的其他所有社会利益。"认为公司社会责任是对公司绝对营利性的一种修正。但最广为接受的观点是卡罗尔（Carroll，1979，1991）的定义。卡罗尔的定义包括四个具体方面的企业社会责任："公司社会责任是指某一特定时期社会对组织所寄托的经济责任、法律责任、道德责任和慈善责任。"

### 2. 利益相关者的概念

国外很多研究企业社会责任和利益相关者理论的学者都认为，可以在企业社会责任研究中引入"利益相关者"这一概念。利益相关者是在一家企业中拥有一种或多种权益的个人或群体。正如利益相关者可能为企业的行动、决策、政策或做法所影响，这些利益相关者能够影响该企业的行动、决策、政策或做法。企业与利益相关者之间是互动、交叉影响的关系。简而言之，利益相关者可被认为是"企业能够通过行动、决策、政策或目标而影响的任何个人或群体"。反过来说，这些个人或群体也能影响企业的行动、决策、政策、做法或目标（R. Edward Freeman，1984）。根据公司治理理论，公司社会责任中的利益相关者主要指的是包括股东、债权人、员工、客户、供应商和政府及社区等（Liweian，2005）。

### 3. 利益相关者与公司社会责任的结合

公司社会责任与利益相关者理论在 20 世纪 90 年代出现全面结合的原因有两个方面：一方面，相关利益者理论为公司社会责任研究提供了理论依据；另一方面，公司社会责任研究又为相关利益者理论提供了实证检验的方法。

第一个在理论研究上正式把利益相关者理论放入广义公司社会责任里的学者伍德（Wood，1991）在著名的《再论公司社会表现》一文中指出："Freeman 的利益相关者观点可以回答企业应该为谁承担责任的问题"。伍德认为，一个具有社会回应的公司，其行为应该留意到众多利益相关者的要求。公司社会责任的衡量有不同的方法，通常有声誉指数法（Philip & Wood，1984）和内容分析法（Abbott & Monsen，1979）。声誉指数法方法是主观的，缺点是不同的评价人员可能有完全不同的评价结果，这也就降低了其可信度。内容分析法的衡量步骤是客观的，也可用于比较大的样本的检验，缺点是选择变量较为主观，主要是根据公司自己的表述而不是其真实的行动进行判断。根据罗曼和阿伊伯（Roman & Hayibor，1999）的文章，在整理国外的文献中：发现公司社会责任与公司财务业绩之间成正相关关系有30 篇，发现公司社会责任与公司财务业绩之间成负相关关系有 4 篇，发现公司社会责任与公司财务业绩之间没有关系有14 篇。实证研究造成差异的原因可能是方法不同，各变量的内容有别。

国内部分学者在企业社会责任评价方面的相关研究有：刘文鹏（1998）提出的非财务业绩评价系统；赵雯（1995）从企业是生产组织并且是生产关系的载体出发，认为企业社会责任评价应以满足各不相同的利益集团的要求与期望；我国财政部颁布的《2002 年企业绩效评价标准》专门增设了综合社会贡献指标，主要考核企业履行社会责任的情况；我国学者沈洪涛（2005）也发现公司社会责任与公司财务业绩之间均存在显著的正相关关系。

## 三、研究假设

根据国内外大多数学者的研究结果，并结合我国实际，本文在理论分析的基础上，提出如下研究假设：

由于企业主动承担对国家的社会责任贡献，向国家和地方政府多缴纳税收，有利于获得政府优惠政策的支持和扶持，使企业与政府的关系更加和谐融洽，为企业发展创造良好的外部环境。部分学者研究结果表明，在公司社会责任中，企业对政府回报贡献率显著性水平比较高，政府回报贡献率与资产收益率的相关性为正（李心跃，2006；王怀明、宋涛，2007）。由此得出本文的第一个研究假设。

**假设 1：企业对国家的社会责任贡献与企业绩效显著正相关。**

人力资源状况对企业获得竞争优势具有决定性的作用，高效的雇员管理对提高企业人力资源素质和改善企业绩效具有显著影响（Huselid，1995）。企业拥有的员工素质越高，员工经过企业培训后，越能掌握熟练的技能，有利于降低生产成本，员工就能够为企业提供具有竞争力的产品和服务，从而提高企业绩效。由此得出本文的第二个研究假设。

**假设 2：企业对员工的社会责任贡献与企业绩效显著正相关。**

弗鲁曼（Frooman，1997）的研究表明：一旦公司对社会做出不负责任或不合法的行为时，股东的价值就会减少。由于投资者关心的是其投资回报率，企业主动承担对投资者的社会责任贡献，有利于赢得投资者的信赖，稳定并提高企业的筹资能力和水平，从而为企业绩效的增长提供持续而稳定的资金基础。由此得出本文的第三个研究假设。

**假设 3：企业对投资者的社会责任贡献与企业绩效正相关。**

一个企业的发展离不开社会发展，没有社会发展就没有企业发展。企业在自身发展的同时，如果以实际行动回报社会，主动承担对公益事业的社会责任贡献，有利于改善自己的竞争环境，提升自己的社会形象和声誉，从而获得更多、更稳定的顾客群以及社会的支持，这些都有利于提高企业绩效。由此得出本文的第四个研究假设。

**假设 4：企业对公益事业的社会责任贡献与企业绩效正相关。**

## 四、变量设计与研究方法

### 1. 样本选择与数据来源

我们以 2007 年 12 月 31 日以前在深、沪证券交易所上市的 A 股公司为研究样本，剔除金融类公司、ST 公司、PT 公司、财务数据异常的公司以及所涉及指标不全的公司，共获得有效样本 1153 家，共分布于 12 个行业（见表 1）。本文研究所用的数据来源是 CCER 经济金融数据库以及中国证监会官方网站披露的部分上市公司 2007 年年报。

表 1　　　　　　　　　　　　　　　样本公司的行业分布

| 行业 | 社会服务业 | 运输仓储业 | 水电煤气业 | 采掘业 | 传播文化业 | 信息技术业 |
|---|---|---|---|---|---|---|
| 数量 | 36 | 54 | 60 | 18 | 8 | 65 |
| 比例（%） | 3.12 | 4.68 | 5.20 | 1.56 | 0.69 | 5.64 |
| 行业 | 批发零售业 | 房地产业 | 建筑业 | 农林牧渔业 | 综合类 | 制造业 |
| 数量 | 76 | 48 | 24 | 25 | 60 | 679 |
| 比例（%） | 6.59 | 4.16 | 2.08 | 2.17 | 5.20 | 58.89 |

资料来源：根据中国证监会《上市公司行业分类指引》整理所得。

## 2. 变量设计

（1）因变量。目前，公司绩效的计量指标主要分为两大类，即企业财务绩效指标和市场绩效指标。总资产收益率（ROA）（Klen，1998）、净资产收益率（ROE）（刘玉敏，2006）成为衡量企业财务绩效的主要指标。本文采用总资产收益率（ROA）作为指标。

（2）自变量。关于企业社会责任的评价指标，在中国还没有建立统一评价指标体系。根据上述卡罗尔（Carroll）对企业社会责任四个层次的划分，以及笔者对企业社会责任的分析，考虑到变量指标的可量化性和数据的可获得性，本文从企业微观层面来衡量社会绩效，设计了企业对国家贡献率、企业对员工贡献率、企业对投资者贡献率和企业对社会公益贡献率。

（3）控制变量。考虑企业所在的不同行业，采用公司规模（公司总资产）为控制变量，因为公司规模与公司绩效紧密联系（Morck et al.，1988；McConnell & Servaes，1990），也把企业资产负债率（AD）作为控制变量。同时，行业变量用 0 - 1 虚拟变量来表示，$INDUSTRYI_{1-11}$ 分别代表社会服务业、交通运输业等 12 个行业，具体的取值方法是：如对 $BI_1$ 来说，如果样本公司属于社会服务业，则取值为 1，否则取值为 0，其他行业变量取值也是如此。因变量、自变量以及控制变量的定义、符号及具体计量如表 2 所示。

表 2　　　　　　　　　　　　　　　变量定义

| 变量名称 | 变量符号 | 计量指标含义 |
|---|---|---|
| 资产收益率 | ROA | 净利润/资产总额 |
| 企业对国家贡献率 | CRGC | （支付的各项税费 - 收到的税费返还）/主营业务收入 ×100% |
| 企业对员工贡献率 | CREC | 支付给职工的各项现金/主营业务收入 ×100% |
| 企业对投资者贡献率 | CRIC | 分配股利、利润和付利息的所有现金/主营业务收入 ×100% |
| 企业对社会公益贡献率 | CRSC | 社会公益金等投入现金/主营业务收入 ×100% |
| 资产负债率 | AD | 负债合计/资产合计 |
| 行业变量 | INDUSTRYI | 虚拟变量，取值为 1，不取值为 0 |
| 公司规模 | Ln（asset） | 公司总资产取自然对数 |

### 3. 研究方法及模型

本文采用 SPSS15.0 来进行统计性描述和回归分析的实证研究方法，揭示社会责任与企业绩效的关系，本文运用如下多元线性回归模型来检验本文提出的研究假设：

$$ROA = \beta_0 + \beta_1 CRGC + \beta_2 CREC + \beta_3 CRIC + \beta_4 CRSC + \beta_5 AD + \beta_6 SIZE + \beta_7 INDUSTRYI_{1-11} + \varepsilon$$

其中，$\beta$ 为待估参数，$\varepsilon$ 为随机扰动项。

## 五、实证研究

### 1. 描述性统计分析

从表 3 可以看出，资产收益率从最低的 -0.8132 到最高的 0.1893，比较稳定。企业对投资者贡献率从最低的 0.0000 到最高的 15.2867，波动非常大，说明不同的公司对于投资者所履行的责任差距是非常大的；企业对国家贡献率有 -0.2578 到最高的 1.1006，是由于部分企业享受到出口退税的优惠政策，得出上述的描述性统计结果。在所有指标中，企业对社会公益贡献率是最低的，其均值只有 0.0010，同时标准差仅为 0.0123，说明我国的上市公司总体上来讲对于此类利益相关者责任履行状况不好，投入的资金数量非常少，很多公司几乎没有在这方面的贡献。

表 3                                            量描述性统计结果

| 项　　目 | 样本数量 | 最小值 | 最大值 | 平均值 | 标准差 |
|---|---|---|---|---|---|
| 企业对国家贡献率 | 1153 | -0.2578 | 1.1006 | 0.0663 | 0.0739 |
| 企业对员工贡献率 | 1153 | 0.0013 | 0.5746 | 0.0824 | 0.0610 |
| 企业对投资者贡献率 | 1153 | 0.0000 | 15.2867 | 0.5247 | 0.9039 |
| 企业对社会公益贡献率 | 1153 | 0.0000 | 0.2754 | 0.0010 | 0.0123 |
| 资产收益率 | 1153 | -0.8132 | 0.1893 | 0.0248 | 0.0768 |
| 总资产自然对数 | 1153 | 18.1600 | 27.1100 | 21.4391 | 1.0378 |
| 债务资产比率 | 1153 | 0.0207 | 1.9904 | 0.5120 | 0.1966 |

### 2. 相关性分析

利用 SPSS15.0 统计分析软件对变量进行相关分析，得出几个变量间 pearson 相关系数，具体见表 4。由表 4 可观察得出，资产收益率与企业对国家贡献率和企业对投资者贡献率的相关性在 0.01 水平下显著，与企业对员工贡献率的相关性在 0.05 水平下显著；资产收益率与企业对社会公益贡献率不显著。

在控制变量中，资产负债率与除企业对社会公益贡献率之外的所有变量相关性都比较显著。而公司规模的控制变量、公司平均总资产自然对数与自变量中企业对员工贡献率相关性比较显著。

表 4　　　　　　　　　　　　　　　相关性分析

|  | ROA | CRGC | CREC | CRIC | CRSC | Ln(asset) | AD |
|---|---|---|---|---|---|---|---|
| ROA | 1 | | | | | | |
| CRGC | 0.136 ** | 1 | | | | | |
| CREC | − 0.064 * | 0.219 ** | 1 | | | | |
| CRIC | − 0.099 ** | 0.405 ** | 0.183 ** | 1 | | | |
| CRSC | − 0.052 | 0.007 | 0.002 | 0.044 | 1 | | |
| Ln(asset) | 0.198 ** | 0.038 | − 0.207 ** | 0.020 | − 0.012 | 1 | |
| AD | − 0.507 ** | − 0.148 ** | − 0.181 ** | 0.141 ** | 0.008 | 0.231 ** | 1 |

注：样本数量为 N = 1153；双尾检验；** 表示在 1% 水平上显著，* 表示在 5% 水平上显著。

### 3. 回归分析

由表 5 的回归分析结果，我们可以得出如下研究结论：

表 5　　　　　　　　　　　　　　　回归分析结果

| 因变量 | 资产收益率 |
|---|---|
| Mode | 1 |
| Constant | − 0.321　( − 8.629) ** |
| 企业对国家贡献率 | 0.090　(3.206) ** |
| 企业对员工贡献率 | − 0.149　( − 4.747) ** |
| 企业对投资者贡献率 | − 0.003　( − 1.221) |
| 企业对社会公益贡献率 | − 0.265　( − 1.836) |
| 总资产自然对数 | 0.022　(12.429) ** |
| 债务资产比率 | − 0.217　( − 23.309) ** |
| N | 1153 |
| Adjusted $R^2$ | 0.381 |
| F (P-value) | 42.057　(0.000) |

注：双尾检验；** 表示在 1% 水平上显著，* 表示在 5% 水平上显著；(　) 内的值为 T 统计值。

（1）企业对国家贡献率与资产收益率之间呈显著正相关关系，这支持了本文提出的假设 1。这个结果与我国部分学者（李心跃，2006；王怀明，宋涛，2007）的研究结果一致，也与美国学者普雷斯顿等（Preston et al.，1997）仔细分析了美国 67 家大公司 1982 ~ 1992 年的有关数据得出的结论一致：企业社会责任和企业绩效之间存在正相关关系。企业向国家和地方政府多缴纳税收，就有利于获得政府优惠政策的支持和扶持，进而有利于企业绩效的提升。

（2）企业对员工贡献率与资产收益率之间呈显著负相关关系，这没有支持本文提出的假设 2。这个结果与我国部分学者（李心跃，2006；王怀明，宋涛，2007）的研究结果一致。这个现象是由我国企业的独特情况造成的，我国上市公司大多数由国有企业改制而来，而在我国传统国有企业制度中，企业明显承担了过重的社会负担，从而降低了企业绩效，使两者之间呈现显著负相关的关系。

（3）企业对投资者贡献率与资产收益率之间存在显著负相关关系，这没有支持本文提出的假设 3。这个结果说明我国上市公司很少分红，给予投资者的回报太少。

（4）企业对社会公益贡献率与资产收益率之间没有显著正相关关系。这没有支持本文提出的假设 4。这与布鲁斯和塞弗特（Bruce & Seifert，2003）对作为企业承担社会责任形式之一的企业公益行为与企业绩效关系的研究结论相一致，并没有发现企业的公益行为与企业绩效呈明显的正相关关系。企业对社会的公益支出过大反而会增加企业的成本，降低企业的绩效。在我国是由于企业此项支出比例太低，原因是国家的税收抵免政策很少给企业这方面的优惠减免政策措施，使企业不愿意往慈善和捐赠方面投入太大。

## 六、建议和结论

结合以上的实证结论，围绕我国上市公司社会责任与企业绩效的关系，提出的政策建议如下：

第一，企业应重视和加强对国家的社会责任贡献。因为企业对国家的贡献越大，就越容易得到国家的支持，并为企业提供更好的经营环境，有利于企业绩效的提升。国家对"利税大户"总是关注和支持的。因为企业对国家的税收构成国家财政收入的主要来源，企业履行对国家的法定责任贡献，有利于政府更好地发挥为企业服务的职能，为企业发展创造更好的市场环境。反之，如果企业不能够履行对国家的法定责任贡献，则容易受到国家的法规处罚，同时，经营环境的恶劣也会增加企业的经营成本，这些都会导致企业经济利益的损失，进而降低企业的绩效。

第二，由于我国上市公司大多数由国有企业改制而来，而国有企业经营中的一个重要特点就是企业承担了过重的社会负担。我国许多学者认为：国有企业过重的社会负担是由于国有企业承担了过多的员工和工人福利等社会职能造成的。而这种过重的社会负担就会加大企业的经营成本，进而降低企业的绩效。这个观念需要逐步改变，现在的企业承担社会责任，与过去的企业办社会在理念和方式上是有很大不同的。现代企业的竞争最终是人才的竞争。企业拥有的员工素质越高，员工越能够为企业提供具有竞争力的产品和服务，从而为企业创造更多的绩效。

第三，上市公司为了实现企业可持续经营，在重视产品市场中"顾客"这个"上帝"的同时，还要重视资本市场上的"投资者"这第二个"上帝"。重视"顾客"这个"上帝"，确保了企业能够有效完成商品和服务的供需交易；而重视"投资者"这个"上帝"，可以保证企业能够获得源源不断的资本供给，为企业的可持续发展提供动力和支持。上市公司在为顾客提供优质的产品、公平的价格和良好的服务的同时，也要给予投资者回报（李维安，2004）。

第四，完善对企业履行公益事业贡献的激励机制。一个企业的发展离不开社会发展，没有社会发展就没有企业发展。企业对公益事业的贡献能够提升其在各利益相关者心目中的形象，提高企业的社会声誉，优化企业的竞争环境，这对企业的可持续发展是有正面作用的，对企业的绩效也会产生积极的作用。但从目前我国的实际情况来看，只有较少的企业对公益事业进行捐赠。为此，国家应该完善这一方面的激励机制，在税收方面给予更大的抵税优惠政策，从而使企业对公益事业的社会责任贡献的激励作用更加显著。

第五，从所选样本看来，中国上市公司在保护利益相关者的利益上，有很多需要改善的地方。特别是在国际市场上，对于从事国际化经营的企业来说，社会责任意识的增强无疑有利于产品的出口，尤其是最近几年来，国际社会兴起一个新的国际贸易标准，即社会责任标准（SA8000），这个社会责任标准的宗旨是"赋予市场经济以人道主义"，规定了企业必须承担的对社会和利益相关者的责任，对工作环境、员工健康与安全、员工培训、薪酬、工会权利等具体问题指定了最低要求。例如，禁止雇佣童工和必须消除性别或种族歧视等。它要求企业或组织在赚取利润的同时，必须主动承担对环境、社会和利益相关者的责任。对企业或组织来说，可以通过该项认证向国内外客户、消费者和公众展示其良好的社会责任表现和承诺，不仅能获得一张进入国际市场的通行证，巧妙地突破各种贸易壁垒和市场壁垒，而且对于在国际和国内市场上快速提升企业的品牌形象能起到非常关键的作用。国内外的实践都表明，企业履行社会责任，进行良好的社会责任管理，不仅可以获得良好的社会效益，而且可以获得长远的商业利益，为企业的可持续发展赢得良好的外部环境，还有利于企业突破国外贸易壁垒和市场壁垒。把实施企业社会责任战略，作为提升竞争力的重要手段。企业在履行社会责任的同时，可以为企业赢得更多的国内外客户和市场，从而提高企业的绩效。

## 参考文献

［1］刘俊海：《公司的社会责任》，法律出版社 1999 年版。

［2］李维安：《南开管理评论》，2004 年第 2 期。

[3] 李维安:《公司治理学》,高等教育出版社 2005 年版。

[4] 刘文鹏:《业绩评价新领域——非财务性业绩评价系统》,载《对外经贸财会》,1998 年第 7 期。

[5] 李心跃:《公司社会责任对财务绩效的影响研究》,南开大学论文,2007 年。

[6] 刘玉敏:《我国上市公司董事会效率与公司绩效的实证研究》,载《南开管理评论》,2006 年第 1 期。

[7] 赵雯:《企业经营综合评价指标体系研究》,载《当代财经》,1995 年第 5 期。

[8] 沈洪涛:《公司社会责任与公司财务绩效关系研究》,厦门大学论文,2005 年。

[9] 王怀明、宋涛:《我国上市公司社会责任与企业绩效的实证研究》,载《南京师范大学学报 (社会科学版)》2007 年第 2 期。

[10] Abbott, W. F., and Monsen, R. J., On the Measurement of Corporate Social Responsibility: Self-report Disclosure as a Method of Measuring Social Involvement. Academy of Management Journal, 1979, Vol. 22 (3), 501–515, p504.

[11] April Klein, Firm Performance and Board Committee Structure. Journal of Law Economics. 1998 (Apr), Vol. 41, No. 1. pp. 275–303

[12] Archie, B., Carroll. A., Three-Demensional Conceptual Model of Corporate Performance Academy of Management Review, 1979, Vol. 4, No. 4, pp497–505.

[13] Archie B. Carroll, The Pyramid of Corporate Social Responsibility: Towards the Moral Management of Organizational Stakeholders. Business Horizons (July-August 1991), 39–48.

[14] Bruce Seifirt, Sara A. Morris, Barbara R. Bartkus. Comparing Big Givers and Small Givers: Financial Correlates of Corporate Philanthropy. Journal of Business Ethics, 2003 (45).

[15] Edwin M. Epstein, The Corporate social Policy Process: Beyond Business Ethics, Corporate Social Responsibility and Corporate Social Responsiveness. California Management Review (Vol, XXIX, No. 3, 1987), p. 104.

[16] Huselid M., The Impact of Human Resource Management Practices on Turnover, Productivity, and Corporate Financial Performance. Academy of Management Journal 1995 (6): 120–127.

[17] Jeff Frooman, Socially Irresponsible and Illegal Behavior and Shareholder Wealth Business and Society Review. 1997 (36).

[18] Joseph M. McGuire, Business and Society. New York: McGraw-Hill, 1963, p. 144.

[19] Keith Davis and Robert L. Blomstrom, Business and Society: Environment and Responsibility, 3rd ed. New York: McGraw-Hill, 1975, p. 39.

[20] Lee E. Preston and Douglas P. OpBannon, The Corporate Social-Financial Performance Relationship: A Typolgy and Analysis. Business and Society. 1997 (4).

[21] McConnell, J., Servaes, H., Additional Evidence on Equity Ownership and Corporate Value. Journal of Financial Economics 1990, 27, p. 595–612.

[22] Morck, R., Shleifer, A., Vishny, R., Management Ownership and Market Valuation: an Empirical Analysis. Journal of Financial Economics 1988, 20, p. 293–316.

[23] Philip L. Cochran & Robert A. Wood, Corporate Social Responsibility and Financial Performance. Academy of Management Journal, 1984, Vol. 27, No. 1, p. 42–56.

[24] R. Edward Freeman, Strategic Management: A Stakeholder Approach, Boston: Pit-

man Publishing Company, 1984, p. 25.

　　[25] Roman, Ronald M., Hayibo, Sefa, and Agle, Bradley R., The Relationship between Social and Financial Performance: Repainting a Portrait, Business and Society, 1999, Vol. 38 (1), p. 113 – 114.

　　[26] Stephen P. Robbins, Management Englewood Cliffs, NJ: Prentice-Hall, 1991, p. 124.

　　[27] Wood, Donna J., Corporate Social Performance Revisited, Academy of Management Review, 1991, Vol. 16 (4), 691 – 718, p. 696.

　　[28] World Business Council for Sustainable Development. Meeting Changing Expectations: Corporate Social Responsibility [R] WBCSD, Geneva, Switzerland, 1998.

# Corporate Social Responsibility in the Internationalization of Corporations

## ——Based on Empirical Evidence from Listed Companies in Shanghai and Shenzhen Stock Exchanges

**Wang Wen   Zhang Wenlong**

**Abstract**: Chinese Corporations are confronted with some problems and trade barriers in the internationalization process. In view of these things, this paper, based on the Corporate Social Responsibility and Stakeholder theory, proposes that Chinese Corporations may refer to the Corporate Social Responsibility standards to operate and protect stakeholders'interests to help Chinese Corporations to establish certain competitive advantages in the international market. The paper takes the Chinese Listed Companies as an example, through regression analysis to demonstrate and test the relationship between corporate social responsibility and the corporate performance. The paper also puts forward some conclusions and recommendations, which have certain reference on the internationalization of Chinese Corporations.

**Key Words**: Internationalization   Corporate Social Responsibility   Stakeholders   Corporate Performance

第 1 卷第 1 辑　　　　　　　公司治理评论　　　　　　　Vol. 1　No. 1
2009 年 1 月　　　　Review of Corporate Governance　　　　Jan. 2009

# 大股东控制、产权安排与公司盈余质量

## ——来自中国证券市场的经验证据

王　兵[*]

【摘要】由于我国上市公司主要来自于国有企业，使得大股东控制和国有产权特征比较普遍，由此造成了更为复杂的代理问题，并进而影响到会计盈余的质量。本文以 2001～2004 年上市公司数据，采用修正的德肖和迪切夫（2002）模型对大股东控制与盈余质量关系进行了实证检验。研究发现，大股东持股比例与盈余质量呈倒 U 型关系，即大股东持股分散和集中都会降低公司盈余质量。另外，大股东兼任董事会成员的比例越高、大股东兼任上市公司董事长或总经理以及大股东股权为非国有的公司，盈余质量越低。在此基础上，我们进一步按股权性质进行分类回归，结果表明，对于大股东为国有股的公司而言，上述结论依然稳健。

【关键词】大股东控制　盈余质量　会计模型

## 一、引　　言

现代企业理论认为企业是"若干契约的结合"，在制定契约条款和监督这些条款的实施中，会计发挥了重要作用（Watts & Zimmerman，1986）；而作为衡量企业经营绩效的盈余信息，自然成为契约各方谈判订约的基础。从分析维度看，盈余不仅包括单纯的盈余数据，还包括盈余质量，并且盈余信息的有效性更取决于盈余质量的高低。

如何提高盈余质量，或者什么因素影响盈余质量？首当其冲应是技术层面的完善，致力于高质量会计准则建设，但是仅靠会计准则本身，并不能显著提高盈余质量（刘峰等，2004）。巴尔等（Ball et al.，2003）以声称都执行国际会计准则的中国香港、马来西亚、新加坡、泰国等东南亚四国和地区为例，发现这些国家和地区的财务报告也是低质量的，并认为财务报告质量最终是由影响经理层和审计师激励的潜在经济和政治因素决定的，而非会计准则本身。范和黄（Fan & Wong，2002）考察了东亚 7 国和地区的 977 家公司盈余信息含量与所有权结构的关系，发现在弱法律环境下，控股股东与低

---
　*　王兵（1978～　　　），男，安徽和县人，南京大学商学院会计系讲师，博士。研究方向：公司治理、盈余质量与审计。

盈余信息含量相关，而王（Wang，2006）以美国标准普尔 500 家创始家族公司为例，发现创始家族所有权比例与盈余质量正相关，这表明在不同的法律环境和产权安排下，股权结构和盈余质量存在着不同的关系。

就我国而言，大股东控制、内部人控制以及国有产权特征成为上市公司的普遍现象，大股东行为充斥于证券市场。大股东控制不仅影响了公司的经营绩效（徐晓东、陈小悦，2003），更有甚者，在缺乏对中小股东法律保护和未建立约束大股东的市场机制下，大股东控制更多地导致侵害中小股东利益行为的"利益输送现象"（刘峰等，2004）。利益输送的直接后果是造成盈余质量的下降，正如伯特兰等（Bertrand et al.，2002）指出，"掏空"可能降低整个经济的透明度以及歪曲会计收益数字（即增加了信息不对称的程度）。

在本文中，我们以 2001～2004 年上市公司的数据，从大股东控制和内部人控制的视角，采用改进的德肖和迪切夫（2002）模型（以下简称 DD 模型）对大股东控制与盈余质量关系进行了实证检验。研究发现，大股东持股比例与盈余质量呈倒 U 型关系，即持股分散和集中都会降低盈余质量。另外，大股东兼任董事会成员的比例越高、大股东兼任上市公司董事长或总经理以及大股东股权为非国有的公司，盈余质量越低。在此基础上，我们进一步按股权性质进行分类回归，结果表明，对于大股东为国有股的公司而言，上述结论依然稳健。

本文的其他部分安排如下：第二部分对大股东控制和盈余质量进行理论分析，并提出研究假设；第三部分是模型设置和变量定义；第四部分对样本和数据特征进行描述；第五部分给出了实证检验的结果及相关分析；最后是文章的结论和讨论。

## 二、理论分析和假设提出

从契约观出发，代理问题是企业契约观的本质要素，代理问题的实质是所有权和控制权的分离。世界上大部分国家的企业股权是相当集中的，当控制权集中在少数投资者手里时，他们的协调行动将更容易，并有动力去收集信息和监督管理层，从而能解决股东与经理之间的委托代理问题。但是与此相伴的是大股东为了自身利益，他们会以有效或无效方式从其他契约方重新分配财富。在许多国家，小股东和债权人的权利被控股股东剥夺的现象普遍存在（La porta et al.，2000），中国也概莫能外。

我国上市公司主要来自于国有企业的脱钩改制，由于股权设置、资产重组与发审制度相互作用，导致大股东居于控股地位，同时大股东的管理层也顺理成章地成了上市公司的董事长或总经理。由此带来了普遍而严重的大股东控制问题和内部人控制问题（李东平，2005）。

但是与其他国家不同的是，我国上市公司的产权绝大部分属于国有产权，从而导致了多重委托代理关系，并且，相对较低的法律风险也影响了公司的盈余质量。

### 1. 股权结构与盈余质量

股权结构的形成有内生和外生假说，法律环境或投资者法律保护无疑是重要的影响因素或者替代因素（La Porta et al.，1999）。尽管股权集中能够解决传统的经理与股东的委托代理问题，但是在低法律风险下，股权集中更易造成大股东对其他契约方的利益侵害①。

由于大股东控制的存在，使得公司管理层和大股东的行动函数更为一致②，大股东控制了公司会计信息的生产和报告政策，作为"逐利的理性人"，他们凭借控制权优势，既可以直接采取非市场定价（甚至虚构）的关联方交易和并购重组等，报告偏离潜在经济交易实质的财务会计信息，最大化自身利益，也可以通过间接影响审计师行为，并进而影响盈余质量。因此股权集中降低了高质量盈余的供给。另外，股东、债权人或其他财务报表使用者为了有效订约和监督，需要高质量的财务报告，但是在这一契约安排中，大股东充当了中心签约人的角色。他们可以凭借控制权或者关系来获得更好的契约条款，而不需要致力于提高盈余质量。当然中小股东主观上有对高质量盈余的需求，但是由于监督成本的存在，以及"搭便车"心理的影响，使得"用脚投票"可能成为他们更理性的选择。

在股权相对分散的条件下，其他股东在公司中的利益份额更大，他们有一定的监督动机和能力来监督管理层或者制衡大股东，从而有助于提升公司的盈余质量。王化成和佟岩（2006）发现，其他股东的制衡能力越强，上市公司盈余质量越高。但是与之竞争的假说是股权分散更会降低盈余质量。因为股权分散使得管理层和大股东的行动函数可能并不一致，多重的委托关系更易产生代理成本问题，进而影响盈余质量。另外，股权分散和制衡使得公司失去了中心签约人，契约的签订和监督变得更加无序和混乱，甚至为了控制权收益而陷入到控制权争夺当中，而争夺获胜的一方又积极利用控制权从事关联方交易等活动，宏智科技（600503）就说明这一问题（朱红军、汪辉，2004）。

因此我们得到假设 1：

**H1：大股东持股比例与盈余质量呈倒 U 型关系，即股权分散和集中都会降低盈余质量。**

### 2. 大股东兼任公司高管与盈余质量

由于我国上市公司的特殊背景，使得大股东兼任上市公司管理层现象比

---

① 有关低法律风险的描述可见刘峰等（2004）。
② 李东平（2005）实证发现，最高管理人兼任与大股东持股比例正相关。

较普遍。为了提高上市公司质量，1998 年证监会发布了关于对拟发行上市企业改制情况进行调查的通知，规定要求申请公开发行股票的企业要做到"人员独立，资产完整和财务独立"。1999 年证监会又颁布了关于上市公司总经理及高层管理人员不得在控股股东单位兼职的通知，而在 2002 年《上市公司治理准则》中则进一步规定上市公司的经理人员、财务负责人、营销负责人和董事会秘书在控股股东单位不得担任除董事以外的其他职务。

从上述规定来看，证监会严格要求上市公司与大股东做到人员相互独立，即除担任对方的董事以外，不得兼任管理职务。从理论分析来看，上市公司管理层专职有利于他们有足够的时间和精力来从事管理工作，进一步提高管理效率。但是事实上大股东与上市公司人员很难独立，大股东担任上市公司董事，或者大股东董事担任上市公司高管依然会对公司的经营决策产生重大影响。

如果仅从企业管理角度而言，当投资者法律保护强时，大股东兼任公司高管有助于协调行动，降低管理成本。特别对于私有产权，大股东能获得剩余索取权，大股东兼任公司高管更易降低代理成本，提高盈余质量。王（Wang，2006）发现大股东兼任上市公司管理层有助于提高盈余质量。但是如果将大股东兼任纳入到大股东的利益输送框架时，大股东兼任董事会成员的比例越高，大股东兼任上市公司董事长或总经理，则公司更可能受到大股东的控制，从而便利于大股东报告偏离经济交易实质的盈余信息。另外，大股东兼任董事也压制了其他董事的监督作用，导致上市公司盈余质量的下降。特别对于我国大部分国有产权的公司，大股东和管理层都是代理人，并不能获得剩余索取权，在巨大利益的引诱下，他们更易联合"打劫"其他契约方，造成盈余质量的降低。

因此我们可以得到假设 2：

**H2：大股东兼任上市公司董事会成员比例越高，盈余质量越低；大股东兼任上市公司董事长或总经理，盈余质量更低。**

### 3. 股权性质和盈余质量

如果仅从大股东控制来分析盈余质量是远远不够的，因为产权的不同安排也会影响盈余质量。当代西方主流经济学认为，在企业业绩层面上，国家所有权是无效的。政府产权无效的主张主要有三大理论基石：代理人理论、政府多元目标论和政治家及官员的政治行为（田利辉，2005），但是需要强调的是，经营绩效差并不等价于盈余质量低。

首先，相对于非国有企业，政府所有的企业存在着复杂的委托代理关系，道德风险问题增加了代理成本，降低了企业绩效，但这并不必然影响盈余质量；其次，国有企业的目标定位不仅在于追求利润最大化，同时也需兼顾社会责任，因此国有企业业绩低下也不影响盈余质量。再其次，政府是由政治家和官员组成，官员的政治行为可能会影响盈余质量。但是作为国有产权的代理人，官员和大股东具有声誉价值和控制权收益，他们并没有充分的激励去报告低质量的盈余信息，甚至当声誉价值和控制权收益足够大时，他们会抵制低质量的盈余信息。另外，国有企业还会受到更多行政监督，如审计署、财政部或者国资委会定期或不定期对国有企业进行监督检查；尽管我国法律风险不高，但是行政处罚风险的存在，也会提高造假和虚报盈余的成本。

对于非国有股公司，特别是私有产权公司，大股东不仅获得了剩余控制权，也具有剩余索取权，因此他们能够克服道德风险问题。在法律风险不高，或者制度不完善的条件下，剩余索取权的激励会使得大股东更可能虚报盈余信息，以获得更大的收益，如税收的减免等。

因此我们得到假设 3：

**H3：大股东股权性质为国有的，公司盈余质量越高。**

## 三、变量定义与模型设置

对于盈余质量（Earnings Quality）计量，我们采用修正的德肖和迪切夫（2002）的方法（Ball & Shivakumar，2005），以应计利润配比经营现金流量的程度来衡量。这一方法既包括有意的操纵，也包括无意的估计误差，并且一定程度上它避免了琼斯模型（Jones，1991）中现金流量不被操纵的假定①。

为了检验大股东控制、产权安排与盈余质量的关系，我们考察了大股东持股比例、大股东兼任公司高管以及持股性质对盈余质量的影响，同时参考相关文献（Cheng & Warfield，2005；Wang，2006），我们进一步控制了公司规模（$SIZE_t$）、公司利润水平（$ROA_t$）、破产风险（$LOSS_t$ 和 $LEV_t$）、增长机会（$GROWTH_t$）以及上市年限（$AGE_t$）等因素的影响。具体模型为：

$$ABS\_ACC_t = \beta_0 + \beta_1 LEADER_t + \beta_2 SOE_t + \beta_3 NUMBER_t + \beta_4 RATE_t + \beta_5 RATE\_D_t + \beta_6 SIZE_t + B_7 ROA_t + \beta_8 LEV_t + \beta_9 GROWTH_t + \beta_{10} AGE_t + \beta_{11} LOSS_t + Fixed\ Effects_t + e_t \tag{1}$$

变量定义：

$ABS\_ACC_t$ = 在 $t$ 时刻任意应计额绝对值，即采用 DD 模型计算的结果。采用绝对值是由于盈余管理涉及增加盈余的应计额或者减少盈余的应计额，更大的值表示更多的盈余管理或更低的盈余质量。$LEADER_t$ = 在 $t$ 时刻如果董事长或总经理来自于第一大股东或来自终极控制人链条的②，则为 1，否则为

---

① 具体可见模型设置和计算可参见王（Wang，2006）和王兵（2007）。
② 这里我们假定了大股东及大股东上级控制链的公司利益和行动是一致的。因此我们将大股东上级控制链公司在上市公司兼任董事长、总经理和董事也纳入大股东指标的计算当中，在收集数据中发现，这部分人数量不多，剔除后结论没有显著变化。

0；$SOE_t$ = 在 $t$ 时刻第一大股东性质，国有股为 1，非国有股为 0；$NUMBER_t$ = 在 $t$ 时刻第一大股东或终极控制人链条占公司董事会人数的比例；$RATE_t$ = 第一大股东持股比例；$RATE\_D_t$ = 第一大股东持股比例的平方项；$SIZE_t$ = 在 $t$ 时刻总资产自然对数；$ROA_t$ = 在 $t$ 时刻净利润除以平均总资产；$GROWTH_t$ = 在 $t$ 时刻销售增长率；$AGE_t$ = 在 $t$ 时刻企业的上市时间；$LOSS_t$ = 1，当净收益 <0，其他为 0；$LEV_t$ = 在 $t$ 时刻资产负债率；$Fixed\ Effect_t$ = 时间和行业固定效应；$e_t$ = 误差项。

## 四、样本选择和数据描述

### 1. 样本选择

我们采用 2001～2004 年上市公司的数据，根据实证检验的需要①，我们选择各年的样本分别为：2001 年为 1018 家，2002 年为 1099 家，2003 年为 1167 家，2004 年为 1234 家，合计为 4518 个年度样本值。同时我们还对样本做了以下调整：①删除数据不全的或没有披露相关指标的公司；②删除金融保险业公司；③删除因变量和持股比例上下 1% 的极端数值。另外，我们还删除了样本较少的传播与文化产业公司，经过数据调整后，样本共有 3744 个观测值。

我们的财务数据来自于上海万得资讯数据库（Wind. NET）；股票报酬率来自于国泰安 CSMAR 数据库；大股东持股比例和股东性质数据来自北京色诺芬信息有限公司 CCER 数据库；大股东兼任数据是通过巨灵数据库（www. gtifinance. net）和金融界（www. jrj. com. cn）手工查找获得，并对有异议的数据进行了核对。

### 2. 描述性统计

表 1 是根据年度数据统计的结果，从表 1 可以看出，任意应计额均值（ABS_ACC）从 2001～2003 年是逐渐降低的，反映盈余质量整体得到提高，而在 2004 年盈余质量又有所降低。从大股东控制变量可以看出，大股东持股比例（RATE）、大股东占董事会比例（NUMBER）、大股东兼任总经理或董事长的比例（LEADER）以及大股东为国有股比例（SOE）等均值整体呈逐年降低的趋势，但各项指标值依然较大。如大股东平均持股比例为 43.3%，并且 71.7% 的大股东为国有性质，上市公司董事会中有近 1/3 董事来自于大股东，董事长或总经理有近 2/3 的来自于大股东。这些指标确实反映我国上市公司中存在大股东控制和内部人控制问题。

---

① 考虑到在会计模型中要计算上一年现金流量的需要，我们选择考察当年度各项指标的公司，至少需在前一年度上市。

表1　　　　　　　　　　　　　　　　年度数据描述

| 年度 | N | ABS_ACC | RATE（%） | LEADER（%） | NUMBER（%） | SOE（%） |
|------|------|---------|----------|------------|------------|---------|
| 2001 | 748 | 0.038 | 44.2 | 64.7 | 30.3 | 71 |
| 2002 | 914 | 0.034 | 43.6 | 64.3 | 25.2 | 75.6 |
| 2003 | 988 | 0.032 | 43 | 63.7 | 23.5 | 72.1 |
| 2004 | 1094 | 0.037 | 42.3 | 63.3 | 23.5 | 67.9 |
| 合计 | 3744 | 0.035 | 43.3 | 64 | 25.6 | 71.7 |

　　表 2 是按照股权分类获得的统计指标。从表中可以看出，大股东为国有股的任意应计额均值低于非国有股，说明大股东为国有股的盈余质量可能更高些。从大股东持股比例、大股东占董事会成员比例以及大股东兼任董事长或总经理的比例中可以看出，大股东为国有的上市公司各项指标都高于非国有，特别是大股东持股比例，大股东为国有的持股比例为 46.7%，而非国有的大股东持股为 34.4%，说明国有股股权更集中。其他控制变量的指标见表 2。

表2　　　　　　　　　　　　　综合按股权分类的数据描述

| | 大股东为国有（N = 2677） | | | | | 大股东为非国有（N = 1067） | | | | |
|--------|------|-------|--------|--------|--------|------|-------|--------|--------|--------|
| | 均值 | 标准差 | 中位数 | 最大值 | 最小值 | 均值 | 标准差 | 中位数 | 最大值 | 最小值 |
| ABS_ACC | 0.034 | 0.039 | 0.022 | 0.350 | 0 | 0.039 | 0.050 | 0.03 | 0.44 | 0 |
| RATE | 0.467 | 0.158 | 0.470 | 0.752 | 0.119 | 0.344 | 0.140 | 0.295 | 0.724 | 0.124 |
| NUMBER | 0.266 | 0.190 | 0.25 | 1 | 0 | 0.221 | 0.175 | 0.2 | 1 | 0 |
| LEADER | 0.648 | 0.478 | 1 | 1 | 0 | 0.619 | 0.486 | 1 | 1 | 0 |
| LEV | 0.475 | 0.252 | 0.470 | 6.082 | 0.008 | 0.528 | 0.399 | 0.503 | 7.152 | 0.054 |
| ROA | 0.025 | 0.058 | 0.029 | 0.251 | -0.366 | 0.018 | 0.071 | 0.028 | 0.263 | -0.456 |
| GROWTH | 1.323 | 2.465 | 1.157 | 87.38 | 0.023 | 1.704 | 7.781 | 1.162 | 191.2 | 0.004 |
| LOSS | 0.114 | 0.312 | 0 | 1 | 0 | 0.157 | 0.364 | 0 | 1 | 0 |
| AGE | 5.945 | 2.815 | 5.647 | 14.03 | 1.011 | 6.374 | 2.938 | 6.511 | 14.06 | 1 |
| SIZE | 21.21 | 0.865 | 21.13 | 26.63 | 18.65 | 20.93 | 0.884 | 20.89 | 23.86 | 17.88 |

## 五、回归结果

　　表 3 是采用 DD 模型计算的结果，所有的模型都在 1% 水平下显著，调整 $R^2$ 为 0.357 或更高，拟合效果较好。首先我们分析了大股东持股比例（RATE）与盈余质量的关系，从表中模型 1 可以看出，RATE 的回归系数为 -0.058，RATE_D 的回归系数为 0.070，两者都在 1% 水平下显著，这说明大股东持股比例与任意应计额呈正 U 型关系，即持股分散和集中，任意应计额越大，盈余质量越低，因此，假设 1 得到证实。当持股比例在 41.43% 时任意应计额最小，这说明适度控股有助于提升公司盈余质量。

表 3　　　　　　　　　　　　　任意应计额与大股东控制回归结果

| 自变量 | 预期符号 | 模型 1 | 模型 2 | 模型 3 | 模型 4 | 模型 5 |
|---|---|---|---|---|---|---|
| Intercept | ? | 0.098 *** (6.66) | 0.089 *** (6.13) | 0.086 *** (6.02) | 0.083 *** (5.88) | 0.099 *** (6.63) |
| RATE | − | − 0.058 *** ( − 2.71) | | | | − 0.057 *** ( − 2.60) |
| RATE_D | + | 0.070 *** (2.96) | | | | 0.067 *** (2.85) |
| NUMBER | + | | 0.007 ** (2.28) | | | 0.006 * (1.74) |
| LEADER | + | | | 0.002 (1.25) | | 0.000 (0.32) |
| SOE | − | | | | − 0.002 ( − 1.52) | − 0.002 * ( − 1.66) |
| LEV | + | 0.004 (1.26) | 0.004 (1.45) | 0.004 (1.37) | 0.004 (1.31) | 0.004 (1.32) |
| ROA | ? | − 0.029 ( − 1.10) | − 0.029 ( − 1.13) | − 0.029 ( − 1.12) | − 0.028 ( − 1.11) | − 0.029 ( − 1.11) |
| GROWTH | + | 0.000 (0.16) | 0.000 (0.38) | 0.000 (0.38) | 0.000 (0.34) | 0.000 (0.53) |
| LOSS | + | 0.069 *** (15.66) | 0.069 *** (15.77) | 0.069 *** (15.74) | 0.069 *** (15.71) | 0.069 *** (15.62) |
| AGE | − | − 0.001 *** ( − 5.02) | − 0.001 *** ( − 5.41) | − 0.001 *** ( − 5.39) | − 0.001 *** ( − 5.40) | − 0.001 *** ( − 5.11) |
| SIZE | − | − 0.003 *** ( − 3.89) | − 0.003 *** ( − 3.94) | − 0.003 *** ( − 3.77) | − 0.002 *** ( − 3.48) | − 0.003 *** ( − 3.94) |
| Fixed Effect | ? | 控制 | 控制 | 控制 | 控制 | 控制 |
| Adj. $R^2$ | | 0.359 | 0.357 | 0.358 | 0.358 | 0.359 |
| N | | 3744 | 3744 | 3744 | 3744 | 3744 |

注：因变量为 ABS − _ACC；括号内为回归系数的 T 统计量，并经 White 异方差稳健性修正；固定效应控制了行业效应和年度效应，但回归结果没有报告；行业按证监会的分类标准，并剔除传播和文化产业及金融保险业公司，共有 10 个行业虚拟量；年度虚拟变量控制不同年份宏观经济因素的影响，共 3 个年度虚拟变量。*** 、 ** 、 * 分别表示显著性水平 0.01、0.05、0.10。

　　模型 2 和模型 3 分析了大股东兼任公司高管对盈余质量的影响。在模型 2 中，大股东兼任董事会成员比例（NUMBER）的回归系数为 0.007，并在 5% 水平显著，这说明大股东占董事会成员比例越高，任意应计额越大，盈余质量更低。系数大小表示大股东占董事会比例每增加 1%，任意应计额增加 0.7% 。在模型 3 中，大股东兼任公司董事长或总经理（LEADER）与任意应计额正相关，系数为 0.002，尽管统计上不显著，但还是说明了大股东兼任董事长或总经理的公司，任意应计额越大，盈余质量越低。回归系数说明，平均而言大股东兼任董事长或总经理的公司比未兼任的多报任意应计额占净利润的 6.58% ①。因此，总体上假设 2 得到证实。

　　模型 4 是对大股东股权性质（SOE）与任意应计额回归的结果，两者负相关，系数在接近 10% 水平下显著，而在多元回归模型 5 中系数在 10% 水平下显著，这表明大股东为国有股的公司任意应计额越小，盈余质量越高，回归系数为 -0.002 说明，平均而言大股东为国有股的公司比非国有股少报的任意应计额占净利润的 6.58%。假设 3 得到验证。最后，模型 5 是大股东指标的综合检验，发现结论没有发生显著变化。

### 1. 进一步分析

　　为了区分不同产权安排下的盈余质量特点，我们将大股东分为国有和非国有分别进行回归分析。表 4 是根据模型得出的结果，从表中可以看出，不同产权安排下大股东控制与盈余质量存在一定的差异。首先从大股东持股比例来看，两者的系数符号完全一致，即大股东持股比例与任意应计额呈 U 型关系，但系数大小存在差异。大股东为国有的上市公司，RATE_D 为 0.066，说明当持股比例为 39.4% 时，任意应计额最小，盈余质量最高；而非国有的上市公司，RATE_D 为 0.151，说明持股比例为 35.8% 时，盈余质量最高。

表 4　　　　　　　　　　　　　按股权分类的回归结果

| 自变量 | 大股东为国有 | | | 大股东为非国有 | | |
|---|---|---|---|---|---|---|
| | 模型 1 | 模型 2 | 模型 3 | 模型 4 | 模型 5 | 模型 6 |
| RATE | -0.052 *<br>（-1.84） | | | -0.108 ***<br>（-2.70） | | |
| RATE_D | 0.066 **<br>（2.20） | | | 0.151 ***<br>（2.98） | | |
| NUMBER | | 0.009 ***<br>（2.73） | | | -0.001<br>（-0.10） | |
| LEADER | | | 0.004 ***<br>（2.68） | | | -0.004 *<br>（-1.75） |
| 其他变量 | 控制 | 控制 | 控制 | 控制 | 控制 | 控制 |
| Adj. R² | 0.357 | 0.355 | 0.357 | 0.474 | 0.470 | 0.471 |
| N | 2677 | 2677 | 2677 | 1067 | 1067 | 1067 |

　　注：括号内为回归系数的 T 统计量，并经 White 异方差稳健性修正；其他相关变量回归结果没有报告。*** 、** 、* 分别表示显著性水平 0.01、0.05、0.10。

　　其次从大股东兼任公司高管对盈余质量影响来看，大股东为国有的上市公

---

　　① LEADER 系数为 0.002，表明平均而言，大股东兼任董事长或总经理的公司比未兼任公司多报的任意应计额为 0.002 × 平均总资产/平均净利润，公司平均总资产为 234121 万元，平均净利润为 7117 万元，因此大股东兼任董事长或总经理的公司多报任意应计额占净利润为 0.002 × 234121/7117 = 0.0658（6.58%）。

司，NUMBER 的系数为 0.009，并在 1% 水平下显著，说明大股东兼任董事会成员比例越高，任意应计额越大，盈余质量越低；从大股东兼任董事长或总经理可以看出，LEADER 的系数为 0.004，并在 1% 水平下显著，说明大股东兼任董事长或总经理，盈余质量越低。对于大股东为非国有的公司而言，NUMBER 的系数为 -0.001，说明大股东兼任董事会成员比重越高，反而有助于提高盈余质量，但结论并不显著；LEADER 的系数为 -0.004，并在 10% 水平下显著，说明大股东兼任董事长或总经理提高了上市公司的盈余质量。这一结论说明在非国有的公司中，不同大股东的策略可能不一致，从而使得大股东兼任结论不稳健。大股东兼任公司高管是否会影响盈余质量，既受制于法律风险，也取决于大股东对眼前利益和长远利益的权衡。但对于绝大部分国有产权的上市公司而言，大股东兼任公司高管造成了盈余质量的下降。

从以上分析可以得出，在不同的产权安排下，大股东控制与盈余质量的关系存在系统差异，尤其是国有的上市公司，大股东兼任公司高管造成了盈余质量的下降，而非国有上市公司结论并不显著。

**2. 稳健性检验**

为了进一步提高结论的可靠性，我们还通过增加控制变量、改变主要因变量定义以及重新定义样本等方法，对上述结论做了稳健性检验，发现结论没有发生显著变化。

## 六、结　论

本文根据中国上市公司的制度背景，从大股东控制和内部人控制的视角，考察了大股东控制对公司盈余质量的影响。由于我国上市公司主要来自于国有企业，使得大股东控制和国有产权特征比较普遍，由此造成了更为复杂的代理问题和大股东利益侵占问题，而这些又进一步影响了公司的盈余质量。

我们采用制度变革的 2001 年及以后的四年数据，使用 DD 会计模型进行了检验，我们发现，大股东持股分散和集中都会降低公司盈余质量；在大股东股权性质和大股东兼任公司高管的检验中，大股东兼任董事会成员的比例越高、大股东兼任上市公司董事长或总经理以及大股东股权为非国有的公司，盈余质量更低。进而，我们按股权特征进行了分类回归，发现国有股公司上述结论更稳健。我们的研究较为全面地分析了大股东控制、产权安排与盈余质量的关系，上述结论为大股东控制的危害提供了新的经验证据。同时，这一研究也为股权结构与企业绩效研究提供了新的视角，因为不同公司的盈余质量并不一致，只有在考虑盈余质量的前提下，才能获得正确的股权结构和业绩的关系。

# 参考文献

［1］李东平：《大股东控制、盈余管理与上市公司业绩滑坡》，中国财政经济出版社 2005 年版。

［2］刘峰、吴风、钟瑞庆：《会计准则能提高会计信息的质量吗——来自中国资本市场的初步证据》，载《会计研究》2004 年第 5 期。

［3］田利辉：《国有股权对上市公司绩效影响的 U 型曲线和政府股东两手论》，载《经济研究》2005 年第 10 期。

［4］王兵：《独立董事监督了吗？——基于中国上市公司盈余质量的视角》，载《金融研究》2007 年第 1 期。

［5］王化成、佟岩：《控股股东与盈余质量——基于盈余反应系数的考察》，载《会计研究》2006 年第 2 期。

［6］徐晓东、陈小悦：《第一大股东对公司治理、企业业绩的影响分析》，载《经济研究》2003 年第 2 期。

［7］朱红军、汪辉：《"股权制衡"可以改善公司治理吗？——宏智科技股份有限公司控制权之争的案例研究》，载《管理世界》2004 年第 10 期。

［8］Ball，R.，A. Robin，J. S. Wu，2003，Incentives Versus Standards：Properties of Accounting Income in Four East Asian Countries. *Journal of Accounting & Economics*，（36）：235 – 270.

［9］Ball，R.，and L. Shivakumar，2005，Earnings Quality in U. K. Private Firms：Comparative Loss Recognition. *Journal of Accounting & Economics*，（38）：83 – 128.

［10］Dechow，P.，and I. Dichev，2002，The Quality of Accruals and Earnings：The Role of Accrual Estimation Errors. *The Accounting Review*，（77）：35 – 59.

［11］Fan，J.，and T. J. Wong，2002，Corporate Ownership Structure and the Informativeness of Accounting Earnings in East Asia. *Journal of Accounting & Economics*，（33）：401 – 425.

［12］La Porta，R. F. Lopez-de-silanes，A. Shleifer，and R. W. Vishny，1999，Corporate Ownership Around the World，*the Journal of Finance*，（54）：471 – 517.

［13］Wang，D. C.，2006，Founding Family Ownership and Earnings Quality，*Journal of Accounting Research*，（44）：619 – 656.

# Large Shareholder Control, Property Arrangement and Earnings Quality

## Evidence from China's Listed Companies

**Wang Bing**

**Abstract**: Large shareholder control and state-owned property is universal in the China's listed companies mostly coming from SOEs. It results in more complicated agency problems and earnings quality problems. We test the relation between large shareholder and earnings quality, using DD model with the data during 2001 – 2004 of Chinese listed companies. The research shows reverted U relation in DD model for shareholding ratio, and finds lower quality for non-state-owned share right, higher director ratio from large shareholder, and board chairman or CEO coming from large shareholder. A further classification of owners reveals that the result is more conservative for state-owned listed companies.

**Key Words**: Large Shareholder Control　Earnings Quality　Accounting Model

第 1 卷第 1 辑
2009 年 1 月

公司治理评论
Review of Corporate Governance

Vol. 1    No. 1
Jan. 2009

# 终极所有权、自愿披露与企业价值

## ——来自我国家族上市公司的经验证据

石水平    石本仁    魏蔚雯*

【摘要】本文从家族企业终极所有权与自愿披露两方面考察了对企业价值的影响。通过 2004～2006 年沪、深股市 376 家家族上市公司样本的实证分析，并采用控制权与现金流权的分离系数和自愿性信息披露指数作为相关替代变量，我们研究发现：（1）家族上市公司的自愿披露与其控制权负相关，与现金流权正相关，与二者的分离程度呈负相关关系；（2）家族上市公司的企业价值与其控制权负相关，与现金流权正相关，与二者的分离程度呈负相关关系；（3）家族上市公司自愿披露程度与企业价值呈正相关关系。这为我国家族企业信息传递机制的建立和家族企业治理的相关研究提供了很好的参考作用。

【关键词】家族企业  控制权  现金流权  SCF 系数  自愿披露  企业价值

## 一、引  言

家族企业是一种重要的企业组织形态，无论在发达国家还是在发展中国家，家族企业都大量顽强地生存和发展着，并在各国经济地位中都占据重要一席，对推动经济发展起着举足轻重的作用。在体制转轨的中国，随着经济的发展、社会制度的完善和证券市场规模的扩大，家族企业有由家族治理向公众化治理演进的趋势，上市公司的家族控制现象也日益增多①。但与此同时，近几年来家族企业频频曝光丑闻。从周正毅到德隆，从顾雏军到张海，随着他们涉嫌违法犯罪事实的陆续定案，这些家族企业不可避免地走向溃败，

* 本研究得到国家自然科学基金项目"家族企业治理与信息传递机制研究"（批准号 70572064）和广州市哲学社会科学发展"十一五"规划课题（批准号 07B10）的资助。
石水平（1977～    ），男，湖北仙桃人，博士，暨南大学管理学院讲师。研究方向：会计理论、公司治理与并购重组及相关研究。
石本仁（1964～    ），男，湖北荆州人，博士，暨南大学管理学院教授，博士生导师。研究方向：公司治理、家族企业治理与会计信息相关性的研究。
魏蔚雯（1974～    ），女，广东梅州人，暨南大学管理学院硕士研究生。研究方向：财务会计及相关研究。
① 据证券市场周刊（2007 年 8 月 30 日）报道：截至 2006 年末，中国的上市公司已达到 1520 家，其中家族控股企业为 419 家，占 27.57%，而 2005 年和 2004 年的家族控股企业分别为 360 家和 347 家，占上市公司的比例分别为 24.57% 和 23.75%。另外，383 个家族控制的 419 家上市公司，其财富总额达到了 2107.00 亿元，控制金额为 2968.02 亿元，控制上市公司的总市值达 8899.26 亿元，占所有上市公司总市值 10.32 万亿元的 8.62%。

导致企业价值的不断走低。这些问题曾一度引起民营化是否可取的争论：一方面，像"德隆"这样的家族企业，其控股股东通过层层公司控制上市公司，利用违规担保，占用资金等手段进行所谓的资本运作，最终掏空上市公司。另一方面，家族上市公司信息披露不规范，信息不透明。相对而言，家族上市公司缺乏提高信息供给的内在动力，频频发生上市公司信息披露"公开谴责"事件等丑闻。其结果致使投资者对家族上市公司缺乏信任感，以致产生一定程度的"诚信"危机，如郑百文、银广夏。因此，如何厘清家族企业终极所有权、信息披露与公司价值之间的内在关系具有很强的现实意义，这将为正确引导家族企业治理和信息披露行为提供相应的经验证据。

本文借鉴埃尔马兰和魏斯巴赫（Hermalin & Weisbach，2007）的研究方法，从家族企业治理的两个方面考察了他们对公司价值的影响，即所有权结构和信息传递机制。通过对 2004～2006 年沪、深股市中的 376 家家族上市公司样本进行实证分析，采用控制权、现金流权及其分离系数和自愿性信息披露指数来研究终极所有权、自愿披露与公司价值之间的关系，以寻求所有权结构和信息披露机制影响公司价值的经验证据。后文内容安排如下：第二部分是理论分析与研究假设。该部分分别对所有权结构引发的家族企业委托代理问题和自愿性信息披露对公司价值的影响进行理论分析，进而提出相应的研究假设；第三部分是研究设计。该部分说明了样本的来源与选择标准，并提出了研究变量和多元回归模型；第四部分是实证结果与分析。该部分从控制权、现金流权及其分离系数、自愿性信息披露指数和公司价值方面进行了实证分析，以验证前面的假设；第五部分是结论。

## 二、理论分析与研究假设

### 1. 所有权结构与自愿性信息披露

国外对于信息披露动机的研究不胜枚举，如希列和帕莱普（Healy & Palepu，1995）认为，公司前景信息的自愿披露有助于经营者发行证券或进行股票交易。迈尔斯和迈勒夫（Myers & Majluf，1984）指出，在信息不对称情况下，发行证券通常被投资者认为是高成本的融资方式，因而当公司有融资动机时，经理人员会通过自愿披露降低信息不对称，从而降低公司在资本市场上融资成本。博托尚（Botosan，1997）的研究发现，自愿性信息披露与资本成本负相关。贝恩南（Bernnan，1999）指出，在遇到控制权争夺时，目标公司更有动机进行盈利预测等自愿性披露，从而提高被兼并成本。洛伊策和维索茨基（Leuz & Wysocki，2003）对信息披露的研究发现，虽然信息披露普遍都集中在减少不对称信息，降低交易成本和资本成本上，但是也由于某些潜在有用信息的披露引起竞争者的关注，而造成竞争成本加剧。埃尔马兰和魏斯巴赫（2007）构建了关于透明度与公司治理关系的分析框架，分析了信息披露在董事会和经理人之间发挥着契约式和监督式作用，并通过建立模型检验了经理人员自愿披露信息可以降低诉讼成本，一定的处罚和激励可以遏制公司管理者披露扭曲信息行为。

在所有权结构与信息披露方面，哈斯金斯（Haskins，2000）研究表明，自愿信息披露行为受股权集中度的影响。欧美公司股权分散、数量众多的股东对信息披露的要求很高，公司自愿披露信息的程度就高；而亚洲公司股权相对集中，股东不像西方公司股东那样对报表披露要求苛刻，公司自愿披露信息的程度就低。召和格雷（Chau & Gray，2002）研究了股权结构对战略性信息、财务信息及非财务信息自愿披露的影响，以 1997 年中国香港和新加坡的公司为样本，发现公众股的比例与自愿性信息披露正相关，在内部或家族控制的公司中，自愿性信息披露的水平较低。恩和马克（Eng & Mak，2003）考察了新加坡 158 家上市公司所有权结构和董事会构成对公司自愿性信息披露的影响，研究显示公司治理与上市公司信息披露存在明显相关关系。同样，我国自愿披露也会受到相应所有权结构的影响，但我们试图从终极所有权角度，即控制权、现金流权及二者的分离程度来考察对家族上市公司自愿披露的影响。目前对这一问题的研究还不多，但石本仁和石水平（2008）认为，所有的家族企业在任何阶段都必须保持以完善的信息披露为基础而建立起来的信任机制，才能在不同程度上有效地利用各种社会资本。因此，我们首先提出如下假设：

**H1：家族上市公司的自愿披露与其控制权负相关，与现金流权正相关，与二者的分离程度呈负相关关系。**

### 2. 家族终极所有权对企业价值的影响

尽管国外考察家族所有权对企业价值影响的文献很多，但尚没有一致的研究结论。一方面，肯定家族企业的积极意义。持这一观点的代表人物有：米恩斯和贝勒（Means & Berle，1932）、詹森和梅克林（Jensen & Meckling，1976）、施莱费尔和维什尼（Shleifer & Vishny，1986）。他们研究发现，家族企业的股权集中可以使控股股东有足够的激励去收集信息并有效监督管理层，避免股权分散下的"搭便车"行为，解决外部股东与内部管理层在投资机会、业绩表现等方面"信息不对称"问题。默克、施莱费尔和维什尼（Morck，Shleifer & Vishny，1998）发现家族控制与托宾 q 值呈正相关，即家族控制对企业业绩有积极影响。巴龙蒂尼和卡普里奥（Barontini & Caprio，2005）对欧洲 11 国研究表明，尽管控制权放大机制一般和较大的控制权与现金流权偏离程度相关，但那些创业者担任 CEO 的家族企业即使采用金字塔结构，其市场价值也要明显高于非家族企业。

另一方面，持消极观点的学者认为家族企业在绩效上表现为低效率。这一观点主要以舒尔策等（Schulze et al.，2001）为典型代表，他们认为由于存在"所有者控制"、"所有者管理"和"利他主义"三大特征，家族企业也产生一系列特殊的代理问题。约森等（Johnson et al.，2000）也认为，家族企业甚至还普遍采取金字塔结构等控制权放大机制，以便达到控制权和现金流权之间的偏离，为实施"隧道行为"提供便利。法马和詹森（Fama & Jensen，1983）指出所有权和控制权的合一使控制股东由于私人利益转移利润成为可能。克莱森斯等（Claenssens et al.，1999）对 9 个东亚国家 2980 个上市公司的研究显示，家族绝对控制是许多东亚国家企业生产能力过剩和资本使用效率低下的主要根源。默克等（Morck et al.，1998）研究表明：公司中持续的家族控制是导致较差的企业绩效表现的组织形式，当家族股东的控制权超过现金流权时，公司价值就会下降。

此外，拉波尔塔等（La Porta et al.，1999）构造了控制权除以现金流权为两权偏离系数（SCF）来衡量大股东控制上市公司的成本。克莱森斯等（Claenssens et al.，2000）以及莱蒙等（Lemmon et al.，2003）研究发现，控制权与现金流权的分离是降低企业价值的重要因素。这一现象在我国显得尤其突出，唐宗明和蒋位（2002）指出，家族控制的企业常采用金字塔形式或交叉持股方式控制上市公司，这些股权结构会便利控股股东通过对少数股东或公司利益相关者的利益侵害谋取私利，从而使公司价值降低。王明琳和周生春（2006）将家族企业分为创业型和非创业型，用控制权和现金流权的偏离程度检验发现市场价值与两权偏离程度在创业型家族企业里不显著，在非创业型家族企业里成反比，即偏离越大，公司价值越低。因此，我们进一步提出如下假设：

**H2：家族上市公司的企业价值与其控制权负相关，与现金流权正相关，与二者的分离程度呈负相关关系。**

### 3. 自愿性信息披露及对企业价值的影响

在自愿性信息披露对企业价值影响方面，马达范（Madhavan，1995）检验表明，公司股价和透明度呈正相关。信息披露规范、透明度高的上市公司，容易得到外部投资者的认可，公司股价相对较高。拉富尔涅（Raffournier，1995）研究发现，瑞士上市公司财务信息的自愿性披露程度与公司利润呈显著正相关关系。韦斯利（Wesley，2004）通过构建自愿性信息披露指标，对拉美三国信息披露增量和公司价值之间的关系进行了实证，检验结果表明信息披露程度越高，公司价值越高。巴特等（Bhat et al.，2006）用前景预测作为公司未来价值的替代，调查了 21 个国家不同程度的透明度与公司预测准确性的关系时，发现治理透明度和预测准确性密切相关，验证了公司治理的透明性影响着预测的准确度，经验数据表明当财务信息不太透明时，和治理相关的披露能够为投资者提供较好的决策依据。曼盖纳和托里格纳（Mangena & Tauringana，2007）研究津巴布韦的外资股权结构和公司信息披露的实证中，证明了非执行董事、机构投资者持股和独立的审计委员会等治理指标和外资持股有密切关系，资本回报率、流动比率和外资股权有显著关系，相对而言，外资更加关注公司的治理效率和现金状况。

我国深圳证券交易所于 2003 年 10 月 21 日颁布了《上市公司投资者关系管理指引》，首次在我国《证券法》中提出了上市公司"自愿性信息披露"的概念，即自愿性信息披露是公认会计原则和有关法律法规未做要求，上市公司基于公司形象、投资者关系、回避诉讼风险等动机而披露信息。张宗新等（2005）通过构建上市公司信息披露的"信号传递"和"声誉投资"模型，对信息披露程度提高与公司价值提升两者的关系进行理论推理，并在此基础上利用托宾 q 值对 2002～2003 年中国证券市场数据进行实证分析，结果表明托宾 q 值与公司信息披露增量之间显著正相关，采取积极信息策略的上市公司市场价值相应较高，而信息供给程度低的上市公司市场价值也相应较低。同时实证结果还表明，中国证券市场上"好"公司开始注重增加信息供给，倾向采取自愿性信息披露方式与投资者进行沟通。汪炜和蒋高峰（2004）对我国上市公司业绩与自愿性信息披露程度的相互关系进行了实证研究并得出结论：中国上市公司自愿性披露程度与公司业绩之间呈正相关关系。为此，我们最后提出如下假设：

**H3：家族上市公司自愿披露程度与企业价值呈正相关关系。**

## 三、研究设计

### 1. 样本来源与选择

本文的研究对象是我国的家族上市企业，数据原始的收集主要来自于 CCER 数据库、Wind 数据库、巨潮咨询网（http：//www. cninfo. com. cn）。在拉波尔塔等（La Porta et al. , 1998）、克莱森斯等（Claessens et al. , 2000）以及法乔和朗（Faccio & Lang, 2002）的研究中，分别将临界控制权比例确定为 10%、20%、30% 或 40%，一旦最终控制家族或个人对上市公司控制权达到或超过设定临界控制权比例，该上市公司可以被称为家族企业（苏启林等，2003）。考虑到中国在转轨背景下，家族往往通过取得控制权来达到控制企业的目的，本文也将家族拥有企业的控制权作为标准来界定，将我国上市家族公司标准设定为：（1）终极控制者能追踪到自然人或家族；（2）终极控制者直接或间接持有的公司为投资上市公司第一大股东。由于考虑到买壳上市的家族性上市公司在我国普遍存在，为了能够较全面地考察家族上市公司情况，因此，本文选取了在 2003 年底前终极控制者为个人或家族的直接或间接上市，且 2004～2006 年年报中没有发生第一大股东转移的家族上市公司作为样本。此外，基于证监会对金融保险类上市公司的年度报告和信息披露有专门的规定，本文首先剔除了所有金融保险类的家族上市公司，在此基础上又剔除了数据不详的样本公司，最终得到 376 个有效样本，具体行业分布见表 1。

表 1 样本行业分类

| 行业代码 | 行业名称 | 2004 年 | 2005 年 | 2006 年 | 合计 |
|---|---|---|---|---|---|
| $A$ | 农、林、牧、渔业 | 1 | 2 | 2 | 5 |
| $B$ | 采掘业 | 0 | 1 | 1 | 2 |
| $C$ | 制造业 | 73 | 88 | 84 | 245 |
| $C_0$ | 食品、饮料 | 3 | 6 | 6 | 15 |
| $C_1$ | 纺织、服装、皮毛 | 9 | 9 | 8 | 26 |
| $C_2$ | 木材、家具 | 1 | 1 | 1 | 3 |
| $C_3$ | 造纸、印刷 | 2 | 3 | 3 | 8 |
| $C_4$ | 石油、化学、塑胶、塑料 | 12 | 14 | 13 | 39 |
| $C_5$ | 医药、生物制品 | 13 | 14 | 14 | 41 |
| $C_6$ | 金属、非金属 | 8 | 10 | 10 | 28 |
| $C_7$ | 机械、设备、仪表 | 18 | 23 | 21 | 62 |
| $C_8$ | 电子 | 5 | 5 | 5 | 15 |
| $C_9$ | 其他制造业 | 2 | 3 | 3 | 8 |
| $D$ | 电力、煤气及水的生产和供应业 | 0 | 2 | 1 | 3 |
| $E$ | 建筑业 | 4 | 4 | 4 | 12 |
| $F$ | 交通运输、仓储业 | 2 | 1 | 2 | 5 |
| $G$ | 信息技术业 | 10 | 11 | 9 | 30 |
| $H$ | 批发和零售贸易业 | 5 | 7 | 7 | 19 |
| $J$ | 房地产业 | 9 | 9 | 9 | 27 |
| $K$ | 社会服务业 | 1 | 1 | 1 | 3 |
| $L$ | 传播与文化产业 | 1 | 0 | 1 | 2 |
| $M$ | 综合类 | 7 | 9 | 7 | 23 |
| 总计 | — | 113 | 135 | 128 | 376 |

## 2. 相关变量说明

控制权与现金流权的计算方法首先由拉波尔塔等（1999）提出，克莱森斯等（2000）及法乔和朗（2002）等加以应用并很快推广，具体的计算方法如下：

$$V = DCON + ICON \qquad (1)$$

上式中：$V$ 为最终控制权；$DCON$ 为直接持股比例；$ICON$ 为经由间接持股的控制权，等于最底端控制链条上的持股比例。

$$C = DOS + IOS \qquad (2)$$

其中：$C$ 为现金流权；$DOS$ 为最终控制者直接持有的股权；$IOS$ 为最终控制者间接持有的股权，等于控制链条上每一持股比例的乘积。

$$SCF = V/C \tag{3}$$

其中：$SCF$ 为控制权与现金流权分离系数；$V$ 为控制权；$C$ 为现金流权。

事实上，金字塔股权结构广泛地存在于我国家族企业中。在我国这个要素市场发达程度不高、法制不完备和信用体系缺失的社会里，这些控股家族企业借助亲缘、血缘、地缘等天然形成的信用关系网来维系。同时，为了避免融资成本较高的外部融资渠道，在自身资本固定的情况下建立或控制一系列公司，比如通过控制董事会、安插家族高管等途径，绝对地放大实际控制权，支配着远远超过自身拥有的资本量。这样，控股家族企业以较小的现金流所有权取得较多的控制权，最终导致形成了金字塔股权结构。

另外，自愿性信息披露指标体系的构建方法很多。本文主要借鉴比较成熟的召和格雷（Chau & Gray）以及张宗新等人的自愿性信息披露指数的基本模式，将自愿性信息划分为战略性和前瞻性信息、非财务主要信息和财务信息[①]。在自愿性信息指标的选取上，本文主要基于以下几点考虑：首先，列出家族上市公司所披露的全部可能指标以及投资者比较关注的信息指标；其次，根据相关法律法规及证监会指定的《公开发行证券的公司信息披露内容与格式准则第 1 – 21 号》实施细则，从全部指标中扣除属于强制性的信息披露指标，其余指标我们界定为自愿性信息披露指标。在此基础上，根据家族治理的鲜明特性，把"家族成员任董事或高管情况"作为家族内利他主义指标；最后得到我国家族上市公司的 23 个自愿性信息披露指标（见表 2）。

表 2　　　　　　　　家族上市公司自愿性信息披露指数评分表

| 序号 | 项目名称 | 分值 | 说　明 |
|---|---|---|---|
| *Panel A*：战略性和前瞻性信息 | | | |
| 1 | 总体发展战略 | 2 | 定性描述，详细的给 2 分，一般性给 1 分 |
| 2 | 战略实施的计划和步骤 | 2 | 定性描述，详细的给 2 分，一般性给 1 分 |
| 3 | 战略对当前业绩的影响 | 2 | 定性描述，详细的给 2 分，一般性给 1 分 |
| 4 | 战略对未来业绩的影响 | 2 | 定性描述，详细的给 2 分，一般性给 1 分 |
| 5 | 未来市场机会/风险对公司的影响 | 2 | 定性描述给 1 分，定量定性相结合给 2 分 |
| 6 | 销售收入或营业额的预测 | 2 | 定性描述给 1 分，定量定性相结合给 2 分 |
| 7 | 盈利的预测 | 2 | 定性描述给 1 分，定量定性相结合给 2 分 |
| 8 | 现金流的预测 | 2 | 定性描述给 1 分，定量定性相结合给 2 分 |
| 9 | 主要产品指标的预测 | 2 | 定性描述给 1 分，定量定性相结合给 2 分 |
| 10 | 资本性支出的预测 | 2 | 定性描述给 1 分，定量定性相结合给 2 分 |

---

①　本文以样本公司对外披露的年报、中报、季报、临时公告等信息资料为基础，按规定的标准对每家公司进行评分，得出每家公司的自愿性披露分数（*V_index*）。这里将每条信息赋予 2 分，这种赋予权重的方法在召和格雷和张宗新等人的研究中均有使用。而且，乔和汪·博伦、安蒂和奥恩（Chow & Wong Boren，Antti & Hauun）研究表明，有权重与无权重的指标体系可以互相替代，因为它们的作用是相同的，但本文还是以它们所占比重为权重。

续表

| 序号 | 项目名称 | 分值 | 说　明 |
|------|---------|------|--------|
| *Panel B*：财务信息 | | | |
| 11 | 通货膨胀因素对经营的影响 | 2 | 定性描述给 1 分，定量定性相结合给 2 分 |
| 12 | 应收账款/其他应收款变动分析 | 2 | 定性描述给 1 分，定量定性相结合给 2 分 |
| 13 | 公司负债变动分析 | 2 | 定性描述给 1 分，定量定性相结合给 2 分 |
| 14 | 其他无形资产价值披露 | 2 | 定性描述给 1 分，定量定性相结合给 2 分 |
| 15 | 或有事项的披露 | 2 | 定性描述给 1 分，定量定性相结合给 2 分 |
| 16 | 关联方及交易的披露 | 2 | 定性描述给 1 分，定量定性相结合给 2 分 |
| *Panel C*：非财务信息 | | | |
| 17 | 家族成员任职董事或高管情况 | 2 | 定性描述，详细的给 2 分，一般性给 1 分 |
| 18 | 市场竞争 | 2 | 定性描述，详细的给 2 分，一般性给 1 分 |
| 19 | 研究开发政策、人员及费用 | 2 | 定性描述给 1 分，定量定性相结合给 2 分 |
| 20 | 员工薪酬及福利 | 2 | 定性描述给 1 分，定量定性相结合给 2 分 |
| 21 | 员工培训及费用 | 2 | 定性描述给 1 分，定量定性相结合给 2 分 |
| 22 | 生产率指标 | 2 | 定性描述给 1 分，定量定性相结合给 2 分 |
| 23 | 市场占有率变动分析 | 2 | 定性描述给 1 分，定量定性相结合给 2 分 |

### 3. 研究模型

为了研究家族企业控制权、现金流权以及两者的偏离系数、自愿性信息披露与公司价值之间的关系，我们借鉴埃尔马兰（Hermalin）和魏斯巴赫（Weisbach）的研究方法，建立了如下多元回归模型：

$$V\_index = \gamma_0 + \gamma_1 control + \gamma_2 Vote + \gamma_3 Cash + \gamma_4 SCF + \gamma_5 ROE + \gamma_6 M\_index + \gamma_7 Lev + \gamma_8 LnAssets + \gamma_9 fixedaffect + \varepsilon \tag{4}$$

$$Tobin'q = \gamma_0 + \gamma_1 control + \gamma_2 Vote + \gamma_3 Cash + \gamma_4 SCF + \gamma_5 S\_index + \gamma_6 F\_index + \gamma_7 U\_index + \gamma_8 D \times S\_index + \gamma_9 D \times F\_index + \gamma_{10} D \times U\_index + \gamma_{11} M\_index + \gamma_{12} Lev + \gamma_{13} LnAssets + \gamma_{14} fixedaffect + \varepsilon \tag{5}$$

其中，$V\_index$ 表示自愿披露总指数；$S\_index$ 表示战略性和前瞻性信息披露指数；$F\_index$ 表示财务信息披露指数；$U\_index$ 表示非财务信息披露指数；$control$ 表示控股股东在目标公司是否指定管理层，是取 1，否则取 0；$Vote$ 表示控股股东的控制权；$Cash$ 表示控股股东的现金流权；$SCF$ 表示控股股东控制权与现金流权的偏离系数，即控制权/现金流权；$Tobin's\ q$ 表示公司市场价值，$Tobin's\ q$ =（公司流通市值 + 公司非流通股账面价值 + 负债账面价值）/总资产账面价值；$D$ 表示终极所有权特征，分别代表控制权、现金流权和两权偏离系数；$ROE$、$M\_index$、$Lev$、$LnAssets$ 和 $fixedaffect$ 是为了控制样本公司特征影响而设置的控制变量。$ROE$ 是净资产收益率，代表企业的盈利能力；*M_index* 是市场化程度指标，代表投资者法律保护水平①；*Lev* 为公司的资产负债率，代表企业的财务风险；*LnAssets* 是公司总资产的自然对数值，代表公司的规模；*fixedaffect* 是行业控制变量，我们按照证监会的行业分类标准设定了 20 个哑变量（制造业按次大类划分，其他行业的划分均以大类作为标准）。

## 四、实证结果及分析

### 1. 相关变量特征

首先，我们对研究样本的终极所有权结构、自愿性披露指数、企业价值及控制变量做了描述性统计分析，其结果见表 3。

表 3 描述性统计

| 变量 | 样本 | 最小值 | 最大值 | 平均 | 中位数 | 偏度 | 峰度 |
|---|---|---|---|---|---|---|---|
| *Tobin'q* | 376 | 1.253 | 8.195 | 2.178 | 1.701 | 2.758 | 9.974 |
| *control* | 376 | 0.000 | 1.000 | 0.694 | 1.000 | -0.846 | -1.291 |
| *Vote* | 376 | 0.131 | 0.880 | 0.344 | 0.295 | 1.025 | 0.687 |
| *Cash* | 376 | 0.006 | 0.879 | 0.231 | 0.196 | 1.169 | 1.462 |
| *SCF* | 376 | 1.000 | 26.333 | 2.350 | 1.507 | 5.077 | 34.304 |
| *V_index* | 376 | 0.065 | 0.630 | 0.259 | 0.261 | 0.443 | -0.012 |
| *S_index* | 376 | 0.000 | 0.800 | 0.269 | 0.250 | 0.261 | -0.709 |
| *F_index* | 376 | 0.167 | 0.833 | 0.416 | 0.417 | 1.188 | 2.422 |
| *U_index* | 376 | 0.000 | 0.500 | 0.105 | 0.071 | 1.202 | 2.616 |
| *M_index* | 376 | 2.050 | 9.740 | 7.013 | 6.815 | -0.242 | -0.627 |
| *ROE* | 376 | -16.772 | 0.529 | -0.041 | 0.068 | -14.375 | 24.528 |
| *Lev* | 376 | 0.068 | 7.332 | 0.578 | 0.546 | 9.718 | 13.179 |
| *Assets* | 376 | 2039.051 | 1319699 | 156270.3 | 109098.4 | 2.928 | 11.555 |

注：这里 *V_index* 是根据 *S_index*（权重为 10/23）、*F_index*（权重为 16/23）、*U_index*（权重为 7/23）相关权重计算出来的总自愿披露指数。

由表 3 可知，在 2004～2006 年 376 家家族上市公司中，托宾 q 值平均为 2.178，最高达 8.195，最低为 1.253；另外，平均有 69.4% 是指派管理层，表明控股家族股东还是主要通过指派管理层来管理上市公司。家族控股股东对上市公司控制权平均为 34.4%，最高的达 88.0%，最低为 13.1%，说明两极分化极大；家族控股股东掌握的现金流权平均为 23.1%，最高达 87.9%，最低为 0.6%，表明家族上市公司股权集中度相当高，"一股独大"的现象仍

① 本文采用了樊纲、王小鲁（2007）的市场化程度指数。具体参见《中国市场化指数——各地区市场化相对进程 2006 年度报告》，经济科学出版社。

十分严重。偏离系数平均值为 2.35 倍，最大值为 26.33 倍，与平均偏离程度相差甚大，表明呈现较高的控制权和管理权分离的倾向。此外，在家族上市公司的信息披露中，战略性和前瞻性信息、财务信息、非财务信息三部分的披露指数分别为 0.269、0.416、0.105。可以看出，家族上市公司对于财务信息披露水平最高，其次是战略性和前瞻性信息，非财务信息披露水平最低。从总体的自愿性披露状况来看，家族上市公司的披露水平为 0.259，变化区间为 0.065 到 0.63，显然是较低，而且披露水平两极相差甚远。这与我国证券市场的"消息市"是相吻合的，即在自愿性信息披露程度不高的情况下，股东或投资者必然要求助于其他途径获取信息。其他控制变量基本与我们的预期一致，符合我们的研究目的。

**2. 家族企业终极所有权结构对自愿披露的影响**

为了考察家族企业终极所有权结构和自愿性信息披露之间的关系，本文按照终极所有权各因素，即控制权、现金流权和两权偏离系数分别来检验对自愿披露的影响，其结果见表 4。

从表 4 中可以看出，家族是否指派管理层与自愿披露呈负相关关系，但未通过显著性水平检验，表明家族控制程度较高的上市公司还不愿意对外提供相关的公司信息，这与家族企业存在的原因和特点相似。另外，家族企业的控制权与自愿披露呈负相关关系，与我们的假设一致。且在 2004 年和 2005 年都在 5% 置信水平下通过了检验，其系数分别为 $-0.081$（$p < 0.01$）和 $-0.063$（$p < 0.05$），说明家族控制上市公司的目的可能并不是为了协同效应，而是想长期、稳定地从企业中获得相关利益，因而并不愿意披露其相关行为。与之相反，家族企业的现金流权与自愿披露显著正相关，也与我们的假设一致，其系数分别为 0.032（$p < 0.05$）、0.155（$p < 0.1$）和 0.212（$p < 0.1$）。最后，家族企业的偏离系数与自愿披露呈负相关关系，与我们的假设一致。且在 2004 年和 2006 年都在 10% 置信水平下通过了检验，其系数分别为 $-0.038$（$p < 0.05$）和 $-0.145$（$p < 0.1$），进一步说明了控制权与现金流权的偏离程度对自愿披露有着显著的影响，这也是目前我国家族企业信息披露滞后的重要原因。此外，我们也发现，控制变量 *M_index* 和 *LnAssets* 与自愿披露呈正相关关系，表明外部环境和企业规模在一定程度上影响了自愿披露。法律保护相对好的地方，资产规模越大，其自愿披露程度也相对较高。*Lev* 与自愿披露呈负相关关系，这符合我国的现状，即资产负债率越高，越不愿意披露相关信息。

**3. 家族企业终极所有权、自愿披露与企业价值**

同时，为了进一步厘清家族企业终极所有权和自愿性信息披露各指标与企业价值之间的关系，本文又将控制权、现金流权和两权偏离系数与自愿披露结合来考察对企业价值的影响，其结果见表 5。

表 4　　家族企业终极所有权结构对自愿披露的影响

| 变量 | 预期符号 | 2004 年 | | | 2005 年 | | | 2006 年 | | |
|---|---|---|---|---|---|---|---|---|---|---|
| | | V_index | V_index | V_index | V_index | V_index | V_index | V_index | V_index | V_index |
| (Constant) | ? | -0.578 *** (-3.151) | -0.576 *** (-3.129) | -0.569 *** (-3.095) | -0.666 *** (-4.082) | -0.649 *** (-3.944) | -0.621 *** (-3.773) | -0.664 *** (-3.563) | -0.693 *** (-3.689) | -0.635 *** (-3.415) |
| control | - | -0.014 (-0.167) | -0.007 (-0.080) | -0.004 (-0.049) | -0.033 (-0.445) | -0.049 (-0.650) | -0.035 (-0.464) | -0.129 (-1.641) | -0.141 * (-1.778) | -0.134 * (-1.713) |
| Vote | - | -0.081 *** (-2.588) | | | -0.063 ** (-2.011) | | | -0.044 (-1.367) | | |
| Cash | + | | 0.032 ** (2.229) | | | 0.155 * (1.818) | | | 0.212 * (1.805) | |
| SCF | - | | | -0.038 ** (-2.456) | | | -0.109 (-1.551) | | | -0.145 * (-1.904) |
| M_index | + | 0.018 (1.111) | 0.015 (0.923) | 0.016 (1.100) | 0.014 (0.769) | 0.012 (0.980) | 0.019 (1.237) | 0.014 (0.769) | 0.012 (0.980) | 0.019 (1.237) |
| ROE | + | 0.360 *** (3.920) | 0.370 *** (4.028) | 0.369 *** (4.018) | 0.265 *** (3.293) | 0.265 *** (3.267) | 0.242 *** (2.955) | 0.288 (1.480) | 0.308 (1.567) | 0.323 * (1.661) |
| Lev | - | -0.010 (-0.114) | -0.035 (-0.389) | -0.033 (-0.367) | -0.068 (-0.839) | -0.091 (-1.126) | -0.102 (-1.269) | 0.195 (1.036) | 0.212 (1.112) | 0.218 (1.157) |
| LnAssets | + | 0.345 *** (4.084) | 0.356 *** (4.227) | 0.354 *** (4.234) | 0.417 *** (5.698) | 0.423 *** (5.740) | 0.414 *** (5.640) | 0.405 *** (4.572) | 0.432 *** (4.879) | 0.407 *** (4.691) |
| fixedaffect | ? | 控制 | 控制 | 控制 | 控制 | 控制 | 控制 | 控制 | 控制 | 控制 |
| adj_R² | | 0.251 | 0.247 | 0.248 | 0.303 | 0.289 | 0.296 | 0.282 | 0.266 | 0.277 |
| F | | 7.266 *** | 8.350 *** | 8.407 *** | 9.728 *** | 9.900 *** | 9.284 *** | 9.328 *** | 9.187 *** | 9.710 *** |

注：***、**、*分别表示显著性水平 0.01、0.05、0.10。

表5　　家族企业终极所有权、自愿披露与企业价值

| 变量 | 预期符号 | 2004 年 | | | 2005 年 | | | 2006 年 | | |
|---|---|---|---|---|---|---|---|---|---|---|
| | | Tobin'q | Tobin'q | Tobin'q | Tobin'q | Tobin'q | Tobin'q | Tobin'q | Tobin'q | Tobin'q |
| (Constant) | ? | 2.956*** (6.948) | 2.681*** (7.810) | 2.985*** (6.468) | 1.311*** (9.252) | 1.239*** (10.223) | 1.223*** (8.868) | 6.628*** (3.239) | 6.362*** (3.362) | 6.425*** (3.507) |
| control | − | −0.033 (−0.395) | −0.027 (−0.315) | −0.001 (−0.011) | −0.044 (−0.628) | −0.037 (−0.520) | −0.037 (−0.538) | −0.028 (−0.512) | −0.023 (−0.415) | −0.020 (−0.360) |
| Vote | − | −0.150** (−2.333) | | | −0.206 (−0.615) | | | −0.148* (−1.758) | | |
| Cash | + | | 0.455* (1.982) | | | 0.402 (1.105) | | | 0.182* (1.691) | |
| SCF | − | | | −1.019 (−1.513) | | | −1.80*** (−3.222) | | | −0.036** (−2.103) |
| S_index | + | 0.192* (1.770) | 0.219 (1.211) | 0.176 (1.172) | 0.012 (0.030) | 0.057 (0.224) | 0.032 (0.160) | 0.110* (1.704) | 0.065 (0.569) | 0.049 (0.514) |
| F_index | + | 0.159 (0.527) | −0.123 (−0.560) | 0.290* (1.973) | −0.153 (−0.589) | −0.264 (−1.271) | 0.431*** (3.012) | 0.158 (1.078) | 0.143 (1.212) | 0.131 (1.330) |
| U_index | + | 0.024 (0.091) | 0.044 (0.231) | −0.051 (−0.298) | 0.646** (2.292) | −0.255 (−1.217) | −0.064 (−0.397) | −0.005 (−0.027) | 0.054 (0.424) | 0.007** (2.064) |
| D*S_index | ? | −0.077** (−2.245) | 0.006* (2.027) | −0.120 (−0.424) | 0.134 (0.202) | 0.312 (0.503) | −0.066 (−0.234) | −0.103 (−0.413) | −0.046 (−0.217) | −0.001 (−0.004) |
| D*F_index | ? | −0.173 (−0.302) | 0.540 (0.998) | −1.184* (−1.874) | −0.401* (−1.820) | 0.863 (1.636) | −2.01*** (−2.941) | −0.106 (−0.393) | 0.116** (2.393) | −0.115 (−0.326) |

续表

| 变量 | 预期符号 | 2004 年 | | 2005 年 | | | 2006 年 | | |
| --- | --- | --- | --- | --- | --- | --- | --- | --- | --- |
| | | Tobin'q | Tobin'q | Tobin'q | Tobin'q | Tobin'q | Tobin'q | Tobin'q | Tobin'q |
| D*U_index | ? | -0.003 (-0.011) | -0.108* (-1.674) | -1.019*** (-2.706) | 0.571* (1.695) | -0.184* (-1.910) | 0.073 (0.341) | 0.007** (2.040) | -0.091 (-0.686) |
| M_index | + | 0.023 (1.354) | 0.013 (1.246) | 0.026 (0.967) | 0.021 (0.945) | 0.016 (0.865) | 0.027 (1.354) | 0.027 (1.347) | 0.019 (1.345) |
| Lev | - | 0.128 (1.497) | 0.108 (1.299) | -0.119* (-1.689) | -0.129* (-1.787) | -0.118* (-1.722) | 0.733*** (12.281) | 0.730*** (12.527) | 0.728*** (12.472) |
| LnAssets | + | -0.645*** (-7.230) | -0.617*** (-6.671) | -0.670*** (-8.786) | -0.657*** (-8.383) | -0.629*** (-8.332) | -0.271*** (-4.139) | -0.265*** (-4.068) | -0.266*** (-4.081) |
| fixedaffect | ? | 控制 | 控制 | 控制 | 控制 | 控制 | 控制 | 控制 | 控制 |
| adj_R² | | 0.288 | 0.317 | 0.410 | 0.389 | 0.446 | 0.647 | 0.648 | 0.650 |
| F | | 5.535*** | 6.196*** | 8.766*** | 8.102*** | 9.987*** | 24.308*** | 24.360*** | 24.540*** |

注：***，**，* 分别表示显著性水平 0.01，0.05，0.10。

表 5 列示了家族企业终极所有权、自愿披露与企业价值之间的关系。从表 5 中可知，家族是否指派管理层与企业价值呈负相关关系，但未通过显著性检验。家族企业的控制权与企业价值呈负相关关系，与我们的假设一致。且在 2004 年和 2006 年都在 10% 置信水平下通过了检验，其系数分别为 $-0.150$（$p < 0.05$）和 $-0.148$（$p < 0.1$），更好地说明了家族控制上市公司的最大目的是想长期、稳定地从企业中获得相关利益，这样会侵害中小股东的利益，进而有损于企业价值的提升。与之相反，家族企业的现金流权与企业价值显著正相关，也与我们的假设一致，其系数分别为 $0.455$（$p < 0.1$）和 $0.182$（$p < 0.1$）。最后，家族企业的偏离系数与企业价值呈负相关关系，与我们的假设一致。且在 2005 年和 2006 年都在 5% 置信水平下通过了检验，其系数分别为 $-1.80$（$p < 0.01$）和 $-0.036$（$p < 0.05$），进一步说明了控制权与现金流权的偏离程度对企业价值有着显著的影响，同时也是我国目前家族企业价值减损的重要原因。最后，我们考察了终极所有权结构与信息披露对企业价值的共同影响。比如 $D^* S\_index$、$D^* F\_index$ 和 $D^* U\_index$ 中，其系数分别与家族企业的控制权、现金流权及两权偏离程度和企业价值相关的关系相同，进一步说明信息披露确实改进和提升了企业价值。另外，我们还发现，2004～2006 年信息披露中的 3 个指数有所差异，但各年与企业价值指标显现正相关，与我们的预期一致。也就是说，控制权与现金流权偏离程度越大，对家族企业价值就越不利；自愿性信息披露越好，企业价值就越高。当偏离程度和信息披露两者共同作用时，与家族企业终极所有权对企业价值的影响一致。

## 五、结　　论

本文从家族企业治理和信息传递机制两方面，即终极所有权结构与信息披露角度考察了与企业价值之间的内在关系。通过 2004～2006 年沪、深股市 376 家家族上市公司样本的实证分析，并采用控制权与现金流权的分离系数和自愿性信息披露指数作为相关替代变量，我们研究发现：（1）家族上市公司的自愿披露与其控制权负相关，与现金流权正相关，与二者的分离程度呈负相关关系；（2）家族上市公司的企业价值与其控制权负相关，与现金流权正相关，与二者的分离程度呈负相关关系；（3）家族上市公司自愿披露程度与企业价值呈正相关关系。结论的稳健性取决于自愿性信息披露指数建构的有效性，同时，样本的来源也在一定程度上限制我们做进一步的时间序列检验。最后，本文的研究启示我们家族企业的信息规范度和信息披露特性对其所有权安排和利用社会资本产生了重大影响。因此，我国家族企业信息传递机制的建立显得非常重要，特别是根据我国家族企业各阶段发展的特点，以及相应阶段所有权结构和社会资本对企业信息披露的要求来构建我国家族企业信息传递机制，这将为家族企业信任机制的形成和更有效地利用社会资本起到重要的作用。

## 参考文献

［1］石本仁、石水平：《家族企业治理与信息传递机制——一个理论分析框架》，工作稿，2008 年。

［2］苏启林、朱文：《上市公司家族控制与企业价值》，载《经济研究》2003 年第 8 期。

［3］唐宗明、蒋位：《中国上市公司大股东侵害度实证分析》，载《经济研究》2002 年第 4 期。

［4］汪炜、蒋高峰：《信息披露透明度与资本成本》，载《经济研究》2004 年第 7 期。

［5］王明林、周生春：《家族金字塔控股结构存在的原因探析》，载《外国经济与管理》2006 年第 2 期。

［6］张宗新、张晓荣、廖士光：《上市公司自愿性信息披露行为有效吗？——基于 1998～2003 年中国证券市场的经验证据》，载《经济学季刊》2005 年第 8 期。

［7］Barontini, Roberto and Caprio, Lorenzo, 2005, The Effect of Family Control on Firm Value and Performance: Evidence from Continental Europe. ECGI-Finance Working Paper.

［8］Benjamin E. Hermalin, Michael, S. Weisbach, 2007, Transparency and Corporate Governance. NBER Working paper.

［9］Bernnan, N. , 1999, Voluntary Disclosure of Profit Forecasts by Target Companies in Takeover Bids. *Journal of Business Finance and Accounting*, (26): 883 – 917.

［10］Burkart Mike, Panunzi Fausto, Shleifer Andrei, 2003, Family Firms. *Journal of Finance*, (58): 2167 – 2202.

［11］Christian Leuz, Dhananjay Nanda, Peter D. Wysocki, 2003, Earnings Management and Investor Protection: an Iinternational Comparison. *Journal of Financial Economics*, (69): 505 – 527.

［12］Christine A. Botosan, 1997, Disclosure Level and the Cost of Equity Capital. *The Accounting Review*, (3): 323 – 349.

［13］Claessens, Stijn, Simeon Djankow and Larry H. P. L. , 2000, The Separation of Ownership and Control in East Asian Corporations. *Journal of Financial Economics*, (58): 81 – 112.

［14］Faccio Mara, Larry Lang, 2002, The Ultimate Ownership of Western European Corporation. *Journal of Financial Economics*, (53): 365 – 395.

［15］Fama Eugene, Michael Jensen, 1983, Separation of Ownership and Control. *Journal of Law and Economics*, (26): 301 – 325.

［16］Gary K. Meek, Clare B. Roberts, Sidney J. Gray, 1995, Factors Influencing Voluntary Annual Report Disclosures by U. S. , U. K. and Continental European Multinational Corporations. *Journal of International Business Studies*, (3): 555 – 572.

［17］Gauri Bhat, Ole-Kristian Hope, Tony Kang, 2006, Does Corporate Governance Transparency Affect the Accuracy of Analyst Forecasted? *Accounting and Finance*, (46): 715 – 732.

［18］Gerald K. Chau, Sidney J. Gray, 2002, Ownership Structure and Corporate Voluntary Disclosure in HongKong and Singapore. *The International Journal of Accounting*, (37): 247 – 265.

［19］Healy P. , Palepu K. , 2001, Information Asymmetry, Corporate Disclosure, and the Capital Markets: a Review of the Empirical Disclosure Literature. *Journal of Accounting and Economics*, （31）: 406 – 440.

［20］Johnson, S. , R. La Porta, F. Lopez-de-Silanes, and A. Shleifer, 2000, Tunneling. *American Economic Review*, （90）: 22 – 27.

［21］L. L. Eng, Y. T. Mak, 2003, Corporate Governance and Voluntary Disclosure. *Journal of Accounting and Public Policy*, （22）: 325 – 345.

［22］Laporta, Rafael, Florencio Lopez-de-Silanes, Andrei Shleifer, and Robert Vishny, 1999, Corporate Oownership Around the World. *Journal of Finance*, （54）: 471 – 517.

［23］Lemmon, M. L. , and K. V. Lins, 2003, Ownership Structure, Corporate Governance, and Firm Value: Evidence from the East Asian Financial Crisis. *Journal of Finance*, （58）: 1445 – 1468.

［24］Morck, R. , A. Shleifer and R. Vishny, 1988, Characteristics of Targets of Hostile and Friendly Takeovers. In A. J. , Auerbach, Ed. , Corporate takeovers: cause and consequences. National Bureau of Economic Research, Chicago.

［25］Musa Mangena, Venancio Tauringana, 2007, Disclosure, Corporate Governance and Foreign Share Ownership on the Zimbabwe Stock Exchange. *Journal of International Financial Management and Accounting*, （18）: 53 – 85.

［26］Myers, S. , Majluf, N. , 1984, Corporate Financing and Investment Decisions When Firms Have Information that Investors do not Have. *Journal of Financial Economics*, （13）: 187 – 222.

［27］Razaur R. A. , 2002, Incomoplete Financial Contracting, Disclosure, Corporate Governance and Firm Value. SSRN Working Paper.

［28］Shleifer, A. , R. Vishny, 1986, Large Shareholders and Corporate Control. *Journal of Political Economy*, （4）: 461 – 488.

［29］Wesley Mendes da Silva, 2004, The Voluntary Disclosure of Financial Information on the Internet and the Firm Value Effect in Companies Across Latin America, SSRN Working Paper.

# Ultimate Ownership, Voluntary Disclosure and Firm Value
## Evidence from Family Listed-Companies in China

**Shi Shuiping    Shi Benren    Wei Weiwen**

**Abstract**: This thesis investigates the influence from two aspects of family firms ultimate ownership and voluntary disclosure. Through empirical analysis of 376 family listed-companies samples including Shenzhen and Shanghai stock markets from year 2004 to 2006, and the adoption of control rights, cash flow rights and their separation coefficient, with voluntary information disclosure index as related proxy variable, we find: (1) The voluntary disclosure of family listed-companies is negative with its control rights, and positive with cash flow rights, and negative with SCF. (2) The firm value of family listed-companies is negative with its control rights, and positive with cash flow rights, and negative with SCF. (3) The voluntary disclosure degree of family listed-companies is positive with firm value. This research can supply a good consult function for the information delivery mechanism and the governance of our country's family firms.

**Key Words**: Family Firms    Control Rights    Cash Flow Rights    SCF Coefficient    Voluntary Disclosure    Firm Value

第 1 卷第 1 辑　　　　　　　　　　公司治理评论　　　　　　　　　Vol. 1　No. 1
2009 年 1 月　　　　　　Review of Corporate Governance　　　　　Jan. 2009

# 基于对价方案的股权分置改革效率研究

刘玉敏　　任广乾<sup>*</sup>

【摘要】对价方案是上市公司股权分置改革的核心问题，不同的对价方案产生了不同的股权分置改革效率。本文选取全面股改前 40 批 939 家股改公司为有效样本，以上市公司个股日超常收益率 AR 和个股累积超常收益率 CAR、市场日平均超常收益率 AAR 和市场累积超常收益率 TCAR 为度量指标，采用事件研究法，探讨了中国上市公司股权分置改革的效率，通过对比不同对价方案股权分置改革效率的差别，深入研究了股改对价对上市公司的市场价值和证券市场的个股收益率的影响程度。研究结果表明：复牌首日股权分置改革对上市公司的市场价值和证券市场的个股收益率产生了消极的影响，整个事件期则带来了积极的影响；相对于事件前期、事件后期的市场波动较大；送股是最为普遍的对价支付方式，权证类和派现类对价方案使投资者获得较高的超常收益。

【关键词】股权分置改革　对价方案　事件研究法　股权分置改革效率

## 一、文献回顾

股权分置是指我国 A 股市场的上市公司部分股份上市流通，其余部分暂不上市流通的现象。在股权分置的状况下，非流通股股东因"一股独大"而长期受益，流通股股东则长期超额付出。要解决股权分置问题，让非流通股获得流通权，必然存在非流通股股东为换得流通权而向流通股股东支付一定对价。2005 年 4 月中国证监会发布了《关于上市公司股权分置改革试点有关问题的通知》，随后股权分置改革工作全面展开，截止到 2006 年底，股权分置改革已经接近尾声。此次改革的目的在于解决上市公司非流通股的流通问题，而改革的核心则在于非流通股以什么方式补偿流通股股东以及补偿多少，这既无本国经验的积累，也无外国经验可借鉴，因此监管层的政策导向就是让上市公司的各方利益主体通过市场机制自行寻找利益平衡点，形成合理的对价方案。然而，市场机制形成的各对价方案是否有效？股权分置改革究竟

* 本文获得国家杰出青年基金项目（70125004）和国家自然科学基金项目（70572050）的资助。
　刘玉敏（1956~　　），女，河南郑州人，郑州大学商学院教授、管理学博士。研究方向：公司治理、质量管理、统计技术。
　任广乾（1982~　　）男，河南商丘人，南开大学公司治理研究中心博士生。研究方向：公司治理。

给证券市场和上市公司带来了多大影响？哪一种对价方案具有更高的效率？如何从理论和实践上总结股权分置改革的经验？这都引起了学术界的关注。

关于股权分置改革问题的研究包括前期的理论研究和后期的实证研究两个方面。理论方面的研究主要集中在股权分置的危害和股权分置改革的意义两个方面（巴曙松，2003；吴晓求，2004；唐国正、熊德华、巫和懋，2005；丁志国等，2006；社科院课题组，2006；杨建平、李晓莉，2006；张建民，2006；乔志城、刘丹，2007）。巴曙松（2003）认为股权分置导致了我国上市公司中流通股与非流通股并存的股权结构，制约了我国资本市场的规范发展。吴晓求（2004）认为股权分置造成了两类股东股权成本不同、利益来源不一致和控股股东扭曲的战略行为，客观上影响了上市公司科学治理结构的建立。杨建平、李晓莉（2006）认为对价方案是股权分置改革的核心问题，对价的高低不仅直接影响投资者的利益，而且是股权分置改革成败的关键，对价方式的多样化为投资者提供了更多的市场机会。张建民（2006）认为股权分置改革有利于提高上市公司治理绩效。刘煜辉和熊鹏（2005）认为股权分置改革是提升我国证券市场资源配置效率的根本所在。随着股权分置改革的全面开展，研究人员围绕支付对价和短期市场效应两个方面进行了大量实证研究（何诚颖、李翔，2007；陈睿，2007；曹国华等，2006；吴超鹏等，2006；丁志国、苏治、杜晓宇，2006；丁守海，2006；张俊喜、王晓坤、夏乐，2006；郑振龙、王保合，2006；沈艺峰、许琳、黄娟娟，2006；陈蛇、陈朝龙，2005）。吴超鹏等（2006）通过对 330 家股改公司的实证研究，探讨了非流通股股东的对价送出率及流通股股东的对价送达率的影响因素。丁志国、苏治、杜晓宇（2006）通过对 46 家试点公司和全面股的前两批 72 家公司对价方案的剖析，根据政策中性原则与套利分析理论推导出了市场均衡条件下的股权分置改革对价公式，指出部分上市公司对价支付比例存在明显的不合理。丁守海（2006）利用股权分置改革以来 15 个月的面板数据，分析了股权分置改革对上市公司资产价值的影响。张俊喜、王晓坤和夏乐（2006）的研究表明，上市公司在制定和执行股权分置改革方案时综合考虑了财务状况、股市表现及各方利益的平衡。唐国正、熊德华与巫和懋（2005）从理论和实证两个方面分析了股改试点在保护公众投资者权益方面的政策内涵，解释了首批四个试点公司股改方案的公众投资者支持率差异。上述研究探讨了股权分置改革的理论和意义，并从不同的侧面实证分析了股权分置改革的影响以及对价方案的影响因素并提出了相关的对价模型。然而，如何从效率角度综合地衡量股权分置改革事件，探讨各对价方案对股权分置改革效率的影响差异的研究还不多见。

本文选取全面股改前 40 批 939 家上市公司作为有效样本，采用事件研究法，以上市公司个股日超常收益率 *AR* 和个股累积超常收益率 *CAR*、市场日平均超常收益率 *AAR* 和市场累积超常收益率 *TCAR* 为度量指标，综合衡量股权分置改革的效率；通过对比不同对价方案股权分置改革效率的差别，深入研究了不同的对价方案对上市公司的市场价值和证券市场的个股收益率的影响程度。最后，给出了本文的研究结论，探讨了存在的问题，并提出对策建议。

## 二、研究设计

在实证研究中，常常运用事件研究法来衡量某一特定经济事件或信息对证券市场波动和上市公司市场价值的影响。事件研究方法具有普遍的适用性，通过对事件发生前后一段时间内股票价格变化的研究，既可以估计某一特定事件的影响程度，也可以检验市场的有效性程度。其有用性源于这样的事实，即在理性的市场中，某一事件的影响会很快在资产价格上反映出来，事件的影响可以通过公司价值指标在短期内的变化来衡量。股权分置改革对证券市场股票价格和上市公司市场价值均产生了影响，把其作为一个事件来研究，能够反映出股权分置改革的影响程度，通过股改效率指标的界定，能够综合地衡量股改效率。本节将利用事件研究法，建立股权分置改革的事件模型，确定股权分置改革效率的度量指标，并对指标进行检验。

### 1. 股权分置改革事件模型

为了研究股权分置改革的效率，需要建立股权分置改革的事件模型。在以往运用事件法的研究中大都针对不同的事件截取了不同的事件期（Craig Mackinlay A.，1997），一般把事件期界定为 15 个交易日至 30 个交易日之间，把事件的估计期界定为 100 个交易日。考虑到股权分置改革信息的提前泄露和改革后的影响情况以及数据的可获得性，在本文的研究中，将样本公司发布股改方案的日期作为事件日，事件日前后 20 个交易日作为事件期。事件研究法主要考察事件日的个股超常收益和事件期的累积超常收益情况，由于股权分置改革样本公司在股改日没有进行交易，所以本文主要考察样本公司在股权分置改革复牌首日和事件前后期 40 个交易日的效率指标的变化，股权分置改革的事件模型如图 1 所示。

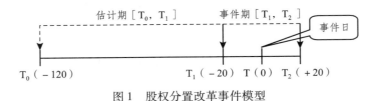

图 1　股权分置改革事件模型

在图 1 中，将股权分置改革事件日的前 120 天 $T_0$ 取为 −120，前 20 天 $T_1$

取为 – 20，事件日的后 20 天 $T_2$ 取为 + 20。估计期 $[T_0, T_1]$ 主要用于计算股改公司个股收益率与证券市场组合收益率之间的线性回归系数及检验值，事件期 $[T_1, T_2]$ 主要用于考察股权分置改革对股改公司市场价值和证券市场波动的影响程度。

## 2. 股权分置改革效率指标

本文以上市公司个股日超常收益率指标 AR 和个股累积超常收益率指标 CAR 度量股权分置改革对上市公司市场价值的影响程度；利用日平均超常收益率指标 AAR 和市场累积超常收益率指标 TCAR 反映股权分置改革对证券市场的影响程度。如果存在显著为正的超常收益率则表明股权分置改革是有效率的，借助以上指标综合衡量股权分置改革的效率，并对比研究不同的对价方案对股权分置改革效率的影响程度。本文用到的基本指标的计算过程如下：

（1）估计事件期个股正常日收益率。

为了考察不受股权分置改革影响的证券市场和上市公司市场价值状况，首先需要估计出事件期内的个股正常日收益率，进而获得证券市场的正常收益率。在假定证券收益服从联合正态分布的基础上，建立统计模型（1）如下：

$$R_{it} = \alpha_i + \beta_i R_{mt} + \varepsilon_{it} \tag{1}$$

其中，$\alpha_i$，$\beta_i$ 为模型参数，$\varepsilon_{it}$ 是随机误差，且 $E(\varepsilon_{it}) = 0$，$\mathrm{Var}(\varepsilon_{it}) = \sigma_{it}^2$。$R_{it}$ 是股票 $i$ 在交易日 $t$ 的收益率，$p_{it}$ 是股票 $i$ 在交易日 $t$ 的收盘价，$p_{it-1}$ 是股票 $i$ 在交易日 $t-1$ 的收盘价，且

$$R_{it} = \frac{p_{it} - p_{it-1}}{p_{it-1}} \tag{2}$$

$R_{it}$ 表示第 $t$ 个交易日证券市场组合收益，对于除权公司股票按复权后的股票价格计算，并消除公司分红因素对股票价格的影响，因为样本公司在观测期发生的配股、送红股、资本公积金转增股本和派发现金股息都会导致股票价格的相应调整，而这类价格变化与股权分置改革事件无关，调整后的公式如下：

$$R_{it} = \frac{1 + ns_i + np_i + C - P_{it-1} - np_i P_i}{P_{it-1}} \tag{3}$$

其中，$ns_i$ 表示股票 $i$ 每股的送红股及公积金转增股本数，$np_i$ 表示股票 $i$ 每股的配股数，$P_i$ 表示配股价，$C$ 为每股派现金额。

在本文的计算中，分别利用上证综合指数和深圳成分指数计算出上海证券交易所和深圳证券交易所的证券市场组合收益率 $R_{mt}$：

$$R_{mt} = \frac{p_{mt} - p_{mt-1}}{p_{mt-1}} \tag{4}$$

其中，$p_{mt}$ 代表沪市或深市 A 股指数在第 $t$ 日的收盘价；$p_{mt-1}$ 代表沪市或深市 A 股指数在第 $t-1$ 日的收盘价。

利用上述统计模型，通过对估计期 [$T_0$，$T_1$] 100 个交易日的证券市场组合日收益率 $R_{mt}$ 和个股日收益率 $R_{it}$ 的数据进行线性回归，采用 OLS 法可估计出模型参数 $\hat{\alpha}_i$ 和 $\hat{\beta}_i$。利用参数的估计值 $\hat{\alpha}_i$ 和 $\hat{\beta}_i$ 以及事件期 [$T_1$，$T_2$] 40 个交易日的市场组合日收益率 $R_{mt}$，通过公式（5）可计算出每只股票的正常收益率 $\hat{R}_{it}$。它表示在没有发生股权分置改革事件的情况下的预期收益率，即第 $i$ 只股票的个股日正常收益率。

$$\hat{R}_{it} = \hat{\alpha}_i + \hat{\beta}_i R_{mt} \tag{5}$$

（2）确定事件期个股和市场超常收益率。

为衡量股权分置改革对上市公司市场价值和证券市场波动的影响程度，需要计算个股日超常收益率和累积超常收益率以及市场累积超常收益率和市场日平均超常收益率。利用公式（2）或公式（3）计算出的个股日收益率 $R_{it}$ 和公式（5）计算出的个股日正常收益率 $\hat{R}_{it}$，利用公式（6）可计算出上市公司单只股票在事件期内的个股日超常收益率 $AR_{it}$：

$$AR_{it} = R_{it} - \hat{R}_{it} \tag{6}$$

为了反映整个事件期内个股收益率的变化状况，可得到个股累积超常收益率如下：

$$CAR_i = \sum_{i=-20}^{+20} AR_i \tag{7}$$

个股累积超常收益率描述了股权分置改革对该上市公司的总体影响程度。将证券市场中所有股改公司的个股累积超常收益率加总，可获得证券市场的累积超常收益率 $TCAR$，即

$$TCAR = \sum_{i=1}^{n} CAR_i \tag{8}$$

其中，$n$ 为股改公司的数目。

借助日平均超常收益率 $AAR$ 可以分析证券市场的波动情况，定义 $AAR_t$ 如下：

$$AAR_t = \frac{1}{n} \sum_{i=1}^{n} AR_{it} \tag{9}$$

表示在事件窗口的第 $t$ 个交易日所有样本公司个股日超常收益率的均值，其中，$t$ 表示第 $t$ 个交易日，$n$ 表示样本公司数目。

### 3. 数据选取及模型检验

样本数据选取的一个重要原则是所选取的样本在事件窗口内没有发生其他重大事件，以消除其他事件对其市场表现的影响。本文选取全面股改前 40 批共 1046 家上市公司作为样本，因为定义事件期和估计期需要超过 140 个交易日，剔除掉 11 家上市时间较短的样本公司，主要是中小板上市公司；去掉在股权分置改革期间进行资产重组的样本公司 57 家；考虑到 ST 公司经常成为炒作的题材，本文剔除 39 家 ST 公司。因此，用于本文分析的样本公司共

939 家，其中上海证券交易所 591 家，深圳证券交易所 319 家，中小板 29 家。其分布批次如表 1 所示。

表 1　　　　　　　　　　　　　　样本公司批次分布

| 批次 | 1 | 2 | 3 | 4 | 5 | 6 | 7 | 8 | 9 | 10 | 11 | 12 | 13 | 14 | 15 | 16 | 17 | 18 | 19 | 20 |
|------|---|---|---|---|---|---|---|---|---|----|----|----|----|----|----|----|----|----|----|----|
| 公司数 | 37 | 30 | 21 | 20 | 19 | 16 | 14 | 18 | 19 | 17 | 18 | 17 | 21 | 26 | 36 | 19 | 12 | 20 | 43 | 37 |
| 批次 | 21 | 22 | 23 | 24 | 25 | 26 | 27 | 28 | 29 | 30 | 31 | 32 | 33 | 34 | 35 | 36 | 37 | 38 | 39 | 40 |
| 公司数 | 39 | 46 | 41 | 24 | 22 | 40 | 19 | 14 | 20 | 30 | 23 | 18 | 22 | 20 | 16 | 16 | 16 | 26 | 23 | 4 |

资料来源：根据 Wind 资讯数据库收集的相关数据整理。

本文通过 Wind 资讯数据库收集上述各样本公司以及上证综合指数和深证成份指数在估计期和事件期共 141 个交易日的收盘价，用于效率指标的计算，并利用 SPSS13.0 进行数据的处理与分析。

由于衡量股权分置改革效率的指标的获得是基于统计模型（1）的假定，要利用模型和指标对股改效率进行实证研究就需要对其有效性进行检验，本文采用 Z 检验，这种检验方法考虑了期外估计的影响，修正了事件期超额收益率方差的计算，放松了估计期残差的方差等于事件期预测误差的方差的假设，满足了统计检验时要求的各公司的超额收益率方差在同一事件日相同的假设。假设及统计量构造如下：

$H_0$：$AR_{it}$ 或者 $CAR_{it}=0$；$H_1$：$AR_{it}$ 或者 $CAR_{it}\neq 0$。

AR 统计量为：$Z_{AR}=\dfrac{AR_{it}}{\sigma_{it}}$；CAR 统计量为：$Z_{CAR}=\dfrac{CAR_i}{\sqrt{\dfrac{(T_2-T_1+1)\sum \varepsilon_{it}^2}{N-2}}}$

利用估计期 $[T_0，T_1]$ 内的数据，选取置信水平 $\alpha=0.05$，分别计算出 $AR$ 和 $CAR$ 的 Z 值。当 $|Z|\geqslant 1.96$ 时，则拒绝原假设 $H_0$，接受 $H_1$，表明股权分置改革事件对上市公司市场价值和证券市场存在着显著影响。否则接受原假设 $H_0$。

## 三、股权分置改革综合效率的实证分析

通过股权分置改革过程效率指标的分析，可以验证股权分置改革有没有提升上市公司的市场价值；有没有给证券市场带来积极的影响；有没有使流通股股东从股权分置改革中获得收益，进而可以检验股权分置改革事件总体到底有没有效率及效率的大小。

### 1. 个股超常收益的实证分析

表 2 给出了 40 批 939 家股改有效样本公司公布其最终股改方案后，复牌

首日的个股日超常收益率的基本统计情况。表 2 显示，股改后复牌首日，所有股票总的个股超常收益率之和为 −77.48%，平均值为 −0.08%，其中 304 家公司存在显著为正的超常收益（最高的是第 33 批亿阳信通（600289），其个股日超常收益率为 5.97%）；585 家样本公司存在显著为负的个股日超常收益率（最低的是第 16 批丹东化纤（000498），其个股日超常收益率为 −4.18%），可以看出复牌首日市场对股权分置改革的反应并不乐观，股改并没有给流通股股东带来利益。相反，股改的成本在很大程度上还是由广大的流通股股东承担的，产生这一现象的主要原因可能是广大的投资者对股票支付对价方案的不满意以及前几次国有股减持带来的消极影响使得持有流通股的股东心有余悸。

表 2 939 家股改公司股改方案公布后复牌首日个股超常收益率基本统计表

| | 总值 (%) | 最大值 (%) | 最小值 (%) | 均值 (%) | $AR>0$ 公司数（家） | | $AR \leqslant 0$ 公司数（家） | |
| --- | --- | --- | --- | --- | --- | --- | --- | --- |
| | | | | | 总数 | 统计显著数 | 总数 | 统计显著数 |
| $AR$ | −77.48 | 5.97 | −4.18 | −0.08 | 333 | 304 | 606 | 585 |

资料来源：根据 Wind 资讯数据库收集的相关数据整理。

本文得出的结论与现有的一些研究成果不一致，现有的一些研究都认为股改复牌首日市场反应强烈，存在着较高的超常收益率，从而能够给流通股股东带来较大的利益，笔者认为出现以上反差的主要原因是现有的研究成果大都是以国家刚推出股改时的少数公司作为研究样本或者以试点公司作为研究样本，这样就带有国家政策导向的影响。为了更为全面地分析股权分置改革的效率，考察事件期股权分置改革对上市公司产生的总体影响，下面我们来看事件期的个股累积超常收益率。

表 3 给出了 939 家有效样本公司在事件窗口（−20 ～ +20 天）期间个股累积超常收益率的基本统计情况。表 3 显示有 569 家样本公司在事件期内的个股累积超常收益率 CAR 为正值，且有 490 家统计显著，其中在第 32 批股改的华升股份达到了最大值 80.95%，且统计显著，最小值为 −70.91%（第 39 批的长城股份）。由此可以看出样本公司个股累积超常收益率差异比较大，最大值和最小值相差 151.85%。表 3 显示个股累积超常收益率 CAR 的均值为 5.68%，由此也可以看出股权分置改革对上市公司价值和流通股股东的收益均产生了积极的影响，表明此次股权分置改革在总体上是有效率的。

表 3 40 批 939 家样本公司个股累积超常收益率的基本统计表

| | 最大值 (%) | 最小值 (%) | 均值 (%) | $CAR>0$ 公司数（家） | | $CAR \leqslant 0$ 公司数（家） | |
| --- | --- | --- | --- | --- | --- | --- | --- |
| | | | | 总数 | 统计显著数 | 总数 | 统计显著数 |
| $CAR$ | 80.95 | −70.91 | 5.68 | 569 | 490 | 370 | 297 |

资料来源：根据 Wind 资讯数据库收集的相关数据整理。

### 2. 市场超常收益的实证分析

通过计算可以得出 40 批 939 家样本公司市场累积超常收益率 TCAR 为 5329.27%，市场日平均累积超常收益率为 133.23%，市场平均个股累积超常收益率为 5.68%，由此可以看出股权分置改革对证券市场总体上存在着正向影响，说明股权分置改革存在较高的市场效率，股权分置改革能够使流通股股东获得较高的超常收益。为考察市场超常收益在事件期的变动情况，现在我们来分析市场日平均收益率 AAR。

图 2 绘制了市场日平均超常收益率 AAR 曲线。图 2 表明，在股权分置改革的事件前期市场日平均超常收益率 AAR 波动较小，呈逐渐上升趋势，并且 20 个交易日中只有一个交易日的 AAR 小于 0，其他都大于 0，这说明在某种程度上市场已逐渐地意识到了全面股改的开展。在事件日附近 AAR 值出现较大波动，尤其是事件后期复牌首日 AAR 出现大幅下滑，并且在股改方案公布后的第五个交易日 AAR 滑到了最低端，这说明各个公司公布的股改方案对流通股股东并不十分有利。通过研究我们发现大部分上市公司采用了送股的方式支付对价，此种方式对广大的流通股股东来说没有现金对价的短期效用大，广大的流通股股东对送股的支付方式并不满意，这种心理作用使得 AAR 出现较大波动。在样本公司复牌后的第五个交易日之后 AAR 值呈现波动上升，这说明随着方案的推进，流通股股东得到了切实的好处，对股改又转为看好，由此可以看出中国证券市场的投资者不够理性，并且中国的股票市场缺乏有效性。虽然如此，从总体上来说股改公司股票存在着正的超常收益，股权分置改革对上市公司和证券市场产生的影响是积极的，表明此次股权分置改革是有效率的。

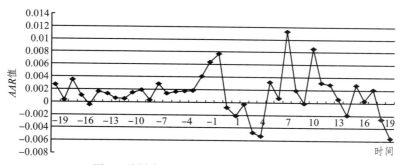

图 2　总样本日平均超常收益率 *AAR* 曲线

资料来源：根据 Wind 资讯数据库收集的相关数据整理。

## 四、不同对价方案股权分置改革效率对比分析

股权分置改革的核心在于非流通股股东为换得流通权而向流通股股东支

付对价的问题，对价的方式不仅直接影响投资者的利益，而且是股权分置改革成败的关键，监管层倡导让上市公司的各方利益主体通过市场机制自行寻找利益平衡点，形成合理的对价方案。然而，市场机制形成的各对价方案是否有效？哪一种对价方案给上市公司市场价值和证券市场个股收益带来了更大的影响？哪一种对价方案对投资者更为有利？这些更是需要深入研究的问题。

## 1. 样本公司对价方案分析

从股改公司所采取的方案来看，有采用单纯方案的，也有采用组合方案的，对价方案呈现出多样化的特征。基于 939 家样本公司所采用的不同方案，本文把对价方案分为五大类，主要有：送股类方案（本文指采用纯粹送股方式作为支付对价的方案）；派现类方案（主要包括：纯粹派现、送股派现结合、派现权证结合以及送股权证派现结合等派现类的对价方案）；权证类方案（主要包括：采用单纯权证、送股权证结合以及送股派现权证结合等权证类的对价方案）；缩股类方案（主要包括：单纯缩股或回购、送股回购结合以及派现缩股结合等含缩股的对价方案）；其他类方案（主要包括：送股与注资结合、送股或派现与认沽权利结合等其他组合方案）。对价方案的多样化更有利于非流通股股东与流通股股东之间利益的均衡。本文 939 家样本公司对价方案的基本统计情况如表 4 所示。

表4                    939 家样本公司股权分置改革对价方案归类

| 对价方案 | 送股类 | 派现类 | 权证类 | 缩股类 | 其他类 |
|---|---|---|---|---|---|
| 公司数（家） | 843 | 58 | 21 | 15 | 8 |
| 所占比例（%） | 89.78 | 6.18 | 2.24 | 1.60 | 0.85 |

注：本文采用重复计数对方案归类，例如某公司采用了派现 + 权证的对价方案，在归类时两类中都要计入。

资料来源：根据 Wind 资讯数据库收集的相关数据整理。

购买非流通股转让的股票，可使流通股成为含权股，这在一定程度上降低了持股成本。从市场角度看，实施对价可以直接或间接降低市盈率水平，进而增强股市对投资者的吸引力。939 家样本公司中派现类对价只有 58 家，占总样本的 6.18%，派现类对价对流通股股东来说，得到的是一种实在的补偿，现金对价方式不改变股权分置问题，解决的是前后流通股股东的持股比例，对实施股权分置前后的股票市场价格没有多大影响。但这一方式将引起上市公司可支配的资源减少，可能影响上市公司的资金状况，造成一定的财务压力。实际上，公司一般不愿意拿出更多实实在在的现金来支付对价。采用权证类方案的有 21 家，占到了 2.24%，权证类方案通过市场寻求对价的机制为流通股股东提供了更有保障的底价，也使得非流通股股东在获得流通权利的同时，避免大量的现金流出和股份转出。缩股类的有 15 家，缩股类对价对流通股股东的持股数量没有任何影响，只改变非流通股在总股本中的比例，但按什么样的办法实施缩股难度比较大。

广泛采用的送股对价方案是否比其他对价方案给股权分置改革带来更高的股改效率、是否给投资者带来更多的利益，哪一种对价方式更有利于上市公司提升公司价值，这才是股改对价方案的意义所在。

### 2. 不同对价方案股改效率对比分析

表 5 ~ 表 9 显示了不同对价方案子样本的个股累积超常收益率 CAR 的基本统计情况。从表 5 ~ 表 9 中可以看出每一种对价方案子样本都是 CAR 大于 0 的公司数目较多，其中权证类的方案中，CAR 大于 0 的公司数比例最大为 71.43%，其次为派现类 63.79%，第三是送股类为 60.38%，其他两种方案则较低。再具体分析每种方案的 CAR 情况可以看出权证类方案子样本个股超常收益率 CAR 均值最高为 8.52%，其次是派现类方案为 7.32%，最低的是缩股类方案为 0.87%，送股类方案处于第三位，但是其最大值和最小值的差值却是五类中最大者。由此我们可以看出广大流通股股东偏好权证类或派现类的对价补偿方案，因为这能使他们获得较高的超常收益，且分摊的股改成本较低。

表 5　　　　　　送股类对价方案个股累积超常收益率基本统计表

| | 最大值（%） | 最小值（%） | 均值（%） | 公司数（家） | CAR > 0 公司数（家） | | CAR ≤ 0 公司数（家） | |
|---|---|---|---|---|---|---|---|---|
| | | | | | 总数 | 统计显著数 | 总数 | 统计显著数 |
| CAR | 80.95 | −70.91 | 5.63 | 843 | 509 | 436 | 334 | 268 |

资料来源：根据 Wind 资讯数据库收集的相关数据整理。

表 6　　　　　　派现类对价方案个股累积超常收益率基本统计表

| | 最大值（%） | 最小值（%） | 均值（%） | 公司数（家） | CAR > 0 公司数（家） | | CAR ≤ 0 公司数（家） | |
|---|---|---|---|---|---|---|---|---|
| | | | | | 总数 | 统计显著数 | 总数 | 统计显著数 |
| CAR | 44.18 | −31.59 | 7.32 | 58 | 37 | 34 | 21 | 17 |

资料来源：根据 Wind 资讯数据库收集的相关数据整理。

表 7　　　　　　权证类对价方案个股累积超常收益率基本统计表

| | 最大值（%） | 最小值（%） | 均值（%） | 公司数（家） | CAR > 0 公司数（家） | | CAR ≤ 0 公司数（家） | |
|---|---|---|---|---|---|---|---|---|
| | | | | | 总数 | 统计显著数 | 总数 | 统计显著数 |
| CAR | 43.71 | −14.25 | 8.52 | 21 | 15 | 15 | 6 | 5 |

资料来源：根据 Wind 资讯数据库收集的相关数据整理。

表8　　　　　　　缩股类对价方案个股累积超常收益率基本统计表

| | 最大值（%） | 最小值（%） | 均值（%） | 公司数（家） | CAR > 0 公司数（家） | | CAR ≤ 0 公司数（家） | |
| --- | --- | --- | --- | --- | --- | --- | --- | --- |
| | | | | | 总数 | 统计显著数 | 总数 | 统计显著数 |
| CAR | 18.46 | −20.91 | 0.87 | 15 | 8 | 7 | 7 | 6 |

资料来源：根据 Wind 资讯数据库收集的相关数据整理。

表9　　　　　　　其他类对价方案个股累积超常收益率基本统计表

| | 最大值（%） | 最小值（%） | 均值（%） | 公司数（家） | CAR > 0 公司数（家） | | CAR ≤ 0 公司数（家） | |
| --- | --- | --- | --- | --- | --- | --- | --- | --- |
| | | | | | 总数 | 统计显著数 | 总数 | 统计显著数 |
| CAR | 29.56 | −22.70 | 1.29 | 8 | 4 | 2 | 4 | 3 |

资料来源：根据 Wind 资讯数据库收集的相关数据整理。

图 3 给出了不同对价方案日平均超常收益率 AAR 曲线，从图中可以看出，五种对价方案在事件前期波动都要小于事件后期，这主要是事件前期投资者对股权分置改革有个较好的预期，事件日公布的对价方案一定程度上挫伤了投资者的积极性；对比五种不同的对价方案的曲线图，可以看出送股类和派现类方案的波动最小，权证类方案次之，缩股类方案以及其他类方案则较大，出现这种情况的原因可能是试点公司的影响，试点公司也是以送股为主，这种先入为主的方式给投资者造成了影响。

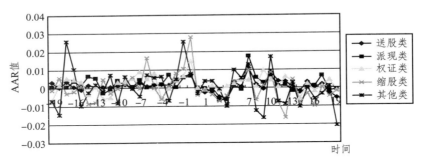

图 3　不同对价方案日平均超常收益率 AAR 曲线

资料来源：根据 Wind 资讯数据库收集的相关数据整理。

## 五、结论及建议

现有的对股权分置改革效应的研究大都集中在对股权分置改革产生的市场效应上，而对支付对价问题的研究也仅仅集中在股权分置改革对价理论依据和操作实务以及对影响支付对价水平的因素的实证研究。本文把对价问题与股权分置改革效率结合起来进行研究，在综合衡量股权分置改革效率的基础上，深入地分析不同对价方案对股改效率的影响，具有一定的创新意义。

本文所得到的主要结论如下：

第一，股权分置改革复牌首日个股日超常收益率 AR 值并不乐观，并没有给流通股股东带来利益，但是从事件窗口个股累积超常收益率 CAR 来看，939 家样本公司有 569 家的 CAR 为正值，且有 490 家统计显著，其中最大值达到了 80.95%，均值为 5.68%，由此也可以看出股权分置改革对上市公司市场价值产生了积极的影响，表明此次股权分置改革在总体上是有效率的。

第二，939 家样本公司市场累积超常收益率 TCAR 达到了 5329.27%，市场日平均累积超常收益率为 133.23%，市场平均个股累积超常收益率为 5.68%，由此得出股权分置改革对证券市场产生了积极的影响；从市场日平均超常收益率 AAR 曲线可以看出，事件期 40 个交易日中只有 3 个交易日低于 0，表明此次股权分置改革在总体上是有效率的。

第三，支付对价是股权分置改革的核心问题，按支付方式的不同可以把对价方案分为五大类：送股类、派现类、权证类、缩股类和其他类。在 939 家样本公司中，有 843 家公司采用了送股类对价方案，占到了样本总数的 89.78%；其次为派现类对价有 58 家，占总样本的 6.18%；第三为权证类对价方案有 21 家，占到了 2.24%，采用其他几类对价方案的公司相对较少，可以看出送股是最为普遍的对价支付方式，这主要是因为送股不改变公司的总股本，不会引起公司财务数据的变更，对其现金流也没有影响。另外，股票对价的支付在操作上简单明了。

第四，五种对价方案 CAR 大于 0 的公司数目较多，对比来看权证类最多，占到 71.43%，其次为派现类的 63.79%，第三是送股类为 60.38%，其他两种方案则较低，可以得出流通股股东偏好权证类或者派现类的对价补偿方案，而非流通股股东则更偏爱送股类方案，二者的偏好存在差别，但最终采用送股类方案的公司占据绝大多数，可以看出在公司治理结构中流通股股东处于弱势。由不同对价方案日平均超常收益率曲线，可以看出送股类和派现类波动最小，权证类次之，缩股类及其他类则较大。

尽管不同对价方案存在不同的股改效率，总体来看，股权分置改革具有较高的综合效率。针对以上研究结论，现提出以下建议：

第一，开拓合法资金入市，缓解股市扩容压力。首先，鼓励养老、失业、医疗等各种保险基金入市，增加证券市场资金的供给主体和数量。其次，要大力培育投资银行、信托投资公司等金融机构，发挥其在聚集资金、金融中介、创新金融工具等方面的作用。最后，积极打通证券、银行和保险业的资金流通渠道。现有的三大市场连接通道受到严格的限制，难以满足股改后我国证券市场的资金需求。因此，应积极推进证券、银行与保险业的配套改革与协调发展，健全和完善政策的传导机制，进一步扩大保险基金、银行基金的入市规模，建立畅通的资金互流渠道。

第二，完善上市公司法人治理结构。首先，完善股权分置改革后的中小股东利益保护机制，建立上市公司与投资者之间有效的沟通机制，实现投资者对上市公司的经营约束、保护中小投资者的利益和缓解监管机构的压力；认真贯彻实施新《公司法》和《破产法》有关保护中小股东合法权益的条款，完善对中小股东权益保护的法律制度。其次，扩大独立董事的权限，特别是公开信息披露权限和提请股东大会否决的权限，发生问题时应同监事会一起调查，将结果向监管部门报告并向投资者披露。最后，通过产权多元化建立完善的法人治理结构来消除内部人控制问题。

第三，加强信息披露，转变监管模式。首先，不仅要加强对财务数据的披露，更要加强对上市公司的资源信息的披露，如能够反映公司运营状况的信息的披露，以便使投资者判断公司的投资价值。其次，转变监管模式，提高监管执行力。股权分置改革完成后，由于控股股东的利益与中小股东的利益具有共同的趋向，主要通过资产市值的成长来实现，再加上如果实施期权制度，那么，对相关利益主体来说，追求资产市值的最大化比追求单纯的融资规模更具吸引力，他们具有更为强烈的造假动机，所以，股权分置改革完成后，在监管理念上要变事后处罚为事前预防，在监管模式上要将政府监管为主转变为以市场监管为主政府监管为辅，在监管过程中充分利用市场机制，加大监管的力度。

## 参考文献

[1] 乔志城、刘丹：《股权分置改革与公司治理——二阶段委托代理框架的视角》，载《财经问题研究》2007 年第 2 期。

[2] 唐国正、熊德华、巫和懋：《股权分置改革中的投资者保护与投资者理性》，载《金融研究》2005 年第 9 期。

[3] "股权分置改革研究"课题组：《股市公共性：股权分置改革的理论依据》，载《中国工业经济》2006 年第 4 期。

[4] 张俊喜、王晓坤、夏乐：《实证研究股权分置改革中的政策与策略》，载《金融研究》2006 年第 8 期。

[5] 赵俊强、廖士光、李湛：《中国上市公司股权分置改革中的利益分配研究》，载《经济研究》2006 年第 11 期。

[6] 沈艺峰、许琳、黄娟娟：《我国股权分置改革中对价水平的"群聚"现象分析》，载《经济研究》2006 年第 11 期。

[7] 丁志国、闫作远、苏治、杜晓宇：《股权分置改革财富再分配效应》，载《财贸经济》2006 年第 11 期。

[8] 丁守海：《股权改革的三阶段托宾 Q 效应》，载《南开经济研究》2006 年第 5 期。

[9] 丁志国、苏治、杜晓宇：《股权分置改革均衡对价》，载《中国工业经济》2006 年第 2 期。

[10] 吴晓求：《中国证券市场：股权分裂与流动性变革》，中国人民大学出版社 2004 年版。

［11］李振明：《股权分置与上市公司投资行为》，经济科学出版社 2005 年版。

［12］陈蛇、陈朝龙：《股权分置改革的表决机制为何引发市场异常波动》，载《财经科学》2005 年第 4 期。

［13］刘煜辉、熊鹏：《股权分置、政府管制和中国 IPO 抑价》，载《经济研究》2005 年第 5 期。

［14］付敏、陶长高、李少军：《我国股权分置改革问题讨论综述》，载《经济理论与经济管理》2006 年第 1 期。

［15］苏梅、寇纪淞、陈富赞：《股权分置改革中股东间博弈的实证研究》，载《管理科学学报》2006 年第 2 期。

［16］晏艳阳、赵大玮：《我国股权分置改革中内幕交易的实证研究》，载《金融研究》2006 年第 4 期。

［17］张建民：《后股权分置时代中国股市与上市公司治理的问题与对策》，载《经济学动态》2006 年第 6 期。

［18］郑振龙、王保合：《股权分置改革的期权分析》，载《金融研究》2006 年第 12 期。

［19］吴超鹏、郑方镳、林周勇、李文强、吴世农：《对价支付影响因素的理论和实证分析》，载《经济研究》2006 年第 8 期。

［20］陈睿：《股权分置改革的市场效应研究》，载《金融研究》2007 年第 5 期。

［21］曹国华、李华、赖苹：《股权分置改革方案实施的市场反映分析》，载《重庆大学学报（自然科学版）》2006 年第 12 期。

［22］何诚颖、李翔：《股权分置改革、扩容预期及其市场反映的实证研究》，载《金融研究》2007 年第 4 期。

［23］杨建平、李晓莉：《对股权分置改革对价问题的理论与实证分析》，载《重庆工商大学学报（西部论坛）》2006 年第 2 期。

［24］Craig Mackinlay A. , 1997, Event Studies in Economics and Finance. *Journal of Economic Literature*, （35）: 13 – 39.

［25］Seth Armitage, 1995, Event Study Methods and Evidence on Their Performance. *Journal of Economic Surveys*, （4）: 25 – 52.

# A Study on the Effect of Split Share Structure Reform Based on Consideration Schemes

**Liu Yumin   Ren Guangqian**

**Abstract**: Consideration schemes is the core problem of the Split Share Structure Reform. Different consideration scheme has different efficiency of Split Share Structure Reform. This paper bases on the sample of 939 listed companies in the front 40 batches, and on the indices of AR, CAR, AAR and TCAR which measures the effects of the reform, and uses the way of event study. This paper studies the efficiency of Split Share Structure Reform. And by contrasting different efficiency of the five consideration schemes, this paper studied the influences on the market value of listed companies and the return of the stock market of the five consideration schemes. The study finds that there is negative influence on the market value of the listed companies and the return of the stock market on the first day after the Split Share Structure Reform Day. The whole event has positive effect and the event has high efficiency. There is bigger motion in the time after the event than the time before the event. Sending shares is the main way of consideration. The ways of including warrants and sending cashes made the investors acquire higher abnormal return rate.

**Key Words**: Split Share Structure Reform   Consideration Scheme   Event Study   the Efficiency of Split Share Structure Reform

第 1 卷第 1 辑
2009 年 1 月

公司治理评论
Review of Corporate Governance

Vol. 1   No. 1
Jan. 2009

# 大股东与经理人之间的信任方式对企业技术创新模式选择的影响

杨建君　郭　奇　聂　菁*

【摘要】本文通过对我国 200 多家企业的问卷调查和实证研究，探讨了大股东与经理人之间的人际信任、制度信任对企业技术创新模式选择的影响。结果表明，在人际信任调节下，经理人倾向于自主创新，不太倾向于模仿创新和合作创新；在制度信任调节下，经理人倾向于模仿创新，不太倾向于自主创新和合作创新。

【关键词】人际信任　制度信任　自主创新　合作创新　模仿创新

## 一、引　言

企业技术创新模式的选择是企业战略制定的核心内容，选择何种模式在很大程度上决定了企业技术创新战略、企业经营战略的性质、方向和成败[①]。但目前国内关于技术创新活动的前置影响因素的研究相对比较单一，对创新模式影响的研究还只是停留在对宏观政策或企业客观条件的分析上，而且多为理论推导、定性研究。大部分学者都从企业规模层面来推理分析，认为大企业应该进行自主创新，中小企业应该以模仿创新或合作创新为主。这一分析仅从客观上分析了自主创新所需的资金、技术条件，忽略了企业的主观因素，特别是像大股东和经理人这些创新主体之间的相互关系对创新模式选择的影响。现实中，大股东与经理人都间接或直接参与企业的技术创新决策，他们的意愿及其相互之间的情感关系，对企业创新模式的选择有极大的影响。

大股东对经理人之间的信任关系就是企业内部的重要影响因素之一。然而，很多企业在推行现代企业制度的过程中，并没有协调好货币资本的出资人与人力资本的职业经理人之间的关系，以至于对一些包括技术创新选择在内的重大决策产生意见冲突。究其原因，大股东与经理人之间的信任关系在

*　本研究得到国家自然科学基金（70672053）、教育部人文社会科学基金（06JA630055）的资助。
杨建君（1963～　　），男，内蒙古兴和人，西安交通大学管理学院副教授，博士。
郭奇（1985～　　），女，西安交通大学经金学院研究生。
聂菁（1985～　　），女，西安交通大学管理学院研究生。
①　曾娟、万君康：《企业技术创新模式影响因素分析论证》，载《科技进步与对策》2000 年第 4 期。

很大程度上导致了二者的矛盾。因此，大股东与经理人之间的信任关系对企业技术创新模式选择的影响的研究，应该引起足够重视。以往我国关于信任问题的研究中，大部分学者关注的是组织间的信任、联盟伙伴之间的信任等问题，但是对于组织内的垂直信任关系关注较少，至于具体到大股东与经理人之间的信任关系的研究则更不多见。而且目前对该问题的研究主要针对的是家族企业，仅仅关注于大股东与经理人为何不信任，很少触及信任关系对企业经营行为的影响这些层面。

综上，本文将针对以往研究的不足，在中国转型经济和文化环境下，从企业的微观层面出发，构建大股东与经理人的信任方式如何影响企业技术创新模式选择的框架，通过对我国 200 多家企业的问卷调查，采用实证分析的方法探讨大股东与经理人的信任方式对企业技术创新模式选择的影响。

## 二、概念模型与理论假设

### 1. 概念模型

已有学者指出，信任可以通过大股东与经理人之间的认同感、一体感和凝聚力的大小[1]，经理人对待创新风险的态度[2]，经理人控制权和自主经营权的大小[3]，经理人的薪酬结构[4]以及大股东与经理人之间信息沟通效率[5]等方面影响企业的技术创新决策。但这些研究都是关注于信任关系的某一具体表现，并没有从整体上说明哪一类型的信任对企业技术创新类型选择将产生怎样的影响，而这一点正是企业要通过建立信任关系来促进技术创新决策正确的关键。

企业是一系列契约的集合体，从公司治理角度研究大股东与经理人的信任，就不能只从人际领域考虑。卢曼[6]将他的视野越过了单一的人际领域投向了社会生活的制度层面，从社会学的视角出发将信任区分为人际信任和制度信任。人际信任是对与自己有先天血缘关系和通过后天的社会生活建立某种关系的人给予的信任。制度信任是依赖社会的制度规范、法律法规保障和约束力的信任。本文将采用这种分类方式，在以往研究的基础上，着重探讨人际信任和制度信任对企业技术创新模式选择的影响。

至于技术创新模式，傅家骥[7]从战略的角度出发，将技术创新模式分为

---

① 周晓桂：《关系主义信任与中国家族企业的成长》，载《经济问题》2005 年第 3 期。

② Blair, 2001, Trust, Trustworthiness, and the Behavioral Foundations of Corporate Law. University of Pennsylvania law Review, (6): 71 – 92.

③ 杨文志：《管理学原理》，中国人民大学出版社 1994 年版。

④ 杜兴强、王丽华：《高层管理当局薪酬与上市企业的相关性实证研究》，载《会计研究》2007 年第 1 期。

⑤ 闫冰：《代理理论与公司治理综述》，载《当代经济科学》2006 年第 6 期。

⑥ Luhmann, N., 1979, Trust and Power. Chichester: John Wiley & Sons Ltd1.

⑦ 傅家骥：《技术创新学》，清华大学出版社 1998 年版。

"自主创新、模仿创新、合作创新"三种模式进行研究。这一分类有利于对我国企业目前的技术创新模式进行对比，也得到了不少学者的引用。因此，本文采用这种划分方式，着重研究人际信任和制度信任对这三种创新模式选择的影响。

基于此，本文构建了图 1 的概念模型。

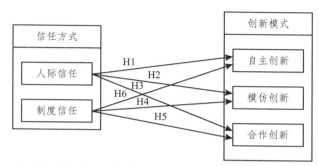

图 1 大股东与经理人之间的信任方式影响技术创新模式选择的概念模型

### 2. 理论假设

（1）人际信任与技术创新模式关系。

以往的研究认为，人际信任可以节省大股东与经理人之间的委托—代理成本，有效调节内部各种关系，简化企业的激励约束机制；可以减少企业内部信息不对称，降低交易成本；可以形成大股东与经理人彼此间高度的认同感和一体感，进而形成较强的凝聚力、向心力[①]。

基于此，本文推论大股东与经理人的人际信任会对技术创新模式产生以下影响：

企业激励约束机制的弱化使经理人在做出创新决策时，不必顾虑如何使自己在任期内自己所负责的部门或项目可核查的绩效最大化，不会因力求取得激励奖金最大化[②]而采取那些短视的投资行为。不会被大股东制定的一系列约束机制所束缚，拥有较大的控制权和自主经营权。由于经理人在拥有控制权的情况下，会存在内在动机去提高创新投入[③]。因此，一定程度的自主权更能激励经理发挥经营才能与创新潜能，是经理自主创新的动力源泉[④]。

企业内部信息不对称减少，使大股东可以更详细了解经理人的创新决策

---

① 周晓桂：《关系主义信任与中国家族企业的成长》，载《经济问题》2005 年第 3 期。
② 李跃：《家族企业主与职业经理人之间的矛盾关系分析》，载《科学学与科学技术管理》2006 年第 2 期。
③ 王昌林、浦勇健：《企业技术创新中的控制权激励机制研究》，载《管理工程学报》2005 年第 3 期。
④ 李有根、赵西萍、李怀祖：《经理持股的自主权效应研究》，载《当代经济科学》2002 年第 4 期。

对于公司的根本影响。经理人就不能只从当期财务状况、公司规模等方面向大股东汇报业绩，不能为尽量降低其个人风险而选择对大股东来说是次优的投资方案①②，而必须努力实现大股东的资本增值、资本效益最大化③。因此，此时经理人更关注企业成长性和可持续的长远发展，更倾向于选择自主或长期合作创新，而不太倾向于选择模仿创新。

大股东与经理人彼此间具有高度的认同感和一体感，容易形成较强的凝聚力、向心力，从而减小双方的目标差异程度。经理人的创新动力大小主要取决于经理人个人目标与企业目标（更确切地讲是大股东的利益和目标）的偏差程度④。因此，大股东与经理人的目标差异程度的减小使经理人有更强的创新动力，在做出创新决策时更多考虑的是公司或大股东的长远利益、核心竞争力的培养等，这样经理人会加大创新投入⑤。另外，较强的认同感和一体感还会使大股东对经理人的决策大力支持，从而提高经理人的安全感和面对创新风险时的信心，减轻经理人在技术创新中的资金压力，并且使经理人不用担心那些投入高、建设周期长的项目所带来的财务危机或破产风险会损害自己的声誉和地位。因此，在这种情况下，经理人会更倾向于自主创新或合作创新，而不太倾向于模仿创新。

因此，本文提出如下假设：

**H1：大股东与经理人的人际信任条件下，企业倾向于选择自主创新。**

**H2：大股东与经理人的人际信任条件下，企业不太倾向于选择模仿创新。**

**H3：大股东与经理人的人际信任条件下，企业倾向于选择合作创新。**

（2）制度信任与技术创新模式关系。

同样，制度信任与技术创新方式的关系也是复杂的。本文综合以往的研究，从企业规模、大股东对经理人的财务绩效考核以及经理人对创新风险的态度这些层面进行分析。

首先，企业家的创新动力主要来自于对个人利益和效用最大化的追求。当企业家的个人利益以契约的形式相对固定之后，创新的风险与收益不再对个人利益产生影响，企业家就不会投入全部精力做出一个正确的创新决策，甚至还可能以公私兼顾的方式把精力和资源用到为自己带来潜在利益（如收

① 苏启林：《基于代理理论与管家理论视角的家族企业经理人行为选择》，载《外国经济与管理》2007 年第 2 期。
② Tosi, A. L. , Brownlee, A. L. , Silva, P. , and Katz, J. P. , 2003, An Empirical Exploration of Decision-Making Under Agency Controls and Stewardship Structure. *Journal of Management Studies*, （40）: 2053 - 2071.
③ 张长征、李怀祖、赵西萍：《企业规模、经理自主权与 R&D 投入关系研究——来自中国上市公司的经验证据》，载《科学学研究》2006 年第 6 期。
④ 杨建君、李垣、薛琦：《基于公司治理的企业家技术创新行为特征分析》，载《中国软科学》2002 年第 12 期。
⑤ 王昌林、浦勇健：《企业技术创新中的控制权激励机制研究》，载《管理工程学报》2005 年第 3 期。

入、特权、社会地位等）的活动中①。经理人会更倾向于追求公司规模最大化，得到更多的权力和优势，获得社会利益，而对培植企业核心能力、获取长远收益持回避态度②。

年志远③在对模仿创新的研究中指出，模仿创新是对率先创新的创新，或进行产品性能改进，或进行工艺改进，或进行市场深度和广度的开拓，或进行产品移植等，需要的投入少，创新效率高，产品的适应性好，创新失败率较低，风险也较低。而合作创新和自主创新由于面对较大的风险，能否真正提高企业的销售面临很大的不确定性。因此在这种情况下，经理人会倾向于选择模仿创新，而不太倾向于选择合作创新或自主创新。

其次，大股东对经理人的财务绩效考核促使经理人倾向于模仿创新，而不会选择自主创新或合作创新。宋岩④在研究高管人员的收入体系时发现，会计信息在短期激励收入方案中有着重要的作用，是大股东和管理人员订立契约的基础。高级管理人员获取红利的条件、数额、时间、税收、会计处理等一系列与会计信息直接相关的信息构成了收入方案的关键部分。如果采用会计指标衡量业绩会使高级管理人员的红利在很大程度上取决于企业的会计收益水平，会使他们倾向于那些可测量的短期性回报的项目，而回避那些长期风险的创新项目⑤，杜兴强、王丽华⑥的研究也表明公司的董事会或薪酬委员会在决定高管薪酬时，青睐于会计盈余指标的变化更甚于大股东财富指标，这很容易造成高管的短期行为——高管为了自身利益，往往倾向于想方设法地提高公司的短期业绩，而牺牲公司的长远发展。张长征、李怀祖、赵西萍⑦的研究也指出 R&D 投入收益的滞后性，这使经理人在有限的任期内更倾向于短期行为，降低 R&D 投入。因此，经理人可能不会选择自主创新。另外，在合作创新中，尤其是在产、学、研合作中，企业仍需投入大量资金，因此，此时经理人也不太倾向于合作创新，而更愿意进行模仿创新。

第三，经理人多数为风险规避的，因而会尽量避免创新风险。自主创新面临最大的风险，包括市场风险、金融风险、能力风险和资金风险等，而合作创新中虽然合作双方共同承担风险，风险程度低于自主创新，但却有其特

---

① 杨建君、李垣、薛琦：《基于公司治理的企业家技术创新行为特征分析》，载《中国软科学》2002 年第 12 期。

② 华锦阳：《试论公司治理对企业技术创新的影响》，载《自然辩证法通讯》2002 年第 1 期。

③ 年志远：《中小企业技术创新的模式选择——模仿创新》，载《科学管理研究》2004 年第 6 期。

④ 宋岩：《建立上市公司高级管理人员激励收入体系的基本框架》，载《工业技术经济》2004 年第 2 期。

⑤ 华锦阳：《试论公司治理对企业技术创新的影响》，载《自然辩证法通讯》2002 年第 1 期。

⑥ 杜兴强、王丽华：《高层管理当局薪酬与上市企业的相关性实证研究》，载《会计研究》2007 年第 1 期。

⑦ 张长征、李怀祖、赵西萍：《企业规模、经理自主权与 R&D 投入关系研究——来自中国上市公司的经验证据》，载《科学学研究》2006 年第 6 期。

有的合作风险，如知识产权风险、合作关系风险以及合作创新运作流程风险等①。模仿创新由于不是探索新技术，而只是对已成功的新技术进行吸收、消化和再创造，因而技术风险较小，也不用独自开辟全新的市场，而只是充分利用并进一步发展率先创新者所开辟的市场，所以，市场风险也较小②。因此，风险规避的多数经理人会倾向于选择模仿创新，不太倾向于自主创新和合作创新。

综上，我们提出如下假设：

**H4：大股东与经理人的制度信任条件下，企业倾向于选择模仿创新。**

**H5：大股东与经理人的制度信任条件下，企业不太倾向于选择合作创新。**

**H6：大股东与经理人的制度信任条件下，企业不太倾向于选择自主创新。**

# 二、实证结果分析

## 1. 问卷设计与数据收集

本文的数据收集主要采用问卷调查的方式，除企业基本数据信息问题以及创新模式直接回答外，其余的量表均采取结构化问卷设计，用若干个指标描述一个变量，如人际信任变量通过我们的经理人可以依赖；我们的经理人非常正直、真诚等 4 个指标来反映，制度信任变量只有当所有合作细节都通过合同规定了之后，双方才可以顺利合作。总的看来，双方签订的契约是约束对方行为的最有利工具等 5 个指标来描述。所有指标的度量均采用 Likert 式的五分测评，其中 1 表示完全不同意（或不满意），7 表示完全同意（或满意）。

本次发放问卷 220 份，回收问卷 176 份。其中符合要求有效问卷 150 份，有效率达 85.2%。所调查企业主要分布在江苏苏州、河南郑州、陕西西安和宝鸡这 3 个省份 4 个城市中。调研企业主要来自电子、机械、制药、加工行业，涵盖了国有独资或国有控股、三资企业、集体（合伙）等各个所有制类型以及不同规模和发展阶段的企业。问卷填写人绝大多数为企业的董事长、总经理或企业大股东、董事和高层管理人员，占到 92.7%，保证了本文研究内容的需要。

## 2. 效度与信度分析

量表的效度（Validity）分为内容效度（Content Validity）和构念效度

---

① 张春勋、刘伟：《合作技术创新的风险因素识别及模糊评价研究》，载《科学学与科学技术管理》2007 年第 8 期，第 77~83 页。

② 年志远：《中小企业技术创新的模式选择——模仿创新》，载《科学管理研究》2004 年第 6 期。

（Construct Validity）。由于本文采用的都是成熟量表，故只进行构念效度检验，通过 SPSS12.0 的因子（Factor）分析得出 KBO 值皆大于 0.5，Bartlett's 球形鉴定均显著，故构念效度检验达到标准。

信度（Reliability）在统计学上用 Cronbach's $\alpha$ 系数，又称内部一致性系数来评价。Cronbach's $\alpha$ 表示研究所涉及的各变量的可靠性，是应用最广的评价信度指标。衡量同一个要素的全部指标的 $\alpha$ 值一般应该在 0.7 以上。分析结果显示，最小的 $\alpha$ 是 0.6998，最小的因子载荷值为 0.729，各变量的 $\alpha$ 值与因子载荷值均基本达到了有效性标准。因此，可以用来进行进一步的统计分析。

### 3. 结果分析

Logistic 回归分析是研究因变量是分类变量时的一种统计方法。为了研究大股东与经理人之间的信任方式与技术创新模式选择之间的统计关系，分别以自主创新、模仿创新和合作创新为因变量来进行 Logistic 回归分析。在采用多元选择 Logistic 回归模型时，样本的三种创新模式记作：自主创新 = 1，模仿创新 = 2，合作创新 = 3。SPSS12.0 中的多项逻辑回归（Multinomial Logistic Regression）模型在运行时会自动将各分类变量中的最后一类（数值最大者）作为参考类别。因此经过 SPSS 分析结果可知，相对于合作创新模式而言，企业在某种信任方式下，更倾向于选择哪种创新模式或不太倾向于哪种模式。

（1）大股东与经理人之间的人际信任对技术创新模式选择的影响。

结合研究问题，建立大股东与经理人之间人际信任时企业技术创新模式选择的模型：

$$\ln\left[\frac{P\ (IM=i)}{P\ (IM=j)}\right]=\alpha_i+\beta_i it \tag{1}$$

$i=1,\ 2,\ j=3$

其中：$it$ 表示人际信任。

该模型假设一个选择（自主或模仿创新）对另一个选择（合作创新）的机会比对数是其他特征变量的线性函数。

利用 SPSS12.0 中的多项逻辑回归对模型（1）进行估计。结果如下：

$$\ln\left[\frac{P\ (IM=1)}{P\ (IM=3)}\right]=\ln\left[\frac{P\ (InI)}{P\ (CoI)}\right]=0.024+0.082it \tag{2}$$

$$\ln\left[\frac{P\ (IM=2)}{P\ (IM=3)}\right]=\ln\left[\frac{P\ (InI)}{P\ (CoI)}\right]=0.213-0.033it \tag{3}$$

表 1 中 Exp（B）是发生比率，由两组发生比相除得到。发生比是事件发生概率与不发生概率的比，当比值大于 1 时，事件更可能发生。而大于 1 的发生比率表示事件发生的可能性会提高，即自变量对事件有正的概率，小于 1 的发生比率表示事件发生的可能性会降低，即自变量对事件有负的概率。

在第一套估计值即"自主创新"与"合作创新"相比较中，Exp（B）＝1.085，表明人际信任每增加 1 单位，选择"自主创新"的发生比是原来的1.085 倍，说明相对于合作创新而言，人际信任程度越高，企业选择自主创新的可能性越大；在第二套估计值即"模仿创新"与"合作创新"相比较中，Exp（B）＝0.968，表明人际信任每增加 1 单位，选择"模仿创新"的发生比是原来的 0.968 倍，表明相对于合作创新而言，人际信任程度越高，企业选择模仿创新的概率越小。

表 1　　　　　　　　　　　　　　　参数估计

| IM （a） | | B | Wald | Sig. | Exp （B） |
|---|---|---|---|---|---|
| 1.00 | Intercept | 0.024 | 0.116 | 0.733 | |
| | it | 0.082 | 4.458 | 0.037 | 1.085 |
| 2.00 | Intercept | 0.213 | 1.890 | 0.169 | |
| | it | −0.033 | 5.175 | 0.042 | 0.968 |

因此，以合作创新为基础，随着大股东与经理的人际信任提高，企业更倾向于选择自主创新，而不太倾向于模仿创新，假设 H1 和假设 H2 得到了实证支持。

（2）大股东与经理人之间的制度信任对技术创新模式选择的影响。

同理，建立大股东与经理人之间制度信任时企业技术创新模式选择的模型：

$$\ln\left[\frac{P(IM=i)}{P(IM=j)}\right] = \alpha_i + \beta_i ct \tag{4}$$

$i = 1, 2, j = 3$

其中：$ct$ 表示制度信任。

用 SPSS12.0 统计软件对模型（4）进行估计。结果如下：

$$\ln\left[\frac{P(IM=1)}{P(IM=3)}\right] = \ln\left[\frac{P(InI)}{P(CoI)}\right] = 0.445 - 0.031ct \tag{5}$$

$$\ln\left[\frac{P(IM=2)}{P(IM=3)}\right] = \ln\left[\frac{P(InI)}{P(CoI)}\right] = -1.695 + 0.483ct \tag{6}$$

表 2 中，在第一套估计值即"自主创新"与"合作创新"相比较中，Exp（B）＝0.969，表明制度信任每增加 1 单位，选择"自主创新"的发生比是原来的 0.969 倍，表明相对于合作创新而言，制度信任程度越高，企业选择自主创新的可能性越小；在第二套估计值即"模仿创新"与"合作创新"相比较中，Exp（B）＝1.622，表明制度信任每增加 1 单位，选择"模仿创新"的发生比是原来的 1.622 倍，表明相对于合作创新而言，制度信任程度越高，企业选择模仿创新的概率越大。

表2　　　　　　　　　　　　　　　参数估计

| IM（a） | | B | Wald | Sig. | Exp（B） |
|---|---|---|---|---|---|
| 1.00 | Intercept | 0.445 | 0.127 | 0.722 | |
| | ct | -0.031 | 4.008 | 0.028 | 0.969 |
| 2.00 | Intercept | -1.695 | 1.380 | 0.240 | |
| | ct | 0.483 | 3.964 | 0.011 | 1.622 |

因此，以合作创新为基础，随着大股东与经理人的制度信任的提高，企业更倾向于选择模仿创新，而不是自主创新。假设 H4 和假设 H6 得到实证支持。

（3）大股东与经理人之间的人际信任对企业合作创新模式选择的影响。

建立大股东与经理人之间人际信任与企业合作创新模式选择的关系模型：

$$\ln\left(\frac{P_3}{1-P_3}\right) = \alpha_i + \beta_i it \tag{7}$$

其中：$P_3$ 表示选择合作创新的概率，$it$ 表示人际信任。

该模型假设选择合作创新对不选择合作创新的机会比对数是其他特征变量的线性函数。

用 SPSS12.0 统计软件对模型（7）进行估计。结果如下：

$$\ln\left(\frac{P_3}{1-P_3}\right) = -0.796 - 0.031\beta_i it \tag{8}$$

表 3 中，实证验证结果显示回归系数 B = -0.031，显著度 Sig. < 0.05，表明大股东对经理人的人际信任与企业合作创新之间存在显著的负相关关系。得出 Exp(B) = 0.970，表明大股东与经理之间的人际信任程度每增加 1 个单位，合作创新的发生比将是原来的 0.970 倍，即比原来降低 0.180 倍。所以假设 H3 不能通过实证检验。

表3　　　　　　　　　　　　人际信任对合作创新

| Step 1（a） | | B | Wald | Sig. | Exp（B） |
|---|---|---|---|---|---|
| | it | -0.031 | 4.014 | 0.031 | 0.970 |
| | Constant | -0.796 | 8.657 | 0.048 | 0.451 |

（4）大股东与经理人之间的制度信任对企业合作创新模式选择的影响。

建立大股东与经理人之间制度信任与企业合作创新模式选择的关系模型：

$$\ln\left(\frac{P_3}{1-P_3}\right) = \alpha_i + \beta_i ct \tag{9}$$

其中：$P_3$ 表示选择合作创新的概率，$ct$ 表示制度信任。

该模型假设选择合作创新对不选择合作创新的机会比对数是其他特征变量的线性函数。

用 SPSS12.0 统计软件对模型 (9) 进行估计。结果如下:

$$\ln\left(\frac{P_3}{1-P_3}\right) = -0.263 - 0.178ct \tag{10}$$

表 4 中，B = -0.178，Sig. < 0.05，说明大股东对经理人的制度信任与企业合作创新之间存在显著的负相关关系。得出 Exp(B) = 0.837，表明制度信任每增加 1 单位，选择合作创新的发生比是原来的 0.837 倍，即比原来降低 0.163 倍。所以假设 H5 得到实证支持。

表 4 制度信任对合作创新

|  |  | B | Wald | Sig. | Exp（B） |
|---|---|---|---|---|---|
| Step 1（a） | ct | -0.178 | 5.325 | 0.046 | 0.837 |
|  | Constant | -0.263 | 8.053 | 0.031 | 0.769 |

模型的验证结果汇总如表 5（其中 "+" 表示倾向于选择某种创新方式；"-" 表示不太倾向于选择某种创新方式）。

表 5 假设验证结果汇总

| 假设 | 所表达的关系和作用 | 理论预期影响方向 | 验证得出影响方向 | 验证结果 |
|---|---|---|---|---|
| 1 | 大股东对经理人的人际信任→自主创新 | + | + | 支持 |
| 2 | 大股东对经理人的人际信任→模仿创新 | - | - | 支持 |
| 3 | 大股东对经理人的人际信任→合作创新 | + | - | 不支持 |
| 4 | 大股东对经理人的制度信任→模仿创新 | + | + | 支持 |
| 5 | 大股东对经理人的制度信任→合作创新 | - | - | 支持 |
| 6 | 大股东对经理人的制度信任→自主创新 | - | - | 支持 |

## 三、讨 论

本文提出了 6 个假设，5 个得到了实证支持，仅有假设 3，即大股东与经理人的人际信任条件下，企业倾向于选择合作创新没有得到支持。实证结果表明，大股东与经理人的人际信任程度的提高并不能使企业倾向于选择合作创新。一个可能的解释就是我国目前的合作创新的一个明显特点就是以产、学、研合作为主要形式[①]。从我们统计的数据也可以看出，采用合作创新模式的企业中有 80% 都是与科研院所或者大专院校进行合作。高校或科研院所主要考虑的是技术的先进性等问题，而企业界由于缺乏新技术知识和合作方资讯，无法准确鉴别合作方所提供技术的先进性、适用性、可靠性；又由于

---

① 鄢雪皎：《我国企业技术创新战略模式的研究》，载《上海管理科学》2002 年第 2 期，第 55~57 页。

缺乏进行技术市场调查、预测的综合能力, 对高校或科研院所的行为难以制约, 可能蒙受经济损失①。因此, 我国企业不倾向于选择合作创新。

假设 H1 和假设 H2 通过了验证, 表明在大股东与经理人的人际信任条件下, 企业倾向于选择自主创新, 而不太倾向于选择模仿创新。这也符合国外一些学者的研究结果, 如齐格 (Zirger)② 等认为, 高层管理者的支持和资源的承诺对自主创新尤其是新产品开发有很重要的影响; 钱德勒 (Chandler)③ 等指出, 高层管理者对风险的宽容度与内部创新呈正相关; 戴维斯·朔尔曼和唐纳森 (Davis Schoorman & Donaldson)④ 也提出经理人并不是像委托代理理论假设的那样规避风险, 为了降低职业风险而减少创新投入, 经理人是值得信任的企业管家。

假设 H4 研究了大股东与经理人的制度信任条件下与企业选择模仿创新之间的关系, 通过了验证。可见, 大股东与经理人的制度信任会促使企业选择模仿创新的方式。这与希特和霍斯金森 (Hitt & Hoskisson)⑤ 的研究得出了类似的结论: 使用年 ROI 的目标会鼓励经理人最大化短期盈利能力。作为无意识的结果, 他们会倾向于不进行必要的自主创新来维持竞争优势。因为短期的财务目标的提高可以通过降低长期的投资成本来达到。我们并不否认模仿创新也可以增强企业的竞争优势, 特别是在目前我国某些企业的技术条件与国际水平还存在较大差距的情况下, 模仿创新在一定条件下是比自主创新更加快捷、经济和有效的方式⑥。但当企业过分强调正式制度的监督、激励作用时, 会使包括经理在内的员工机械地满足制度条约中的规定, 只注重了眼前却忽视了长远, 只注重了结果却忽视了过程以及这个过程对企业长远发展带来的危害。

在大股东与经理人的制度信任条件下, 企业不太倾向于选择自主创新和合作创新。这一点已经在实证检验中得到证明, 假设 H5 和假设 H6 都通过了验证。本文的结论也验证了希尔 (Hill)⑦ 的结论: 虽然技术创新、研发活动对公司的长期发展有利, 对大股东有利, 但是经理层通常会承担创新失败带来的影响, 所以他们更倾向于减少内部创新及用于自主研发的费用。大股东

　　① 胡恩华:《产学研合作创新中问题及对策研究》, 载《研究与发展管理》2002 年第 2 期, 第 54 ~ 57 页。
　　② Zirger B. J., Maidique M. A. A., Model of New Product Development: An Empirical Test. *Management Science*, 1990 (36): 867 – 883.
　　③ Chandler G. N., Keller C., Lyon D. W., Unraveling the Determinants and Consequences of an Innovation-Supportive Organizational Culture. *Journal of Business venturing*, 2000 (8): 391 – 408.
　　④ Davis, Schoorman, Donaldson, Toward a Stewardship Theory of Management. *Academy of Management Review*, 1997, 1: 20 – 47.
　　⑤ Hitt M. A., Hoskisson, R. E., Moesel D. D., The Market for Corporate Control and Firm Innovation. *Academy of Management Journal*, 1996, 29 (5): 1084 – 1119.
　　⑥ 彭灿:《基于国际战略联盟的模仿创新: 我国优秀企业实现创新模式进化的一条捷径》, 载《科研管理》2005 年第 26 (2) 期, 第 23 ~ 28 页。
　　⑦ Hill, C. W. L. and S. A. Snell, 1987, Effects of Ownership Structure and Control on Corporate Productivity. *Academy of Management Journal*, (32): 331 – 341.

与经理人之间的制度信任会使经理人回避创新风险，关注财务绩效，从而使企业的战略导向更加倾向于市场导向，不鼓励冒险精神①，导致企业仅仅关注于那些已经出现的创新需求，仅仅关注于对产品的微小变革和改善②，从而忽略了可以引领新需求、新趋势的根本性创新。这可能也是在制度信任下，企业倾向于选择模仿创新，而不倾向于选择风险相对较高的自主创新和合作创新的重要原因之一。

## 四、启　示

本文的实证结果表明，大股东与经理人的信任方式对于企业技术创新模式有显著影响，这也就解释了为什么我国有些企业处在相同的外部环境下，企业自身的资源条件也差不多，但是却会选择不同的技术创新模式。当企业有能力投入资源进行创新时，企业的意愿对于创新活动可能就更为重要。

自主创新已经被我国提到了国家战略的层面，对企业的竞争力的提高和持续发展起着关键的作用。人际信任能够促使经理人选择自主创新的创新模式，因此应该得到企业的重视。特别是在我国转型经济过程中，治理机制赖以运行的法制不完善，在交易成本较高的环境中，良好的人际信任可以大大促进企业经营的成功。钱颖一③论述了转型经济正式制度治理失效的问题，在这种情况下，一个相机选择就是用更多的人际信任替代或补充正式制度的约束不足。对经理人的契约控制不得不依赖人际信任等非正式制度。因此，不论是国有企业还是民营或者家族企业，在治理机制的改革过程中都不应该只考虑监督和物质激励而忽视人际信任等非正式制度的激励作用。今后企业的发展过程中应该在人际信任构建方面提高投入，努力构建大股东与经理人之间的信任关系。

### 参考文献

[1] 曾娟、万君康：《企业技术创新模式影响因素分析论证》，载《科技进步与对策》2000 年第 4 期。

[2] 周晓桂：《关系主义信任与中国家族企业的成长》，载《经济问题》2005 年第 3 期。

[3] 杨文志：《管理学原理》，中国人民大学出版社 1994 年版。

[4] 杜兴强、王丽华：《高层管理当局薪酬与上市企业的相关性实证研究》，载《会计研究》2007 年第 1 期。

[5] 闫冰：《代理理论与公司治理综述》，载《当代经济科学》2006 年第 6 期。

---

① 赵更申、雷巧玲、陈金贤、李垣：《不同战略导向对自主创新与合作创新的影响研究》，载《当代经济科学》2006 年第 2 期，第 18 ~ 23 页。

② Workman J. P. , 1993, When marketing should follow instead of lead. *Marketing Management*, (2): 6 - 19.

③ 钱颖一：《市场与法治》，载《经济社会体制比较》2000 年第 3 期。

　　[6] 傅家骥：《技术创新学》，清华大学出版社 1998 年版。

　　[7] 李跃：《家族企业主与职业经理人之间的矛盾关系分析》，载《科学学与科学技术管理》2006 年第 2 期。

　　[8] 王昌林、浦勇健：《企业技术创新中的控制权激励机制研究》，载《管理工程学报》2005 年第 3 期。

　　[9] 李有根、赵西萍、李怀祖：《经理持股的自主权效应研究》，载《当代经济科学》2002 年第 4 期。

　　[10] 苏启林：《基于代理理论与管家理论视角的家族企业经理人行为选择》，载《外国经济与管理》2007 年第 2 期。

　　[11] 张长征、李怀祖、赵西萍：《企业规模、经理自主权与 R&D 投入关系研究——来自中国上市公司的经验证据》，载《科学学研究》2006 年第 6 期。

　　[12] 杨建君、李垣、薛琦：《基于公司治理的企业家技术创新行为特征分析》，载《中国软科学》2002 年第 12 期。

　　[13] 华锦阳：《试论公司治理对企业技术创新的影响》，载《自然辩证法通讯》2002 年第 1 期。

　　[14] 年志远：《中小企业技术创新的模式选择——模仿创新》，载《科学管理研究》2004 年第 6 期。

　　[15] 宋岩：《建立上市公司高级管理人员激励收入体系的基本框架》，载《工业技术经济》2004 年第 2 期。

　　[16] 张春勋、刘伟：《合作技术创新的风险因素识别及模糊评价研究》，载《科学学与科学技术管理》2007 年第 8 期。

　　[17] 鄢雪皎：《我国企业技术创新战略模式的研究》，载《上海管理科学》2002 年第 2 期。

　　[18] 胡恩华：《产学研合作创新中问题及对策研究》，载《研究与发展管理》2002 年第 2 期。

　　[19] 彭灿：《基于国际战略联盟的模仿创新：我国优秀企业实现创新模式进化的一条捷径》，载《科研管理》2005 年第 26（2）期。

　　[20] 赵更申、雷巧玲、陈金贤、李垣：《不同战略导向对自主创新与合作创新的影响研究》，载《当代经济科学》2006 年第 2 期。

　　[21] 钱颖一：《市场与法治》，载《经济社会体制比较》2000 年第 3 期。

　　[22] Blair, 2001, Trust, Trustworthiness, and the Behavioral Foundations of Corporate Law. University of Pennsylvania law Review, (6): 71 – 92.

　　[23] Luhmann, N., 1979, Trust and Power. Chichester: John Wiley & Sons Ltd1.

　　[24] Tosi, A. L., Brownlee, A. L., Silva, P., and Katz, J. P., 2003, An Empirical Exploration of Decision-Making Under Agency Controls and Stewardship Structure. *Journal of Management Studies*, (40): 2053 – 2071.

　　[25] Zirger B. J., Maidique M. A. A., Model of New Product Development: An Empirical Test. *Management Science*, 1990 (36): 867 – 883.

　　[26] Chandler G. N., Keller C., Lyon D. W., Unraveling the Determinants and Consequences of an Innovation-Supportive Organizational Culture. *Journal of Business venturing*, 2000 (8): 391 – 408.

［27］ Davis, Schoorman, Donaldson, Toward a Stewardship Theory of Management. *Academy of Management Review*, 1997, 1: 20 –47.

［28］ Hitt M. A. , Hoskisson, R. E. , Moesel D. D. , The Market for Corporate Control and Firm Innovation. *Academy of Management Journal*, 1996, 29 (5): 1084 – 1119.

［29］ Workman J. P. , 1993, When Marketing Should Follow Instead of Lead. *Marketing Management*, (2): 6 – 19.

［30］ Hill, C. W. L. and S. A. Snell, 1987, Effects of Ownership Structure and Control on Corporate Productivity. *Academy of Management Journal*, (32): 331 – 341.

# The Effects of the Trust between Large Shareholders and Managers on Enterprises' Choices of Technological Innovation

**Yang Jianjun　Guo Qi　Nie Jing**

**Abstract**: This paper studies the relationship between trust and enterprises' choices of technological innovation model. This study examines a sample of more than 200 enterprises in China, the empirical analysis has tested that enterprises will prefer to independent innovation rather than imitative innovation and collaborative innovation in the condition of interpersonal trust, prefer to imitative innovation rather than independent innovation and collaborative innovation in the condition of institution-based trust.

**Key Words**: Interpersonal Trust　Institution-Based Trust　Independent Innovation　Collaborative Innovation　Imitative Innovation

# 中介组织的加入及其对公司与
# 农户关系治理的改进

王　栋　曹利群*

【摘要】对如何改进和完善公司与农户关系的治理，学界一直在不断争论。其中的一种观点认为：在公司与农户之间加入必要的中介组织。以前的研究说明了合作社等中介组织的加入确实有利于"公司＋农户"组织的稳定，有助于提高经济效率。本文试图在前人研究的基础上，引入博弈模型，从治理结构的角度切入，回答中介组织加入后是如何完善公司与农户治理关系的，得出一个重要的结论是：在中介组织加入以后，公司与农户间的契约关系将更为稳定。换言之，"公司＋中介＋农户"是完善"公司＋农户"治理模式的一个出路。

【关键词】中介组织　公司＋农户　契约关系　治理

## 一、引　　论

农业产业化在 20 世纪 90 年代初期应运而生，其主要目的是想通过各种手段和办法，实现"小农户"与"大市场"的对接，帮助农民进入市场，在维持农户作为基本经营主体的基础上建立起较为完整的农业产业组织体系。"公司＋农户"是农业产业化的主流，占到产业化经营组织的 43.6%（农业部课题组，2005）。但值得注意的是，在"公司＋农户"组织中，如何实现对农户与公司契约关系的治理是一个有待解决的难题，双方签订合同的违约率高达 80%（刘凤芹，2003）。正因为如此，对如何改进和完善公司与农户关系的治理，学界一直在不断争论。其中的一种观点认为：在公司与农户之间加入必要的中介组织①。

周立群、曹利群（2001）在考察山东省莱阳市农业产业化经验的基础上，较早指出：为了提高龙头企业与农户契约的稳定性，有必要引入组织中

---

* 本文得到国家自然科学基金"空间知识溢出与中国区域经济的增长"（批准号：70573012）、全国优秀博士论文专项资助（批准号：200505）和全国博士后基金（批准号：05&ZD032）资助。
　王栋（1973～　　），中国传媒大学媒体管理学院副教授。研究方向：传媒经济与管理。
　曹利群（1975～　　），南开大学博士后。研究方向：农村经济与管理。
　① 其他的方向包括专用性投资、重复博弈等，见何嗣江：《订单农业研究的进展》，载《浙江社会科学》2006 年第 2 期。

介，形成"公司＋合作社＋农户"或"公司＋大户＋农户"等新的组织形式，以有效地节约交易成本和抑制机会主义行为①。邓宏图（2002）的研究视角虽有所不同但其结论相似，认为"公司＋农户＋基地"的契约形式集中了市场高能激励和公司行政效率的双重优势，较之"公司＋农户"更为优越②。杜吟棠（2002）认为③，随着农业商品化程度的提高、专业农户认同感的提升和农民自组织能力的增强，"公司＋农户"的模式会越来越多地被"公司＋协会＋农户"模式所替代，进而被"公司＋合作社＋农户"，以至于"合作社＋农户"模式所替代，从这个意义上讲，"公司＋农户"模式很可能在某种程度上是孕育"合作社＋农户"模式的孵化器。郭红东（2006）对100 个参与龙头企业的数据进行了 Logistic 回归处理④，计量结果显示，各种订单组织形式变量的 t 检验值不显著，这表明，各种不同类型的组织形式对履约率的影响不明显，但从其相关系数的符号来看，"公司＋农户合作组织＋农户"、"公司＋贩销大户＋农户"两类组织形式的符号为正，表明这两类组织形式有利于提高订单的履约率。这些研究只是说明了合作社等中介组织的加入确实有利于"公司＋农户"组织的稳定，有助于提高经济效率。本文试图在这些研究的基础上，引入博弈模型，从治理结构的角度切入，回答中介组织加入后是如何完善公司与农户治理关系的。

## 二、中介的加入及其对"公司＋农户"的影响

本文将通过博弈分析，得出一个重要的结论：在中介组织加入以后，公司与农户间的契约关系将更为稳定。换言之，"公司＋中介＋农户"是完善"公司＋农户"治理模式的一个出路。因此，政府应当对目前扶持农业产业化发展的政策进行微调，把目前对龙头企业的部分扶持资金转向到扶持中介组织，把"公司＋农户"逐步转化为"公司＋中介组织＋农户"。

### 1. 模型的几个基本假定

（1）主体理性假定。参与者（Players）包括农户、龙头企业、中介组织，并且每个参与者都是理性的。假定农户是同质的，单个农户某种农产品的产量为 $q_i$，本文所指的中介组织可能是农民专业合作社，也可能是农户中的"大户"，还可能是各种协会等。中介组织只是从它们所扮演的角色来定

---

　　① 周立群、曹利群：《农村经济组织形态的演变与创新》，载《经济研究》2001 年第 1 期。

　　② 邓宏图、米献炜：《约束条件下合约选择和合约延续性条件分析》，载《管理世界》2002 年第 12 期。

　　③ 杜吟棠：《"公司＋农户"模式初探——兼论其合理性与局限性》，载《中国农村观察》2002 年第 1 期。

　　④ 郭红东：《龙头企业与农户订单安排与履约：理论和来自浙江企业的实证分析》，载《农业经济问题》2006 年第 2 期。

义的，即它们充当了公司和农户之间的中介。

（2）交易和生产规模经济假定。从事交易的成本（对卖方而言，是销售成本；对买方而言，是采购成本），用字母 $TrC$ 表示，生产成本用 $PrC$ 表示，两者均是 $q$ 的函数，并且有 $TrC'(q) < 0$，$PrC'(q) < 0$。一般而言，交易量和加工量存在着一个门槛效应，即，在 $q \leq q_0$ 时，$TrC$ 和 $PrC$ 下降得很慢，而在越过此门槛后，下降得非常快。

（3）单一产品假定。只考虑特定的某一种产品，并且，这种产品在当地至少存在着一个交易市场，市场价格为 $P_m$，公司对农户的收购价格为 $P_b$。

（4）信息不完全假定（Incomplete Information）。市场价格和农户的农产品产量是不确定的。为了简单起见，假定市场价格有高价（$P_h$）和低价（$P_l$）两种，每种情况出现的概率为 $\alpha$ 和 $1 - \alpha$；农户 i 的农产品产量为 $q_i$，此信息只是农户所知，作为收购方的公司只能猜测农户的产量，它认为农户有高产（$q_h$）和低产（$q_l$）两种可能，每种情况出现的概率分别为 $\beta$ 和 $1 - \beta$。农户最多把所有的产品全部交售给公司，因此，期望值 $E(q_j) = \beta q_h + (1 - \beta) q_l \leq q_i$。

**2. 农户先动模型及其中介的加入**

所谓农户先动模型，指的是这样一种情况：农户已经在生产某种农产品，并已在市场上自由销售。从现在开始，出现了一家新的龙头企业，它愿意以某个收购价格水平（$P_b$）收购农户的农产品。在这种情况下，对于农户而言，自身产量在产后是确定的，假定为 $q_2$，但是此结果公司并不知情。农户首先决定是否愿意将产品出售给公司。之后，公司根据自身的盈利情况决定是否收购。博弈结构如图 1。农户 i 的策略集为（出售给公司，出售给市场）；公司的策略集为（收购，拒收）。我们假定，如果公司拒收后，农户还可以继续在市场上出售。公司收购农产品之后，继续在市场上按市场价格 $P_m$ 出售。博弈的支付如图 1。

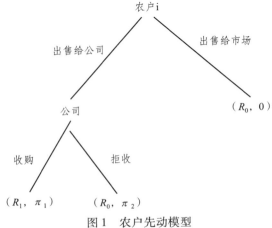

图 1　农户先动模型

图 1 中 $R_0 = P_m q_2 - TrC(q_2) - PrC(q_2)$，其中，$P_m = \alpha P_h + (1 - \alpha) P_l$；把农产品全部交售给公司的收益为 $R_1 = P_b q_2$；如果农户只是把产品的一部分 $[(1 - \theta) q_2]$ 交给公司，另一部分 $\theta q_2$ 出售给市场的话，其收益为 $R_2 = (1 - \theta) P_b q_2 + \theta P_m q_2 - TrC(q_2) - PrC(q_2)$。

农户要全部将农产品出售给公司的话，要求 $R_1 > R_2$ 且 $R_1 > R_0$，即：

$$P_b q_2 > P_m q_2 - TrC(q_2) \tag{1}$$

$$P_b q_2 > (1 - \theta) P_b q_2 + \theta P_m q_2 - TrC(q_2) \tag{2}$$

其中：

$$P_m = \alpha P_h + (1 - \alpha) P_l$$

$$E(q_j) = \beta q_h + (1 - \beta) q_l$$

在 $P_m > P_b$ 的条件下，（1）式成立就可保证（2）式成立。（1）式可整理为：

$$P_m - P_b < ATrC(q_2) \tag{3}$$

其中：$ATrC$ 为交易的成本（$TrC$）的平均值。

公司收购后的收益为：

$$\pi_1 = (P_m - P_b) \sum_{j \leq i} E(q_j) - \sum_{j \leq i} TrC[E(q_j)]$$

公司拒收的收益为：

$$\pi_2 = (P_m - P_b) \sum_{j < i} E(q_j) - \sum_{j < i} TrC[E(q_j)]$$

公司愿意收购的条件为 $\pi_1 > \pi_2$，即：

$$(P_m - P_b) > TrC'\left[\sum_{j \leq i} E(q_j)\right] \tag{4}$$

从现阶段开始，我们考虑中介组织的引入及其作用。为了解的方便，我们假定有 $N$ 家农户加入中介组织，每家农户把全部农产品交给中介组织，中介组织的内部决策暂不予以探讨，农户与公司继续作为参与博弈的主体，不过是现在相当于 $N$ 个农户同时行动，现在的交易量为 $Nq_2$，图 1 中的支付函数发生相应的一些改变。在 $N$ 个农户采取集体行动后，公司拒收或者农户出售给市场的话，公司收购量只是减少为 $Nq_2 - E(q_i)$。

与加入中介组织前的农户先动模型相比，农户做出合作选择的边界条件相同，要保证农户加入该种农产品生产后是有利可图的。$\pi_1$、$\pi_2$ 相应改变为：

$$\pi'_1 = (P_m - P_b) Nq_2 - TrC(Nq_2)$$

$$\pi'_2 = (P_m - P_b)[Nq_2 - E(q_i)] - TrC[Nq_2 - E(q_i)]$$

$\pi'_1 > \pi'_2$ 的条件是：

$$(P_m - P_b) > TrC'(Nq_2) \tag{5}$$

中介组织加入之前，公司与农户之间契约稳定的前提条件是（3）式和（4）式同时得到满足；加入之后则是（3）式和（5）式同时得到满足。因此，关键在于对比（4）式和（5）式的不同。根据模型假定 2，$TrC'(q)$ 是一个递减函数，并且，在 $q > q_0$ 后递减得越来越快。根据假定 4，$\sum_{j \leqslant i} (Eq_j) < Nq_2$，所以，$TrC'[\sum_{j \leqslant i} (Eq_j)] > TrC'(Nq_2)$，尤其是在拐点 $q_0$ 附近。这意味着（5）式较（4）式更容易得到满足。换言之，在加入中介组织之后，公司与农户间的契约更为稳定。更为重要的是，（4）式的满足受到不确定性的影响，即，$\beta$ 的大小直接影响到契约的稳定性，如果农户借助于信息的优势，只是把部分产品交售给公司的话，$TrC'[\sum_{j \leqslant i} (Eq_j)]$ 将是一个较大的数，使得（3）式和（4）式很难同时得到满足。而在（5）式中 $Nq_2$ 是一个确定的数，也就消除了不确定性的影响。中介组织的加入之所以能消除不确定性的影响，是因为组织内部农户处在同样的经济环境中，农户之间朝夕相处，使他们之间较为了解，构成了一个"信息共同体"，不断进行着重复博弈（Repeated Games）和关联博弈（Related Games）①，所以，中介组织能够对农户的机会主义行为进行有效的压制，从而提高公司与农户合作成功的概率。

### 3. 公司先动模型及其中介的加入

所谓公司先动模型，指的是这样一种情况：公司已经从事了某种农产品的经营。假定目前的经营规模为 $q_1$，出于某种原因，公司要扩大经营规模，收购更多的农产品。为此，公司需要一批新的农户，这些农户能够按照公司的要求，生产该种农产品。农户现在面临的选择是：要么按照公司要求生产，并把产品交给公司；要么根本不接受公司的要求，继续维持现状。

在图 2 的支付函数中：

$$\pi_0 = (p_m - p_b)[q_1 + \sum_{j < i} E(q_j)] - TrC[q_1 + \sum_{j < i} E(q_j)]$$

$$\pi_1 = (p_m - p_b)[q_1 + \sum_{j \leqslant i} E(q_j)] - TrC[q_1 + \sum_{j \leqslant i} E(q_j)]$$

$$R_1 = P_b q_i - PrC(q_i) - TrC(q_i)$$

$\pi_0 - \pi_1 > 0$ 的条件是：

$$(P_m - P_b) > TrC'[q_1 + \sum_{j \leqslant i} (Eq_j)] \tag{6}$$

$R_1 > 0$ 的条件为：

$$P_b > APrC(q_i) + ATrC(q_i) \tag{7}$$

在公司先动模型中加入中介组织后，模型的结构与图 2 完全相同，不过此时的支付函数发生变化，图 2 中的 $\pi_0$、$\pi_1$ 变为：

$$\pi_0 = (P_m - P_b)[q_1 + Nq_i - E(q_i)] - TrC[q_1 + Nq_i - E(q_i)]$$

$$\pi_1 = (P_m - P_b)(q_1 + Nq_i) - TrC(q_1 + Nq_i)$$

（6）式改变为：

---

① 这一思想来自青木昌彦：《比较制度分析》，中国社会科学出版社 2002 年版。具体的证明见曹利群、周立群：《扶持龙头企业：从信息的角度研究》，载《中国农村观察》2001 年第 5 期。

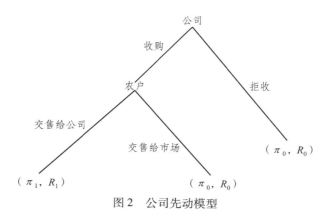

图 2　公司先动模型

$$P_m - P_b > TrC'(q_1 + Nq_i) \tag{8}$$

由于 $R_1$ 没有发生变化，所以（7）式的条件没有变化。

与农户先动模型的分析逻辑相类似，由于 $TrC'[q_1 + \sum_{j \le i} E(q_j)] > TrC'(q_1 + Nq_i)$，所以，（8）式比（6）式更容易得到满足。这意味着在加入中介组织后，公司与农户合作的边界条件放宽，合作的可能性增加。除此以外，还可以比较农户先动模型和公司先动模型的结果，对比（4）式和（6）式，可以发现，有 $TrC'[q_1 + \sum_{j \le i} E(q_j)] < TrC'[\sum_{j \le i} E(q_j)]$，可见，（6）式更容易成立；对比（5）式和（8）式，有 $TrC'(Nq_2) > TrC'(q_1 + Nq_i)$，可见，（8）式更容易成立。这就说明，无论是否有中介组织存在，公司先动情形下的契约更为稳定一些。这是因为，在公司先动的情况下，公司已经事先进行了投资，形成了部分的沉没成本（Sunk Cost），使得其承诺更加可信。

迄今为止，模型分析没有考虑农产品加工问题。由于农产品加工需要一定的资本投入，在目前的情况下，多是由公司进行。公司在收购农户产品之后，不再简单地充当交易的中介，而是对产品进行必要的加工。加工之后的产品和收购的产品已经不同，面对的市场亦不同，因此，还不能简单地套用前文中 $P_m$、$P_b$、$\alpha$ 等符号，但是，分析问题的逻辑还是相同的。农产品加工存在着规模经济，和收购产品一样存在着一个门槛，中介组织通过发挥集货的作用，帮助公司越过门槛，使得公司和农户之间的契约关系更为稳定。

## 三、剩余的分配和中介组织发展的动态分析

前文的分析已经展示了产业化发展的两个阶段。在第一阶段，主要是以"公司＋农户"为主。这种模式的最大优点是容易启动，正如杜吟棠（2002）

所认为的那样①，它在某种程度上会起到一种孵化器作用。但是，这种模式本身存在着一定的缺陷，需要中介组织的加入，形成"公司＋中介组织＋农户"的模式。

这还只是对完善公司与农户关系治理的方向性描述，有必要对中介组织加入后的动态进行分析。前文已经提到，中介组织加入到"公司＋农户"的模式中后，创造出了三个方面的剩余：第一，中介组织起到了集货的作用，从而获得了交易的规模经济，由此创造出的交易环节的剩余为 $S_1$；第二，在龙头企业从事加工的条件下，加工规模因为中介组织的加入而从 $q_i$ 跳动到 $Nq_i$，从而获得加工的规模经济，由此创造出了加工环节的剩余为 $S_2$；第三，在不完全信息条件下，中介组织加入后，它能对农户的机会主义行为进行监督，能够减少因此造成的损失，避免了龙头企业对每个农户进行监督的成本，可获得监督的规模经济，由此创造了监督环节的剩余为 $S_3$。

剩余如何在公司、中介组织和农户三方之间进行分配成为大问题。从制度设计的角度而言，必须保证各方的效用水平得到增进，即满足"参与约束"条件。从效率的角度而言，要实现帕累托效率，必须保证各方利益至少不受到损害。当然，也可以放松到希克斯效率，即能通过补偿等其他手段保证各方利益不受到损害。至于补偿的手段，可以有许多种，比如，公司给农户提供免费的技术服务，提供农用生产资料，公司承担中介组织运行的部分费用，或按中介组织的交易量给予适当的返还等。补偿的手段不是本文讨论的重点。假定交易剩余在农户、公司和中介组织中方之间进行分配，分配后，各方所得分别为 $\gamma_1 S$、$\gamma_2 S$ 和（$1 - \gamma_1 - \gamma_2$）$S$，其中，$S = S_1 + S_2 + S_3$；$\gamma_1$ 和 $\gamma_2$ 均为 0 到 1 之间的数，且 $\gamma_1 + \gamma_2 \leqslant 1$。

问题还有另外一个方面，即组织成本的引入。如果中介组织是农户中的大户的话，大户需要一定的成本来保证 $N$ 个农户都把产品交售给他；如果是农民专业合作社，农户还得付出成本来创建这个组织，并付出一定的成本来监督组织成员遵守组织章程。假定创建组织的成本为 $NC$，监督的成本为 $MC$，组织成本为：$OC = NC + MC$。按照奥尔森的分析，这种组织成本其实就是"集体行动"的成本，并且，在组织形式不变的情况下，行动者的人数（$N$）越大，行动成本越高，即有：$OC'(N) > 0$，$OC''(N) > 0$。因此，中介组织加入的净收益为：

$$NR = (1 - \gamma_1 - \gamma_2)(S_1 + S_2 + S_3) - (NC + MC)$$

现在来分析行动规模的问题。从上面的分析可见，$S_1$、$S_2$、$S_3$、$NC$、$MC$ 都是行动人数 $N$ 的函数，并且有：

$$\frac{\partial[\partial NR / \partial N]}{\partial N} = N^2(1 - \gamma_1 - \gamma_2)[PrC''(Nq_i) + TrC''(Nq_i) + MnC''(Nq_i)] - [NC''$$

① 杜吟棠：《"公司＋农户"模式初探——兼论其合理性与局限性》，载《中国农村观察》2002 年第 1 期。

$(q) + MC''(q)]$

在 $N$ 比较小时，在交易环节，$TrC(Nq_i)$ 与 $NTrC(q_i)$ 较为接近，加工环节和监督环节的情况类似。故而，$S_1$、$S_2$、$S_3$ 均为一个较小的数；而 $NC''(q)$ 和 $MC''(q)$ 为一个较大的数，$PrC''(Nq_i)$、$TrC''(Nq_i)$ 和 $MnC''(Nq_i)$ 为一个较小的数，所以，$\frac{\partial(\partial NR/\partial N)}{\partial N} < 0$，$\frac{\partial(NR)}{\partial N}$ 递减；只有农户数量达到一个最低限之后，$\frac{\partial(NR)}{\partial N}$ 才开始递增，出现一个中介组织才是较为有利的。但是，$N$ 也不是越大越好。如前所述，无论是交易、加工还是监督环节的规模经济，都有一个限度，当 $N$ 逐一超过这些限度之后，$TrC'(Nq_i)$、$PrC'(Nq_i)$ 和 $MnC'(N)$ 会相继变为负值；与此同时，随着 $N$ 增加到一定的限度，$MC'(N)$ 和 $NC'(N)$ 会出现较快的增长。因此，只要 $N$ 超过一定的限值，$\frac{\partial NR}{\partial N}$ 就会变为负值。在这种情况下，扭转趋势的一个办法是调整中介组织的内部结构，形成中介组织的联合。从龙头企业——中介组织联合体——中介组织——农户，形成了一个更加稳定的农业产业化组织结构。通过这种联合，在更大范围内获取交易、加工、监督环节的规模经济，从而延迟 $\frac{\partial NR}{\partial N}$ 变为负值的拐点。

## 四、结论和政策建议

从前文的分析结果可以清楚地得出如下结论：

（1）在不完全信息条件下，中介组织使得"公司＋农户"更加稳定，双方的获益更高。换言之，"公司＋中介组织＋农户"比"公司＋农户"更为稳定，双方的利益也能够得到增进。加入中介组织是完善"公司＋农户"治理模式的有效办法。

（2）无论是有无中介组织，无论是完全信息还是不完全信息，只要在加工的规模经济以内，同时从事农产品收购和加工的公司比单纯收购农产品的公司更容易与农户达成合作，并且，合作双方的获益更大。

（3）上述两点的实质是，通过中介组织获取农产品的交易环节的规模经济，创造出交易环节的剩余，通过加工环节获取农产品加工环节的规模经济，创造出加工环节的剩余，依靠剩余来促进公司和农户之间的合作。剩余的规模越大，双方达成合作的空间越大。

（4）前文分析结果显示，随着中介组织规模的扩大，其获得的剩余逐步增加，与公司谈判的地位逐步对等，中介组织有可能以此为基础与公司的联合，成立协会组织或入股，甚至控股龙头企业，最后演变成为"公司＋合作经济组织＋农户"或"协会＋公司＋合作经济组织＋农户"。与此同时，当中介组织规模过大，以至于出现了规模不经济的时候，合作经济组织要么变革内部组织机构，要么走向联合。这样的话，还可以不断地避免因为单个企业进行加工、收购所可能遇到的规模经济的上限。当然，也可以由合作经济组织创办多个企业来实现这一点。随着农业产业化的发展，我国的农业产业化最终要发展到协会的形式，但在发展的过程中，要符合中国的国情，走有中国特色的农业产业化道路。

从以上得出的四点结论中，可以引申出四点有针对性的政策建议：

（1）在扶持公司的同时，要积极扶持农民专业合作社、大户、协会等中介组织，推动形成"公司＋中介组织＋农户"的新型产业化模式。无论是在农业综合开发、扶贫开发还是在推进农业产业化过程中，重点扶持企业的政策都需要改进。

（2）在扶持公司收购农户产品的同时，更应该扶持公司对农产品进行加工增值，对从事加工的公司，在扶持资金的规模、力度等方面给予更大的支持。

（3）在推动农业产业化过程中，要尽可能利用交易环节和加工环节的规模经济效益，创造出最大的交易剩余和加工剩余，要不断地推动农产品交易的规模化和农产品加工深度化。

（4）对于大户而言，创建组织的成本 $NC$ 基本为零，但是，大户对其他农户的监督完全是一种外在的、单向的监督，监督成本 $NC$ 更大一些。相反，对于农民专业合作社而言，创建成本 $NC$ 较大，但组织内部是一种内在的、多向的监督，组织成员可以相互监督，监督成本 $NC$ 更小一些。此外，两种组织还对应于两种不同的利益分配结构。对于大户而言，中介组织获得的剩余全部归大户个人所有；对于农民专业合作社而言，按照合作经济组织的规定，它获得的剩余会按照交易额全部返还给农户，因此，农户收入更高一些。两者相对比，农户创建合作经济组织更难一些，但一旦创建后，农民收入更高。它的政策含义是，在推动农业产业化过程中，一定要依据当地经济发展的程度，采取区别对待的政策，扶持农业产业化的发展。在农户集体行动较为困难的地方，政府可以先扶持大户，先形成"公司＋大户＋农户"的产业化经营模式，再下一步，政府应该资助大户联合农户创办合作经济组织，最好是由政府来承担创建成本 $NC$，从而推动中介组织的发展，形成"公司＋专业合作经济组织＋农户"的经济模式。具体而言，在沿海等经济发达地区，要强化扶持中介组织的力度；在中部等较发达地区，要优先扶持大户，并加大对企业加工能力的扶持；在西部等欠发达地区，要突出对企业的扶持，让农户的农产品能够顺利销售。

**参考文献**

[1] 曹利群、周立群：《扶持龙头企业：从信息的角度研究》，载《中国农村观察》2001 年第 5 期。

　　[2] 邓宏图、米献炜：《约束条件下合约选择和合约延续性条件分析》，载《管理世界》2002 年第 12 期。

　　[3] 杜吟棠：《"公司＋农户"模式初探——兼论其合理性与局限性》，载《中国农村观察》2002 年第 1 期。

　　[4] 郭红东：《龙头企业与农户订单安排与履约：理论和来自浙江企业的实证分析》，载《农业经济问题》2006 年第 2 期。

　　[5] 何嗣江：《订单农业研究的进展》，载《浙江社会科学》2006 年第 2 期。

　　[6] 刘凤芹：《不完全合约与履约障碍——以订单农业为例》，载《经济研究》2003 年第 4 期。

　　[7] 青木昌彦：《比较制度分析》，上海远东出版社 2001 年版。

　　[8] 周立群、曹利群：《农村经济组织形态的演变与创新》，载《经济研究》2001 年第 1 期。

# The Entry of Intermediary Firm on Improvement of Governance Between Firms and Peasant Household

**Wang Dong    Cao Liqun**

**Abstract**: Scholars have been arguing about how to improve the governance between agribusiness firms and peasant household. One of the arguments is that intermediary organization must be embedded between agribusiness firms and peasant household. Former studies have indicated that the entry of intermediary organization such as cooperative facilitate the stability of the orgnization that is composed by firms and peasant household and improve the economical efficiency. This paper attempts to introduce game model based on prior studies and answer how to improve the governance between firms and peasant household. Finally we arrived at a conclusion that intermediary organization make the contract relation between agribusiness firms and peasant household more stable. In another word, the mode of agribusiness firms and intermediary organization plus peasant household is an approach to perfect the mode of firms plus peasant household.

**Key Words**: Intermediary Organization    Firms Plus Peasant Household    Contract Relation    Governance

第 1 卷第 1 辑
2009 年 1 月

公司治理评论
Review of Corporate Governance

Vol. 1　No. 1
Jan. 2009

# 上市国有商业银行公司治理模型研究

## ——基于控制股东与小股东代理问题

郑长军　霍士凯[*]

【摘要】2005～2006 年三大国有商业银行已先后上市，由此产生了控制股东与小股东之间的代理问题。首先，本文基于委托代理理论，考虑国家控股条件及外部竞争环境，构建国有商业银行公司治理模型。通过模型研究发现：控制股东（国家）通过制定薪酬合约获得全部"经济利润"，而小股东（其他投资者）和经理人仅获得"保留效用"，但小股东能约束控制股东；另外，投资国有商业银行产生的"额外收益"是吸引其他投资者投资的重要因素，但"额外收益"的存在会导致帕累托无效。然后，本文通过分析比较上市商业银行连续 186 个交易日的股票收盘价的波动性，从实证角度证明投资国有商业银行存在"额外收益"。最后，本文提出：改革国有商业银行制度，取消"特权"，减少"额外收益"，能提高市场效率，并推动金融行业进一步市场化。

【关键词】实际偏好　额外收益　投资者关系　上市国有商业银行　显示偏好

## 一、引　　言

金融是现代经济的核心，它的安全关系着国家的稳定和经济的健康发展。国有商业银行是我国金融机构体系的主体，它们在我国经济生活中占有极其重要的地位。2005～2006 年三大国有商业银行已先后上市，由此产生了控制股东与小股东代理问题。

迄今为止，国内关于上市国有商业银行的研究文献中，很少考虑控制股东与小股东代理问题，对国有商业股份制银行特有的投资者关系会带来的影响缺乏认识。而国外的研究主要集中于投资者关系管理（IRM）的价值

---

　*　郑长军（1968～　　），男，汉族，河南鄢陵人，华中科技大学管理学院副教授，经济学博士，管理学博士后。研究方向：金融管理、公司治理。
　　霍士凯（1980～　　），男，汉族，湖北武汉人，华中科技大学管理学院硕士研究生。研究方向：金融管理。

（（Leuz & Verrecchi，1996）①、（Stock，2002）②）、组织（（Rao，Hayagreeva & Kuma，1999）③、（Lüthje，2003）④ 和模式（Morrison，Rorbert & Midgley，2004）⑤ 等方面，且研究背景不符合中国国情。本文基于中国国有商业银行的特点，研究投资者之间的制约关系及其影响。

国有商业银行区别于非国有商业银行之处在于国家的绝对控制权⑥。目前四大国有商业银行的股份制改革已经接近尾声，2007 年 2 月，中国农业银行也正式开始股份制改革。从当前上市和改革的思路来看，国家仍然是四大国有商业银行的控股人，拥有绝对的控制权。从国家政治安全和经济安全的角度来看，这是必然的结果。

政府作为国家的"管理者"和"服务者"（何自力，2006）⑦，其追求的主要是政治目标（包括宏观经济发展、社会福利）。但在我国，政府同时还代理国家控制相当规模的国有企业，追求经济目标（追求直接的经济利润以及资产保值增值）。这些国有企业除了和其他企业一样追求自身经济利润以外，还要承担更多的宏观责任，如就业问题、地区差距问题等。另外，国有企业都有着共同的控制者——政府，它们之间构成了最大规模的"关联方"网络。从中国国有商业银行发展的历程来看，其贷款的主要对象是国有企业，大部分不良资产也是由国有企业造成的。因此，国家控制的国有商业银行必然与其他投资者追求经济利润最大化的目标不一致，从而可能侵犯其他投资者的利益。

如果国家以外的其他投资者都是理性的，且只追求经济利润最大化，那么投资国有商业银行似乎不是最好的选择。但问题并不如此简单，其他投资者投资国有商业银行可以获得额外收益。首先，国有商业银行是大盘蓝筹股，且国有商业银行和政府有着千丝万缕的联系，建行、中行和工行在上市前都接受过中央汇金公司巨额注资，因此其他投资者的投资风险较小。其次，银行是金融体系的核心，成为有影响力的股东可以更方便融资。最后，国家与其他投资者都是国有商业银行的股东，存在共同的利益，因此，其他投资者可以通过向国有商业银行投资拓宽政治寻租的途径。这些额外收益是投资非国有商业银行所不具备的。

---

① Mastern and Saussier，2002，Econometrics of Contracts：An Assessment of Developments in the Empirical Literature on Contracting. Unpublished paper.

② 何自力等：《公司治理：理论、机制和模式》，天津人民出版社 2006 年版。

③ 蔡鄂生、王立彦、窦洪权：《银行公司治理与控制》，经济科学出版社 2003 年版。

④ Thomask B.，1992，Straight Talk From Wall Street. *American Bankers Association Banking Journal*，(84)：43 – 46.

⑤ 段军山：《股票价格波动对银行稳定影响的理论及实验分析》，载《上海金融》2006 年第 6 期。

⑥ Leuz S. and Verrecchia R.，1996，The Relation among Capital Markets，Financial Disclosure，Production Efficiency and Insidertrading. *Journal of Accounting Research*，(34)：1 – 22.

⑦ Leuz S. and Verrecchia R.，1996，The Relation among Capital Markets，Financial Disclosure，Production Efficiency and Insidertrading. *Journal of Accounting Research*，(34)：1 – 22；Lüthje C.，2003，Customers as Co-Inventors：Empirical Analyses in the Field of Medical Equipment. Proceedings from the 32th EMAC Conference，Glasgow.

## 二、国有商业银行投资者关系模型

### 1. 假设及条件

（1）上市后国有商业银行的所有者分为国家和其他投资者，其中国家是国有商业银行的实际控制者。国家占国有商业银行股权的比例为 $\gamma$（$0.5 < \gamma < 1$），其他投资者占 $1 - \gamma$。

（2）经营国有商业银行创造的政治收益（银行直接经济利润以外的其他收益）$S = n_S C_S + \varepsilon_1$，经济收益（仅指银行直接经济利润）$R = n_R C_R + \varepsilon_2$。其中，$C_S$ 为经理人追求政治目标的努力程度，$C_R$ 为经理人追求经济目标的努力程度，$\varepsilon_1$、$\varepsilon_2$ 为外部经济波动因素，且 $\varepsilon_1 \sim N\,(0,\,\sigma_1^2)$、$\varepsilon_2 \sim N\,(0,\,\sigma_2^2)$。

（3）所有者只能观测到经理人活动的成果，即政治收益 $S$ 和经济收益 $R$，因此只能根据经理人的活动成果来支付经理人的报酬 $P$。为激励经理人，必有 $P/S > 0$，$P/R > 0$。假定 $P = \alpha + \beta_1 S + \beta_2 R$，$\alpha$、$\beta_1$ 和 $\beta_2$ 均为共同知识。

（4）国家的目标是双重的，一方面追求政治收益 $S$，另一方面追求经济收益 $\gamma R$。国家是风险中性的，且追求效用的最大化，其单位投资的效用 $U_G = \dfrac{kS + (1 - k)\,\gamma R - \gamma P}{\gamma}$。其中，$S$ 为政治收益，$\gamma R$ 为国家获得的经济收益，$\gamma P$ 为国家负担的经理人报酬，$k$ 为国家对政治收益 $S$ 的偏好。

（5）其他投资者的目标也是双重的，一方面关心经济收益 $(1 - \gamma)\,R$，另一方面追求额外收益 $N$，其单位投资的效用为 $U_O = \dfrac{(1 - \gamma)N + (1 - \gamma)R - (1 - \gamma)P}{1 - \gamma} = N + R - P$。其中 $(1 - \gamma)\,R$ 为其他投资者的经济收益，$(1 - \gamma)\,P$ 为其他投资者负担的经理人报酬。由于额外收益 $N$ 已考虑风险，因此 $U_O$ 是确定性等价收入。

（6）我们假设政治收益 $S$、经济收益 $R$、额外收益 $N$ 和经理人报酬 $P$ 均能用货币的形式度量，且均为共同知识。

（7）经理人追求效用的最大化，且经理人是风险规避的，其期望净收益 $T_M = P - C = \alpha + \beta_1 S + \beta_2 R - m_S C_S^2/2 - m_R C_R^2/2$，经理人的绝对风险规避度固定为 $\rho$，其效用函数 $U_M$ 用确定性等价收入表示，则 $U_M = T_M - \dfrac{1}{2}\rho\,(\beta_1^2 \sigma_1^2 + \beta_2^2 \sigma_2^2)$。

（8）经理人的活动要付出成本 $C\,(C_S,\ C_R)$，经理人越努力，成本越高，且边际成本递增（$C/C_S > 0$，$C/C_R > 0$，$C/C_S^2 > 0$，$C/C_R^2 > 0$）。简单起见，我们令 $C = m_S C_S^2/2 + m_R C_R^2/2$，其中 $m_S > 0$，$m_R > 0$。所有经理人的能力相同。

（9）存在一个完全竞争的经理人市场。经理人的平均薪酬水平为 $\underline{U}_M$，$\underline{U}_M$ 是经理人的保留效用，是一个外生变量。

（10）资本自由流动。所有股票均为流通股；且除国有商业银行以外的其他各企业的预期报酬率相同，投资于这些企业的单位投资效用为 $\underline{U}_o$。

（11）其他投资者可以"强买强卖"。其他投资者参与管理的能力是非常有限的，转让股权是其控制银行的主要手段[①]。若其他投资者投资于其他企业产生的单位投资效用 $\underline{U}_o$ 高于投资于国有商业银行，其他投资者可以要求国家回购股票，并用出售股票的钱投资其他企业。反之，若 $\underline{U}_o$ 低于投资于国有商业银行的单位投资效用，其他投资者会出售其他投资来购买政府手中的国有商业银行股票。因此，$\underline{U}_o$ 也是其他投资者的保留效用。

（12）$\gamma$ 的变动代表实际股票价格变动。由（1）、（11）知，$\gamma$ 增加表示股票缺乏吸引力，股票价格降低；反之，股票价格上升。

**2. 模型的建立**

在国有商业银行的三个主要利益相关者——国家、其他投资者和经理人中，拥有绝对控制权的国家占支配地位。国家具有"后动优势"，能根据其他投资者和经理人的最优策略选择自身的最优策略。根据非合作静态博弈的思想[②]可得如下模型：

$$\mathrm{Max}EU_G = E\left[\frac{kS + (1-k)\ \gamma R - \gamma P}{\gamma}\right]$$

$$s.t. \begin{cases} EU_O \geqslant \underline{U}_O \\ EU_M \geqslant \underline{U}_M \\ (C_S,\ C_R) \in \arg \max EU_M \end{cases} \tag{1}$$

（1）中前两个约束条件分别为其他投资者和经理人的参与约束条件；第三个约束条件为经理人的激励相容条件。

根据假设及条件得：

$$\begin{cases} U_O = N + R - P \\ U_M = \alpha + \beta_1 S + \beta_2 R - (m_S C_S^2/2 + m_R C_R^2/2) - \dfrac{1}{2}\rho\ (\beta_1^2 \sigma_1^2 + \beta_2^2 \sigma_2^2) \\ S = n_S C_S + \varepsilon_1 \\ R = n_R C_R + \varepsilon_2 \\ P = \alpha + \beta_1 S + \beta_2 R \end{cases} \tag{2}$$

**3. 模型求解**

我们先不考虑（1）中第一个约束条件

---

① Leuz S. and Verrecchia R. , 1996, The Relation Among Capital Markets, Financial Disclosure, Production Efficiency and Insidertrading. Journal of Accounting Research, (34): 1 – 22.

② Lüthje C. , 2003, Customers as Co-Inventors: Empirical Analyses in the Field of Medical Equipment. Proceedings from the 32th EMAC Conference, Glasgow.

则由（1）可知：

$$\beta_1 = \frac{k n_S^2}{\gamma \ (m_S \rho \sigma_1^2 + n_S^2)} \tag{3}$$

$$\beta_2 = \frac{(1-k) \ n_R^2}{m_R \rho \sigma_2^2 + n_R^2} \tag{4}$$

$$\alpha = \underline{U}_M + \frac{1}{2}\rho \ (\beta_1^2 \sigma_1^2 + \beta_2^2 \sigma_2^2) - \frac{1}{2}\left(\frac{\beta_1^2 n_S^2}{m_S} + \frac{\beta_2^2 n_R^2}{m_R}\right) \tag{5}$$

$$EU_G = \frac{k^2 n_S^4}{2\gamma^2 \ (\rho \sigma_1^2 m_S + n_S^2) \ m_S} + \frac{(1-k)^2 n_R^4}{2 \ (\rho \sigma_2^2 m_R + n_R^2) \ m_R} \tag{6}$$

$$EU_O = \frac{(1-k^2) \ n_R^4}{2 \ (\rho \sigma_2^2 m_R + n_R^2) \ m_R} - \frac{k^2 n_S^4}{2\gamma^2 \ (\rho \sigma_1^2 m_S + n_S^2) \ m_S} + N \tag{7}$$

$$EU_M = \underline{U}_M$$

再来计算 $\underline{U}_O$。根据假设和条件（10）建立模型如下：

$$\underline{U}_O = \max EU_O = E \ [R - P]$$

$$s.t. \begin{cases} EU_M \geqslant \underline{U}_M \\ (C_S, \ C_R) \ \in \arg \max EU_M \\ U_M = \alpha + \beta_1 S + \beta_2 R - (m_S C_S^2/2 + m_R C_R^2/2) - \frac{1}{2}\rho \ (\beta_1^2 \sigma_1^2 + \beta_2^2 \sigma_2^2) \\ S = n_S C_S + \varepsilon_1 \\ R = n_R C_R + \varepsilon_2 \\ P = \alpha + \beta_1 S + \beta_2 R \end{cases} \tag{8}$$

得到：$\underline{U}_O = \dfrac{n_R^4}{2 \ (\rho \sigma_2^2 m_R + n_R^2) \ m_R}$ \hfill (9)

则约束条件 $EU_O \geqslant \underline{U}_O$ 成立的充要条件为：

$$N = \left(A + \frac{B}{g^2}\right) k^2 \tag{10}$$

其中

$$A = \frac{n_R^4}{2 \ (\rho \sigma_2^2 m_R + n_R^2) \ m_R}, \quad B = \frac{n_S^4}{2 \ (\rho \sigma_1^2 m_S + n_S^2) \ m_S}。 \rho、n_S、n_R、m_S、m_R、$$
$\sigma_1$ 和 $\sigma_2$ 是长期变量，相对 $\gamma$、$k$ 和 $N$ 不变。

## 三、模型分析

我们将从静态和动态两个角度分析上市国有商业银行的投资者关系。

### 1. 静态分析

在本文中假设经理人的业绩政治收益 $S$ 和经济收益 $R$ 是共同知识，因此经理人与国家之间不存在信息不对称问题。国家与经理人制定的薪酬合约能最大限度地激励经理人努力工作。经理人只能获得经理人市场的平均薪酬水平 $\underline{U}_M$。

转让股权是其他投资者控制银行的主要手段，这种手段在模型中表现为式（10）。由于国家可以随时通过证券市场观察其他投资者是否愿意持有股份，当约束条件（10）不满足时，其他投资者将通过出售持股向国家"传递信号"，制约国家对政治收益的"实际偏好" $\bar{k}$。

从其他投资者的角度来看，如果 $EU_O > \underline{U}_O$，其投资组合显然不是最优的。因此，其他投资者总倾向于选择 $\gamma^*$ 使式（10）等号成立。即：

$$N = \left(A + \frac{B}{\gamma^2}\right)k^{*2} \tag{11}$$

其中 $k^*$ 为国家对政治收益的"显示偏好"。当式（11）成立时，国家使其他投资者仅仅获得了保留效用 $\underline{U}_O$。

虽然国家和其他投资者在追求利润目标方面不一致，损害了其他投资者的利益，但其他投资者在经济利润上的损失可以通过额外收益补偿回来。

国家投资商业银行有三大动机：政治动机、经济动机和融资动机。其中，政治动机对应政治收益 $S$，经济动机对应经济收益 $R$，融资动机对应其他投资者持股比例 $1-\gamma$。因此（1）规划的目标函数为单位投资效用而不是全部投资效用。下面我们用模型来分析国家的行为。

从（6）知，国家为了使得单位投资效用最大化，必然要求 $\gamma$ 越小越好，即融资额越大越好。但是为了保证国家对国有商业银行的控股权，$\gamma$ 必然有下限 $\underline{\gamma}$，这里的 $\underline{\gamma}$ 就是国家规定的最低国有持股比例。另外，由于国家的性质决定了国家是以追求政治目标为主，国家对政治收益的"实际偏好" $\bar{k}$ 较大。因此，$N < \left(A + \frac{B}{\underline{\gamma}^2}\right)\bar{k}^2$。为了满足式（10），只能退而求其次，选择"实际持股比例" $\gamma^*$ 和"显示偏好" $k^*$ 使（11）成立。且 $\gamma^* > \underline{\gamma}$、$\bar{k} > k^*$。

国家控制国有商业银行的直接手段是确定薪酬合约，即决定 $\alpha$、$\beta_1$ 和 $\beta_2$。但由式（3）、（4）、（5）知，隐藏在薪酬合约背后的本质是变量 $k$ 和 $\gamma$，这里 $0 < k < \bar{k}$、$\underline{\gamma} < \gamma < 1$。国家对政治性目标的"显示偏好" $k^*$ 和"实际偏好" $\bar{k}$ 以及国家规定的最低国有持股比例 $\underline{\gamma}$，均由国家控制。其他投资者只决定国有持股比例 $\gamma^*$，但这种决定权仅仅是一种"威胁"。掌握了绝对控制

权和完全信息的国家根据式（11）——国家最优选择 $k^*$ 和其他投资者最优选择 $\gamma^*$ 联系的"纽带"，使得其他投资者的最优选择 $\gamma^*$ 就是国家的最优选择。

综上所述，其他投资者和经理人均只获得了保留效用，而国家则充分利用"规则"，取得了所有的"剩余"。

## 2. 动态分析

根据静态分析，国家获得了全部"剩余"，但实际情况并非如此。因为国家、其他投资者和经理人之间的合约是不完全的。合约不完全性的内在根源在于信息的不完全性、高昂的签约成本、公共品属性、产权界定的复杂性以及人的有限理性（Mastern & Saussier，2002）①。我们仅分析高昂的交易成本对国家与其他投资者的影响，而经理人对二者来说仍然是"透明"的。

其他投资者的额外收益 $N$ 不是固定不变的。首先，经济衰落时单位的回报支付比经济繁荣时的单位回报支付更有价值。其次，随着宏观政策或经济形势发生变化，融资的难度会改变。因此，式（11）产生的约束会相应变化，经济形势和宏观政策是变化的主因。

与额外收益 $N$ 波动相矛盾的是薪酬合约的相对稳定性，即其他投资者给国家"传递信号"后，国家不能及时反馈。无限缩短合约的周期也许能做到，但无疑要付出高昂的签约成本，因此薪酬合约一般维持数年。薪酬合约的相对稳定性等价于国家对政治收益"显示偏好" $k^*$ 的相对稳定性。$k^*$ 的相对稳定性和额外收益 $N$ 的矛盾产生的直接结果就是式（11）不满足。

与 $k^*$ 的相对稳定性不同，证券市场的流动性决定了其他投资者的反应速度要快于国家，式（11）一旦不满足，其他投资者通过改变持股比例 $(1-\gamma^*)$ 保持条件（11）。因此，动态情况下，其他投资者的最优选择 $\gamma^*$ 不一定与国家的最优选择一致。当额外收益 $N$ 减少时，其他投资者减少持股，直至式（11）成立；当 $N$ 增大时，其他投资者会相应地增加持股。

若经济波动幅度不大，在经济小幅衰退时，则 $N$ 增大，$\gamma$ 减小，即价格逆市上升，导致 $N$ 进一步增大。在经济小幅增长时，则 $N$ 减小，$\gamma$ 增加，即价格平稳上升，导致 $N$ 进一步减小。这就是额外收益的自反馈机制，此时额外收益可以发挥"熨平"经济波动的作用。但额外收益的自反馈机制是脆弱的。若经济波动很大，在经济大幅衰退时，价格不可能持续维持高位，最终随市场指数迅速下跌。在经济极度繁荣时，价格最终随大势高速上涨。即经济波动幅度过大会破坏额外收益的自反馈机制。

另外，当

$$N > \left(A + \frac{B}{2\underline{\gamma}^2}\right)k^{*2} \tag{12}$$

---

① 蔡鄂生、王立彦、窦洪权：《银行公司治理与控制》，经济科学出版社 2003 年版。

时，国家的持股比例已达下限 $\underline{\gamma}$，其他投资者最多持有（$1-\underline{\gamma}$）。而 $k^*$ 在薪酬合约期内是稳定的，此时（10）中">"号严格成立。此时，其他投资者分享了部分剩余，但其他投资者的单位投资收益小于机会成本，即市场没有达到完全竞争状态，因此市场没有达到帕累托最优。

这种市场无效会表现在现实之中。例如，当经济不景气时，额外收益 $N$ 非常大，式（12）成立。由于其他投资者获得的效用高于市场平均水平，国有商业银行的股票供不应求，股价飞涨脱离实际资本产生大量投机机会，形成泡沫经济。当泡沫破灭后，股票价格飞速下跌，导致金融危机，经济形势进一步恶化[①]。注意额外收益 $N$ 与外部经济波动因素 $\varepsilon_1$、$\varepsilon_2$ 不同，则额外收益 $N$ 的波动放大了长期经济波动。

我们认为上述负面影响根源于国家在国有商业银行的绝对控制权，只要国家占有绝对控制权，无论是否设立国有资产监督管理委员会和中央汇金公司，国有商业银行在追求经济收益的同时一定会部分追求政治收益。结合中国国情，在短期内上市国有商业银行不可能摆脱国家绝对控股的状态。

国有商业银行的特殊性在于国家对政治收益的偏好 $k$ 和其他投资者额外收益 $N$。国家对政治收益的"实际偏好" $\bar{k}$ 是一定存在的，这是无法改变的。从式（11）我们看到，当额外收益 $N$ 减少时，国家对政治收益的"显示偏好" $k^*$ 也同时减少。当 $N=0$ 时，$k^*=0$。国有商业银行和其他商业银行对其他投资者来说是没有区别的。可见，随着额外收益的减少，迫于市场的压力，国家控制下的国有商业银行的行为会更接近非国有商业银行。

我们根据式（10）求国家持股 $\gamma$ 对额外收益 $N$ 的弹性

$$E_N\gamma = \frac{N}{2（Ak^2 - N）} \quad (13)$$

可以看出额外收益 $N$ 波动对经济波动的放大效应随着 $N$ 减少而变弱。

## 四、额外收益存在性的简单实证研究

由于上市银行的数目和上市时间限制，我们收集了 8 家上市商业银行 2006 年 8 月 31 日～2007 年 6 月 13 日连续 186 个交易日的股票收盘价，依次用以下步骤处理数据：

（1）线性回归。令 $X=1\sim186$，$Y$ 为收盘价，用线性回归法计算 $Y$ 的估计值 $\hat{Y}$。估计股票增长的长期趋势。如表 1 所示，8 次线性回归的相关系数

① Kaminsky G. and Reinhart C. , 1996, Banking and Balance of Payments Crises: Models and Evidence. Working Paper, Board of Bovernors of the Federal Resever, Washington D. C. Morrison P. , Rorbert J. and Midgley D. , 2004, The Nature of Lead Users and Measurement of Leading Edge Status. *Research Policy*, (33) 351 – 362. Thomask B. , 1992, Straight Talk from Wall Street. *American Bankers Association Banking Journal*, (84): 43 – 46.

均高于 0.7，说明股票收盘价有显著的线性增长趋势。

（2）除去线性趋势。残差 $y = Y - \hat{Y}$ 代表股票价格与中长期线性趋势的偏离值。

（3）计算波动指标。我们选取连续 $n$ 个的残差标准差作为样本中间日（15 个连续交易日中间一天）的波动指标。为了保证足够的样本数量和计算标准差的意义，我们选定 $n = 15$。

（4）数据比较。比较八家上市商业银行的平均波动指标如表 1 所示，中国银行和中国工商银行的平均波动指标显著低于其他 6 家上市商业银行。

表1　　　　　　　　　　　　八家上市商业银行数据处理表

|  | 深发展 | 浦发 | 华夏 | 民生 | 招商 | 中银 | 工商 | 兴业 |
|---|---|---|---|---|---|---|---|---|
| 相关系数 | 0.973 | 0.976 | 0.972 | 0.931 | 0.951 | 0.922 | 0.733 | 0.712 |
| 平均波动指标 | 0.727 | 0.964 | 0.425 | 0.455 | 0.613 | 0.181 | 0.208 | 1.177 |

（5）平滑线散点图分析。如图 1 所示，2006 年 12 月 ~ 2007 年 2 月及 2007 年 5 月 ~ 2007 年 6 月两个时期上证指数波动幅度较大，可以看出中国银行及中国工商银行的波动性指标显著低于同时期其他 6 家上市商业银行。

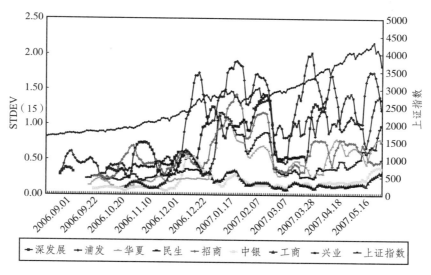

图1　八家上市商业银行波动指标与上证指数比较

综上所述，在 2006 年 9 月 ~ 2007 年 6 月期间，国有上市商业银行的股价波动率显著低于其他上市商业银行（该结论还有待今后进一步数据证实）。因此，从其他投资者投资国有商业银行的第一个动机——获取"稳定低风险收益"来看，国有商业银行相对于其他上市商业银行存在额外收益。

## 五、结论与建议

第一，控制国有商业银行的国家在追求经济收益的同时还追求政治收益。其他投资者的参与约束将国家对政治收益的"实际偏好"限制为"显示偏好"。其他投资者虽然直接参与管理的"能量"较小，但能够用转让股权的手段"威胁"国家，使国家不能"为所欲为"。也就是说，进行股份制改革，引进外部投资者进行监督是能发挥作用的。

第二，投资国有商业银行的其他投资者获得的经济收益要小于投资于非国有商业银行，但其他投资者获得的额外收益足以弥补该损失。额外收益是其他投资者投资国有商业银行的重要原因。

第三，国有商业银行的国有性质是导致帕累托无效的根源，但直接原因是国家的对政治目标的"实际偏好"和其他投资者投资国有商业银行可以获得的额外收益。"实际偏好"是永远存在的，且并不重要，关键在于"显示偏好"，而"显示偏好"的大小取决于额外收益。因此解决帕累托无效问题的核心在于控制额外收益。

第四，额外收益源于国有商业银行制度本身。因此，明确国有商业银行承担自身风险的责任，控制国有商业银行的关联贷款，加快职业经理人的市场化进程，取消国有商业银行的"特权"，减少其他投资者通过国有商业银行进行经济投机和政治投机的机会是国有商业银行公司治理改革的必由之路。

### 参考文献

［1］段军山：《股票价格波动对银行稳定影响的理论及实验分析》，载《上海金融》2006 年第 6 期。

［2］蔡鄂生、王立彦、窦洪权：《银行公司治理与控制》，经济科学出版社 2003 年版。

［3］何自力等：《公司治理：理论、机制和模式》，天津人民出版社 2006 年版。

［4］吴养学、申尊焕：《商业银行的特殊性及其治理模式的选择》，载《集团经济研究》2006 年第 20 期。

［5］许国平等：《论国有商业银行引进境外战略投资者的必要性》，载《国际金融研究》2006 年第 12 期。

［6］张维迎：《博弈论与信息经济学》，上海人民出版社 2004 年版。

［7］Kaminsky G. and Reinhart C. , 1996, Banking and Balance of Payments Crises: Models and Evidence. Working Paper, Board of Bovernors of the Federal Resever, Washington D. C.

［8］Leuz S. and Verrecchia R. , 1996, The Relation Among Capital Markets, Financial Disclosure, Production Efficiency and Insidertrading. *Journal of Accounting Research*, (34): 1 – 22.

［9］Lüthje C. , 2003, Customers as Co-Inventors: Empirical Analyses in the Field of Medical Equipment. Proceedings from the 32th EMAC Conference, Glasgow.

［10］Morrison P. , Rorbert J. and Midgley D. , 2004, The Nature of Lead Users and Measurement of Leading Edge Status. *Research Policy*, (33) 351 – 362.

［11］ Rao, Hayagreeva and Kuma. , 1999, Institutional Sources of Boundary-Spanning Structure：the Establishment of Investor Relations Departments in Fortune 500 Industrials. *Organization Science*, （1）: 27 – 42.

［12］ Richard J. and Wachter S. , 1996, Real Estate Booms and Banking Busts, An International Perspective. Wharton Working Paper Series, Wharton Financial Institutions Center.

［13］ Stock H. , 2002, Bad IR can Trigger Poor Performance. *Investor Relations Business*, （21）: 1 – 9.

［14］ Mastern and Saussier, 2002, Econometrics of Contracts：An Assessment of Developments in the Empirical Literature on Contracting. Unpublished paper.

［15］ Thomask B. , 1992, Straight Talk from Wall Street. *American Bankers Association Banking Journal*, （84）: 43 – 46.

# Investor Relation Model Analysis of Listed State-owned Commercial Bank

**Zheng Changjun    Huo Shikai**

**Abstract:** From 2005 to 2006, three state-owned commercial banks have listed successively, the principal-agent problem between major shareholder (government) and small shareholder (other investors) becomes a focal point. Firstly, Basing on principal-agent theory and considering major shareholder, the corporate governance model of listed state-owned commercial bank in competitional environment is built. By the model study, we find that major shareholder will get all "economic profit" by developing salary contracts, but small shareholder and managers can only get "reservational utility". On the contrary, as a result of model research, the constraint relation between major shareholder and small shareholder is also analyzed. Small shareholder can restrain major shareholder by selling the stock of banks. One of the important factors for state-owned commercial banks to attract other investors is the additional revenue over other banks, but the additional revenue will lead to Pareto Inefficiency. Secondly, we calculate the volatility of the dollar of all listed commercial banks in 186 trading days, and compare all listed commercial banks to prove the existence of additional revenue from the perspective of case. At last, we think the state-owned commercial banks reform needs focus on system changes. Canceling privileges and reducing additional revenue can improve market efficiency and promote the market-oriented reform of state-owned commercial banks.

**Key Words:** Actual Preference    Additional Revenue    Investors' Relation    Listed State-Owned Commercial Bank    Revealed Preference

# 迎合投资者情绪？过度保守？
# 还是两者并存

## ——关于公司投资行为的实证研究

吴世农　汪　强 *

【摘要】本文研究公司投资是否以及如何迎合投资者情绪。以 1998～2005 年所有 A 股上市公司为研究样本，采用上市公司半年期动量作为投资者情绪的度量指标，本文对公司投资对投资者情绪的迎合理论进行了实证检验。研究发现：动量指标（投资者情绪）与下一期企业投资显著正相关，这种关系普遍存在于制造业和非制造业企业；牛市（市场情绪高涨）时比熊市（市场情绪低落）时这种关系更明显；进一步的分解分析发现，公司管理层主要是通过长期（股权）投资而非固定资产投资来迎合投资者情绪；与国内外其他研究不同的创新之处是，本文发现公司管理者同时存在迎合心理和保守主义共存，部分公司迎合投资者情绪进行投资，另一部分的公司管理层却存在明显的过度保守心理，在投资者情绪高涨时减少公司投资；迎合投资者的公司管理层主要通过长期（股权）投资来进行，而过度保守的公司管理层主要通过减少固定资产投资来做出对投资者情绪的过度保守反应。这些发现表明，投资者心理与管理者心理都会影响公司的财务决策。本文的结论对行为公司财务研究与中国上市公司投资行为监管有重要的理论与政策意义。

【关键词】投资者情绪　迎合理论　过度保守　行为公司财务

## 一、引　言

传统金融理论认为，证券市场是有效的，而证券价格完全反映了期望现金流量的折现值，证券的横截面收益变动只取决于系统风险，而与投资者情绪无关。而近十年来，这种理论受到行为金融理论的严峻挑战。首先，行为金融学者从理论上论证了套利的有限性。其次，实验证据表明，投资者所持有的信念（Belief）并不是完全正确的，所做出的选择也并非都是理性的。最

* 吴世农（1956～　　），男，福建泉州人，厦门大学管理学院教授，博士研究生导师，经济学博士。研究方向：资本市场、公司财务。E-mail：snwu@xmu.edu.cn。厦门市，361005。
汪强（1976～　　），男，满族，辽宁丹东人，深圳证券交易所博士后工作站在站博士后。研究方向：资本市场、行为公司财务、行为金融。E-mail：jerrywq2002@yahoo.com.cn。联系电话（手机）：15989327809。深圳市，518028。

后，实证研究表明价格似乎明显偏离其基本价值。大量证据有力地支持了行为金融学的观点，即投资者情绪的确对证券价格有显著影响。因此，一个有趣的问题自然地被提出：股票市场的"误定价"，即投资者的非理性情绪是否对公司财务决策行为造成影响？

事实上，对投资者情绪如何影响资产定价与公司财务行为的研究已经成为国内外金融研究的热点问题。众多金融学者研究了投资者情绪对股票发行、债券发行、资本结构和收购兼并等公司财务行为的影响（Baker, Ruback & Wurgler, 2006）。最近几年，越来越多的学者开始研究投资者情绪对公司投资行为的影响，而研究结果并没有得出一致的结论。事实上，这个问题的研究对中国的资本市场尤其重要。因为中国市场缺乏卖空机制，这导致有效市场理论中的套利机制不存在。同时，中国股票市场以缺乏经验的个人投资者为主体，机构投资者只占一小部分，这就决定了在中国的新兴资本市场上，投资者情绪可能在资产定价和公司财务行为中扮演着比在西方国家更为重要的角色。同时，中国上市公司为了迎合投资者偏好，拉抬短期股票价格，不顾公司的长远利益，随意增加投资者青睐的所谓热门题材或行业的投资的现象比比皆是，已经成为中国资本市场健康发展的巨大障碍。因此，公司管理者的投资决策如何迎合投资者的问题，不仅成为公司财务理论的研究前沿，而且也是上市公司监管机构与公司治理改革者亟待解决的重大课题。

鉴于投资者情绪对公司财务政策影响问题的重要性，我们利用中国上市公司数据对这个问题加以深入研究。本文所要研究的问题包括：（1）公司管理者是否真的会利用投资者情绪做出投资决策（投资者情绪是否影响了管理者的决策）；（2）公司管理者是如何迎合投资者情绪的？探究这些问题，对于行为公司财务理论研究、我国上市公司的治理改革和财务政策制定具有重要的理论价值和现实意义。

## 二、文献回顾

目前关于投资者情绪对公司投资政策的影响主要集中在市场"误定价"或股票异常收益与投资行为的关系。这些研究概括起来可分为两个主要方面：

一方面，投资本身可能就被估价过高。当投资者情绪高涨时（这表现为高于基本价值的股价），他们也倾向于对于投资活动估价过高。因此，公司管理者也倾向于进行更多的投资。默顿和费希尔（Merton & Fisher, 1984）证明了投资活动应该对股价变动做出反应，即使股价的波动是非理性的。巴罗（Barro, 1990）的研究表明，即使在控制了税后公司利润的当期和滞后值以后，股价对投资也仍具有显著的预测能力。但默克、施莱费尔和维什尼（Morck, Shleifer & Vishny, 1990）发现股票收益可以预测投资增长率，但在他们控制了滞后的利润增长率和销售收入时，这种预测能力消失了。布朗夏尔、里和萨默（Blanchard，Rhee & Summers，1993）得到类似的结论。他们的研究没有支持异常股票收益与投资的显著关系。奇林科和沙勒（Chirinko & Schaller，2001）发现，1987~1989 年日本股票市场的泡沫推动了公司投资的增长。

另一方面，融资约束会导致股票价格影响公司投资行为。施泰因（Stein，1996）从理论上证明，无效的市场能否影响管理者投资决策取决于管理者的眼光长远与否。如果管理者的眼光是长远的，那么依赖股权融资的公司的投资对股价的异常变动应该更敏感。这是因为，当依赖股权融资的公司面对低于基本价值的股价时，眼光长远的管理者会由于不愿以过低的价格发行股票融资而不得不放弃有价值的投资机会。贝克、施泰因和沃格勒（Baker，Stein & Wurgler，2003）对施泰因的理论假设进行了实证检验。他们使用卡普兰和津加莱斯（Kaplan & Zingales，1997）提出的 KZ 指标来度量股权依赖度，以托宾 q 值来度量股权价值，结果支持施泰因的观点，即对于股权依赖的公司投资对股价变动更敏感。

近年来，公司行为金融的研究开始转向寻找"误定价"的代理变量，进而研究其如何影响投资。波尔克和萨皮恩扎（Polk & Sapienza，2004）；帕纳伊斯（Panageas，2005）；吉尔克里斯特、希默尔伯格和休伯曼（Gilchrist，Himmelberg & Huberman，2005）都发现投资受到"误定价"的代理变量的显著影响。波尔克和萨皮恩扎（Polk & Sapienza，2006）则采用异常的应计项目（Discretionary Accruals）作为"误定价"的代理变量，结果发现二者显著正相关。贝克和施泰因（Baker & Stein，2002）建立一个理论模型来解释为什么流动性的增加预示了随后市场收益与公司收益的下降。他们的模型显示，非理性的投资者对指令流（Order Flow）所包含的信息反应不足，因而会提高流动性。在存在卖空限制的情况下，高流动性表明了市场由非理性投资者所统治，从而股价被高估。他们的实证结果发现：（1）股权发行与股票换手率高度相关；（2）这两者都对未来股票的市场有增量预测能力（Incremental Predictive Power）。流动性反映了投资者的情绪，可以作为投资者情绪的度量指标。日昆利（ZhikunLi，2003）根据贝克和施泰因（2002）的结论，以流动性作为投资者的情绪指标，实证发现企业的投资水平与投资者情绪显著负相关。有趣的是，所有其他研究都表明投资者情绪与公司投资水平正相关（Barberis & Thaler，2003；Baker，Stein & Wurgler，2003）。他认为贝克、施泰因和沃格勒的结论，即企业投资水平与市场投资者情绪呈现正向关系，主要是在投资者普遍悲观的情况下成立，而当投资者情绪为正，即对股票价格的估计呈现出乐观态度时，企业的投资规模则表现出与投资者情绪的负相关。

国内关于行为公司金融的研究尚处于对西方研究进展的介绍阶段，实证与理论研究都处于起步阶段。较早开展关于投资者情绪与公司投资行为的研究是刘红忠、张眪（2004）的文章。刘红忠、张眪借鉴日昆利（2003）的方法，对前期流动性与当期投资水平进行简单回归，得到与日昆利类似的结果，即投资者情绪与下一期投资负相关。但是，刘红忠、张昉的研究存在几个问题：（1）仅仅简单重复日昆利（2003）的部分实证检验，没有结合中国资本市场的特点进行研究，因此结论可能过于简单；（2）流动性的影响因素可能有多种，关于流动性指标是否反映投资者情绪，应做进一步实证研究；（3）研究样本仅限于 1998～2002 年的制造业上市公司，结论可能比较片面。刘端、陈收（2006）发现，管理者短视、市场估价对公司投资有影响。但是，他们以反映投资者交易行为的换手率作为管理者短视程度指标，使研究结论无法令人信服；同时，他们以普遍作为反映未来增长机会的市值账面比（M/B）作为"误定价"指标来研究对公司投资的影响，也进一步增加了对研究结论的怀疑。总之，国内对公司投资迎合投资者情绪的研究刚刚开始，并且没有得到一致的结论。本文以 1999～2005 年中国上市公司为研究对象，研究了中国上市公司投资决策是否以及如何迎合投资者情绪的问题。

本文的创新之处在于：（1）本文首次发现中国上市公司的投资决策具有迎合投资者情绪与保守主义行为并存的情况；（2）本文首次探讨了公司投资是如何迎合投资者情绪的。

## 三、理论分析与研究假设

施泰因（1996）从理论上分析了市场无效如何影响投资决策取决于管理者的眼光长短（Long or Short Horizons）。眼光长远的管理者会以根据资产的基本风险计算的真实资本成本对项目现金流折现，从而在股价高估时发行股票，而在股价低估时回购被低估的股票。在这种情况下，股权依赖的公司在股价被低估时不会投资，因为他们不愿为了投资而低价发行股票，但不会直接影响公司投资水平。如果管理者眼光短浅，他们会以当时市场上的股票表现来折现项目现金流，从而在股价高估（投资者情绪高涨）时增加投资，在股价低估（投资者情绪低落）时减少投资。

贝克和沃格勒（Baker & Wurgler，2004）从迎合的角度研究了上市公司的股利行为。他们认为，公司管理者的股利决策迎合了投资者的需求。当投资者偏爱发放股利的公司（表现在发放股利的公司股价偏高）时，公司管理者就发股利，当投资者偏爱不发股利的公司（表现在不发股利的公司股价偏高）时，公司管理者就不发股利。波尔克和萨皮恩扎（2006）用这种迎合理论来解释市场无效对公司投资的影响。他们以异常应计项目作为"误定价"的代理变量，发现异常应计项目与投资显著正相关，说明在股价过高时公司管理者增加投资以便迎合投资者的需求。

本文认为，迎合理论可以很好地解释投资者情绪对我国上市公司投资行为的影响。正如朱武祥（2003）所述："……但相当多的上市公司管理层主动迎合股票市场短期投机交易偏好，资本配置行为短期化。股票市场短期投机套利偏好进一步诱导和助长了这种短期行为。例如，不少公司上市后，管理者鄙视实业经营，不是致力于扎扎实实提高经营效率，而是以股东价值最大化的名义（实际上是短期股票价格最大化），热衷于短期投机性的资本运作，轻率投资股票市场青睐的热点行业"。当投资者情绪高涨时，公司管理层往往投其所好，增加所谓热闹"概念"或行业的投资，有时甚至与庄家联合炒作，由庄家大肆炒作，炮制重大题材，以共同拉抬股价，从中渔利。而随后投资者盲目自信必然在下一期反向调整，股票收益下降，而公司投资也随之减少。因此，我们有如下假设：

**假设 1：投资者情绪与公司投资水平显著正相关。**

由于牛市时投资者情绪过度自信，"误定价"的程度将更高，公司管理层将更有激励去迎合投资者情绪以拉抬股价，而在熊市时投资者过度悲观，股价较低，公司管理层迎合投资者情绪的动机较低。因此，我们得到如下假设：

**假设 2：在牛市时，公司投资对投资者情绪迎合程度高；在熊市时，公司投资对投资者情绪迎合程度低。**

如前所述，中国的投资者短期投机情绪严重，不关心公司的经营业绩，很多通过所谓"内幕消息"进行交易，热衷于炒作热门"概念"和行业。上市公司管理层为了迎合投资者情绪，就会增加热门"概念"或行业的投资。由于进行固定资产投资周期长、风险大，而且投资者偏好改变时固定资产投资无法及时收回，因此管理层主要通过增加热门行业或"概念"的长期投资来迎合投资者情绪。因此，我们得到如下假设：

**假设 3：上市公司的迎合行为主要通过长期投资进行，即长期投资与投资者情绪显著正相关。**

社会心理学的研究发现，当人们观察到新消息后，他们改变原先判断的速度是比较慢的，这种不愿意改变的惰性被称为"保守主义"（Phillips & Edwads，1966）。拉斯穆森（Rasmusen，1992）的理论模型说明，即使对于理性的管理者来说，当创新项目的估值包含白噪声时，保守的公司管理层采用一个项目的门槛远高于应有的水平。而且越是成功的企业，这种保守主义偏差越大。赫什累弗和撒克（Hirshleifer & Thakor，1992）的理论模型证明，公司管理者对自己的名声（Reputation）的关注会导致管理者的保守主义，从而使管理者倾向投资于更安全的项目。当管理者过分关心自己的名声时，会导致管理者极度保守（Extreme Conservative），从而损害公司价值。

卡普兰和津加莱斯（Kaplan & Zingales，2000）在解释投资—现金流敏感度为什么不是度量财务约束的指标时提出，这种敏感度很可能部分是由于公司管理者的过度保守主义造成的。

因此，一个合理的推论是，部分中国上市公司也存在过度保守的倾向。

过度保守的公司往往过分追求公司的平稳发展，害怕过度扩张造成的公司业绩下滑或波动，不敢充分利用投资机会。过度保守的公司管理者看到投资者情绪高涨时，认为投资者高估了本公司的发展前景，担心迎合投资者情绪增加投资可能会产生过度扩张，造成今后业绩下滑或波动过大，因而进行投资决策时反而更加谨慎，投资水平更低。同时，迎合投资者情绪的公司投资水平也较高，而过度保守的公司往往投资水平普遍较低。因此，我们得到如下假设：

**假设 4：投资水平较高的公司体现为迎合投资者情绪，公司投资与投资者情绪显著正相关；投资水平较低的公司表现为过度保守，公司投资与投资者情绪显著负相关。**

# 四、研究设计

## 1. 数据来源与样本选取

本文选取 1998 ~ 2005 年沪、深股市全部 A 股上市公司为样本。样本异常数据的剔除标准为：（1）ST、PT 公司；（2）总资产、净资产为负的公司；（3）财务数据异常或缺失的公司；（4）两年内上市的公司（因为回归模型中包括滞后两期的变量）。数据来源：CCER 金融数据库。

## 2. 变量计算

（1）上市公司投资水平。

我们利用投资水平的相对指标，即当期投资支出与期初总资产 $A_{t-1}$ 之比来度量总投资。当期的总投资支出 $TI_t = K_t + \delta_t - K_{t-1}$。其中，$K_t$ 是公司在当期的长期资本存量。根据定义，$K_t = A_t - STA_t$。$STA_t$ 为当期的流动资产，$\delta_t$ 为企业在当期的固定资产折旧。因此，上市公司当期的总投资水平的数学表达式为：

$$TI_t = \frac{(A_t - SAT_t) - (A_{t-1} - SAT_{t-1}) + \delta_t}{A_{t-1}} \tag{1}$$

进一步地，我们将总投资分解为固定资产投资 $FAI$ 和长期投资 $LTI$。固定资产投资 $FAI$ = ［（当年固定资产原价 + 当年在建工程 + 当年工程物资）－（上年固定资产原价 + 上年在建工程 + 上年工程物资）］/上年总资产，长期投资 $LTI$ =（当年长期投资合计 - 上年长期投资合计）/上年总资产。

（2）投资机会。

根据新古典综合理论，利用 $Q$ 比例来衡量公司将来的投资机会。采用史密斯和沃茨（Smith & Watts，1992）的方法，用公司权益市场价值 $E_t$ 与负债面值 $D_t$ 之和除以公司总资产账面价值 $A_t$ 衡量 $Q$。考虑到我国上市公司中大量非流通股的存在，公司权益市场价值 $E_t$ 用年末股价 $P_t$ 乘以流通股数量 $q_t$ 加

上每股净资产 $AOE_t$ 乘以同年非流通股数量 $NON_{qt}$ 来计算。因此，投资机会的数学表达式为：

$$Q_t = \frac{P_t \times q_t + AOE_t \times NON_{qt} + D_t}{A_t} \tag{2}$$

由于我国资本市场的研究中 $Q$ 值是否代表未来增长机会存在争议，我们还使用前一期的主营业务收入增长率来代表度量增长机会。

（3）公司现金流量。

在完美的资本市场条件下，公司现金流量不会影响公司的投资决策。但是，由于现实中的资本市场存在信息不对称，外部融资成本高于内部融资成本，公司内部现金流会影响公司投资。上市公司净现金流入由三个部分组成：经营活动净现金流入、投资活动净现金流入和融资活动净现金流入。但是出于对现金流入稳定性的考虑，我们仅将经营活动净现金流 $CF$ 作为投资的解释变量。

$$CF_{it} = \frac{Cashflow_{it}}{A_{t-1}} \tag{3}$$

由于前一期现金流也可能影响当期投资水平，我们在回归时也加入滞后一期的现金流作为控制变量。

（4）投资者情绪。

杰加迪什和蒂特曼（Jegadeesh & Titman，1993）最早从实证研究发现，过去的股票收益表现出正的序列相关性，即动量效应。莫斯科维茨和格林布拉特（Moskowitz & Grinblatt，1999）、杰加迪什和蒂特曼（2001）的研究进一步证实了动量效应的存在。丹尼尔·赫什累弗和苏布拉马尼亚（Daniel, Hirshleifer & Subrahmanyan，1998）、巴尔贝里斯、施莱费尔和维什尼（Barberis, Shleifer & Vishny，1998）、洪和施泰因（Hong & Stein，1999）分别建立理论模型证明了动量效应是一种基于投资者非理性的"误定价"现象。

最近一些行为公司财务研究使用动量指标作为投资者情绪指标来检验市场"误定价"对公司投资行为的影响。波尔克和萨皮恩扎（2002）、奥夫切尼科夫和麦康奈尔（Ovtchinnikov & McConnell，2007）用前一年的动量指标来度量"误定价"的程度，发现动量指标与公司投资显著正相关。

尽管国内利用早期数据（2000 年以前）对动量效应的实证研究结论并不一致，但样本在剔除 1994 年以前数据，包括 2000 年以后数据时，几乎所有实证研究都表明动量效应在形成期和持有期在半年内是显著存在的（周学琳，2002；吴世农、吴超鹏，2003；张谊浩，2003；罗洪浪、王浣尘，2004；徐信忠、郑纯毅，2006；沈可挺、齐煜辉，2006），而超过了半年或者更长时间会出现反转。所以，我们以半年期的动量指标 MOM7 - 12 来度量投资者情绪，即前一年 7 月至 12 月的累积月度股票收益作为投资者情绪的度量。如果动量效应的持续期是半年的话，一个可能的问题是 MOM7 - 12 仅会影响公司管理层当年上半年的投资决策，而当年下半年的投资决策可能会受到当年上半年动量指标的影响。为了解决这个问题，我们同时使用当年 1～6 月的累积月收益 MOM1－6 作为投资者情绪变量来考察其对当年公司投资的影响。

$$Momentum7 - 12 = \sum_{i=7}^{12} R_{t-1,i} \tag{4}$$

$$Momentum1 - 6 = \sum_{i=1}^{6} R_{t,i} \tag{5}$$

其中，$t$ 表示年份，$i$ 表示月份。

### 3. 检验程序

（1）描述性统计与单变量分析。

第一，先计算所有变量的最大值、最小值、均值、标准差。

第二，分别计算 1999～2005 年每年的公司投资和投资者情绪（动量指标）的均值，观察公司投资与投资者情绪的时间序列变化。

第三，按投资高低将上市公司分成高、中、低三组，并进一步将低投资组分为三组，计算每组内当期投资、投资者情绪（动量指标）的均值，观察公司投资与投资者情绪的横截面变化。

（2）回归分析。

第一，基本回归。

回归方程为：

$$INV_{it} = f_i + \gamma_t + \beta_1 MOM_{i,t-1} + \beta_2 CF_{i,t} + \beta_3 Q_{i,t-1} + \beta_4 CF_{i,t-1} + \varepsilon_{it}$$

先全样本回归，再取投资为正和制造业和非制造业数据分样本回归。最后分为牛市和熊市进行分阶段回归，观察投资者情绪变量的系数是否显著变化。

第二，把总投资进一步分解为固定资产投资和长期投资分别回归，考察上市公司是通过什么种类的投资来迎合投资者情绪的。

第三，把总投资按高中低水平分别回归，考察是所有公司都迎合还是部分迎合。

# 五、统计描述

### 1. 简单描述性统计结果

表 1 列示了所有回归变量的描述性统计结果。从公司投资变量来看，总投资的均值为 0.098，固定资产投资均值为 0.088，长期投资为 0.011，固定资产投资几乎是长期投资的 8 倍，说明中国上市公司的投资构成主要以固定资产投资为主。公司总投资的标准差为 0.202，大约为均值的 2 倍，

说明不同公司的总投资水平差异是很大的。相对于固定资产，长期投资水平的差异更大，标准差大约是均值的5倍。代表投资者情绪的半年期动量指标MOM7-12和MOM1-6均值分别为-3.8%、-7.2%，说明了中国股市牛短熊长的现实，即熊市持续期远长于牛市持续期，导致动量指标均值都为负值。动量指标MOM7-12最小值约为-324%，最大值约为132%，说明投资者情绪的波动很大。MOM1-6的情况类似。

表1　　　　　　　　　　　回归变量的简单描述统计

| 公司投资变量 | | | | | |
|---|---|---|---|---|---|
| | 样本数 | 均值 | 标准差 | 最小值 | 最大值 |
| 总投资（TI） | 6297 | 0.098 | 0.202 | -0.605 | 8.605 |
| 固定资产投资（FAI） | 6297 | 0.088 | 0.233 | -0.902 | 11.114 |
| 长期股权投资（LTI） | 6297 | 0.011 | 0.059 | -0.492 | 0.926 |
| 控制变量 | | | | | |
| 当期现金流（$CF_t$） | 6297 | 0.053 | 0.106 | -1.450 | 0.717 |
| Q值（$Q_{t-1}$） | 6297 | 1.481 | 0.569 | 0.047 | 8.332 |
| 前期现金流（$CF_{t-1}$） | 6297 | 0.053 | 0.111 | -1.450 | 1.748 |
| 销售增长率（$GS_{t-1}$） | 6274 | 0.241 | 0.593 | -6.017 | 7.113 |
| 投资者情绪变量 | | | | | |
| 动量7-12（MOM7-12） | 6297 | -0.038 | 0.243 | -3.236 | 1.323 |
| 动量1-6（MOM1-6） | 6297 | -0.072 | 0.289 | -3.769 | 1.105 |

### 2. 单变量分析——公司投资与投资者情绪的时间序列变化

表2列示了样本期间公司投资与动量指标的时间序列变化。我们发现，除了2002年以外，公司投资与动量指标的变化的确显示出一定的同步性。MOM7-12在1999～2001年、2003～2005年先上升后下降（分别为-12.1%、19.6%、4.7%、-11%、8.4%、-27.8%），而总投资也呈现相似的变化（分别为0.098、0.122、0.092、0.101、0.106、0.079）。固定资产投资和长期投资也呈现大致相同的趋势（见图1）。但是，这种趋势似乎并不明显。如前所述，投资水平较高的公司很可能是迎合程度也较高的公司。如果是这样的话，那么在投资水平较高的样本公司里，公司投资与投资者情绪的同步变化可能更明显。图2列示了高投资水平样本中公司投资与投资者情绪的时间序列变化。结果支持我们的假设，即在高投资的公司里，公司投资与投资者情绪的变化同步性更明显。

表 2 公司投资与投资者情绪的时间序列变化表

| | 1999 年 | 2000 年 | 2001 年 | 2002 年 | 2003 年 | 2004 年 | 2005 年 |
|---|---|---|---|---|---|---|---|
| 总投资 | 0.098 | 0.122 | 0.092 | 0.095 | 0.101 | 0.106 | 0.079 |
| 固定资产投资 | 0.075 | 0.092 | 0.075 | 0.075 | 0.082 | 0.088 | 0.120 |
| 长期股权投资 | 0.016 | 0.023 | 0.014 | 0.009 | 0.009 | 0.009 | 0.001 |
| 动量 7 – 12 | – 0.121 | 0.196 | 0.047 | – 0.024 | – 0.110 | 0.084 | – 0.278 |
| 动量 1 – 6 | 0.293 | 0.161 | – 0.081 | 0.085 | – 0.174 | – 0.322 | – 0.247 |

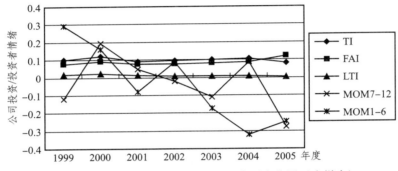

图 1 公司投资与投资者情绪的时间序列变化图（全样本）

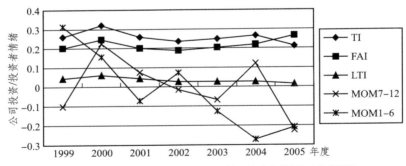

图 2 公司投资与投资者情绪的时间序列变化图（高投资）

### 3. 单变量分析——公司投资与投资者情绪的横截面变化

如果公司的投资决策迎合投资者情绪，那么公司投资与投资者情绪应该表现出横截面变化的一致性，即高投资的公司投资者情绪也较高，低投资的公司投资者情绪也较低。为了检验是否存在这种横截面效应，我们将全部样本按照总投资水平分成高、中、低三组，并且在低投资组按照总投资的高低进一步划分为低－高、低－中、低－低三组，图 3 显示了这六组子样本的公司投资与投资者情绪均值的横截面变化情况。如图所示，无论是在高、中、低三组中，还是在低－高、低－中、低－低三组中，公司投资与 MOM7 – 12

的变化都表现出明显的一致性。但这种一致性在公司投资与 MOM1 – 6 之间似乎并不明显。

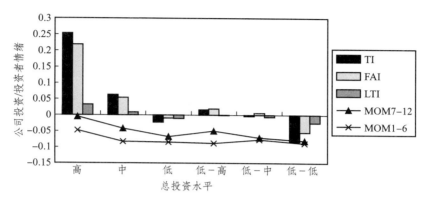

图 3　公司投资与投资者情绪的横截面变化图

## 六、实证结果与分析

为了进一步研究投资者情绪对公司投资的影响, 我们进行了回归分析。我们的基本回归模型如下式:

$$I/K_i = \alpha + \beta_1 MOM_{i,t-1} + \beta_2 \frac{CF_{i,t}}{K_{i,t-1}} + \beta_2 Q_{i,t-1} + \beta_4 \frac{CF_{i,t-1}}{K_{i,t-2}} + \varepsilon_{i,t}$$

其中, $I/K_i$ 为公司投资变量, $MOM_{i,t-1}$ 为代表投资者情绪的动量指标, $\frac{CF_{i,t}}{K_{i,t-1}}$ 和 $\frac{CF_{i,t-1}}{K_{i,t-2}}$ 为当期和滞后一期的现金流, $Q_{i,t-1}$ 为滞后一期 $Q$ 值, 现金流和 $Q$ 值用来控制公司的财务状况和未来投资机会。我们所关注的是, 代表投资者情绪的动量指标 $MOM_{i,t-1}$ 的系数 $\beta_1$ 是否显著为正?

### 1. 基本回归结果

表 3 列示了总投资水平与投资者情绪的回归结果。表 3 的 A 栏显示, 逐步添加控制变量之后, 代表投资者情绪的 MOM7 – 12 仍然显著为正, 而且显著性水平很高 (全部在 1% 水平上显著), 这说明公司投资存在显著的迎合投资者情绪的行为。从控制变量看, 当期和滞后一期的现金流、滞后一期的 $Q$ 值都显著为正, 说明公司投资的确受到现金流与未来投资机会的显著影响。由于 $Q$ 值可能代表未来投资机会, 也可能代表一种 "误定价" 程度, 我们在模型中加入滞后一期的销售收入增长率, 结果发现系数不显著, 这可能说明滞后一期的销售收入增长率无法反映未来投资机会。如果半年期的动量指标是度量投资者情绪的代理变量的话, 那么可能当年上半年的公司投资会受到 MOM7 – 12 的影响, 而当年下半年的投资会受到 MOM1 – 6 的影响, 即公司投

资可能与 MOM1 – 6 也显著正相关。回归结果证实了我们的观点。表 3 的 B 栏的结果显示，当以 MOM1 – 6 作为投资者情绪变量时，它的回归系数仍然为正，而且全部在 1% 水平上显著。

表 3　　　　　　　　　　　　总投资与投资者情绪的回归结果

A 栏：总投资与 MOM7 – 12 的回归结果

|  | 模型 1 | | 模型 2 | | 模型 3 | |
|---|---|---|---|---|---|---|
|  | 系数 | P 值 | 系数 | P 值 | 系数 | P 值 |
| 动量 7 – 12<br>（MOM7 – 12） | 0.063 *** | (0.000) | 0.063 *** | (0.000) | 0.061 *** | (0.000) |
| 当期现金流<br>（$CF_t$） | 0.191 *** | (0.000) | 0.190 *** | (0.000) | 0.202 *** | (0.000) |
| Q 值<br>（$Q_{t-1}$） | 0.064 *** | (0.000) | 0.064 *** | (0.000) | 0.063 *** | (0.000) |
| 销售增长率<br>（$GS_{t-1}$） |  |  | 0.000 | (0.504) | 0.000 | (0.615) |
| 前期现金流<br>（$CF_{t-1}$） |  |  |  |  | 0.106 *** | (0.000) |
| 截距<br>（Constant） | – 0.004 | (0.661) | – 0.005 | (0.645) | – 0.009 | (0.389) |
| $R^2$ | 0.033 |  | 0.033 |  | 0.046 |  |

B 栏：总投资与 MOM1 – 6 的回归结果

|  | 模型 1 | | 模型 2 | | 模型 3 | |
|---|---|---|---|---|---|---|
|  | 系数 | P 值 | 系数 | P 值 | 系数 | P 值 |
| 动量 1 – 6<br>（MOM1 – 6） | 0.029 *** | (0.002) | 0.029 *** | (0.002) | 0.030 *** | (0.001) |
| 当期现金流<br>（$CF_t$） | 0.194 *** | (0.000) | 0.193 *** | (0.000) | 0.205 *** | (0.000) |
| Q 值<br>（$Q_{t-1}$） | 0.068 *** | (0.000) | 0.068 *** | (0.000) | 0.066 *** | (0.000) |
| 销售增长率<br>（$GS_{t-1}$） |  |  | 0.000 | (0.527) | 0.000 | (0.644) |
| 前期现金流<br>（$CF_{t-1}$） |  |  |  |  | 0.114 *** | (0.000) |
| 截距<br>（Constant） | – 0.011 | (0.278) | – 0.011 | (0.269) | – 0.015 | (0.138) |
| $R^2$ | 0.025 |  | 0.025 |  | 0.038 |  |

注：* 、* * 、* * * 分别表示在 10% 、5% 、1% 水平上显著。

由于我们的总投资水平是采用当年资本存量的变化率来度量，存在的负值可能会影响我们的结论。另外，以前很多关于公司投资的实证研究往往集中于制造业，我们的结论适用于制造业还是非制造也存在疑问。为了进一步检验回归结果的稳健性，我们对投资比率为正、制造业和非制造业样本重新进行了回归分析，结果仍然类似（见表 4 的 2~4 列）。综上所述，我们的回归结果支持假设 1，即公司投资的确迎合了投资者情绪。

理论与经验证据显示，投资者情绪在牛市期间比熊市期间更加高涨，因而"误定价"的程度更高。如果公司投资存在迎合投资者情绪的趋势，那么在牛市期间迎合的程度应该比在熊市期间更高。表 4 的第 5、6 列显示了牛、熊市分别回归的结果。A 栏的结果表明，MOM7 - 12 在牛市时的系数为 0.082，熊市时为 0.045，牛市时系数几乎是熊市时的两倍，并且均在 1% 水平上显著。B 栏中 MOM1 - 6 在牛市时为 0.116，并且在 1% 水平上显著，而熊市系数几乎为 0，并且统计上不显著。上述结果证实了我们的观点，结果支持假设 2。

## 2. 上市公司是如何迎合投资者情绪的？——总投资的分解回归结果

正如理论假设部分所述，总投资中的固定资产投资与长期投资对公司管理层是不同的。固定资产投资往往周期长、风险大，一旦投入很难收回；而长期投资主要是长期股权投资，可以在短期内完成投资，而且回收的难度较小，时间较短。由于中国股票市场以个人投资者为主，投机性强，投资者情绪波动较大，公司管理层只有通过热门"概念"或行业的长期股权投资，才能迅速迎合投资者情绪，带动本公司股价不断上涨。因此，公司投资迎合投资者情绪的趋势主要应该通过长期投资表现出来。

表 4　　　　　　　稳健性检验——投资为正、分行业、分阶段回归结果

| | 投资为正 | 制造业 | 非制造业 | 牛市 | 熊市 |
|---|---|---|---|---|---|
| A 栏：总投资与 MOM7 - 12 的回归结果 | | | | | |
| 动量 7 - 12<br>（MOM7 - 12） | 0.061 ***<br>（0.000） | 0.053 ***<br>（0.000） | 0.065 ***<br>（0.002） | 0.082 ***<br>（0.004） | 0.045 ***<br>（0.000） |
| 当期现金流<br>（CF$_t$） | 0.203 ***<br>（0.000） | 0.247 ***<br>（0.000） | 0.171 ***<br>（0.000） | 0.126 *<br>（0.075） | 0.180 ***<br>（0.000） |
| Q 值<br>（Q$_{t-1}$） | 0.063 ***<br>（0.000） | 0.062 ***<br>（0.000） | 0.066 ***<br>（0.000） | 0.053 ***<br>（0.000） | 0.060 ***<br>（0.000） |
| 前期现金流<br>（CF$_{t-1}$） | 0.106 ***<br>（0.000） | 0.079 ***<br>（0.007） | 0.115 ***<br>（0.008） | 0.188 ***<br>（0.006） | - 0.005<br>（0.857） |
| 截距<br>（Constant） | - 0.008<br>（0.396） | - 0.009<br>（0.349） | - 0.013<br>（0.486） | - 0.005<br>（0.861） | 0.007<br>（0.578） |
| R$^2$ | 0.046 | 0.073 | 0.034 | 0.048 | 0.038 |

续表

| B 栏：总投资与 MOM1 - 6 的回归结果 | | | | |
|---|---|---|---|---|
| | 投资为正 | 制造业 | 非制造业 | 牛市 | 熊市 |
| 动量 1 - 6 （MOM1 - 6） | 0.030 *** （0.001） | 0.031 *** （0.000） | 0.026 （0.151） | 0.116 *** （0.000） | 0.000 （0.984） |
| 当期现金流 （$CF_t$） | 0.206 *** （0.000） | 0.248 *** （0.000） | 0.174 *** （0.000） | 0.125 * （0.077） | 0.187 *** （0.000） |
| Q 值 （$Q_{t-1}$） | 0.066 *** （0.000） | 0.066 *** （0.000） | 0.069 *** （0.000） | 0.087 *** （0.000） | 0.067 *** （0.000） |
| 前期现金流 （$CF_{t-1}$） | 0.114 *** （0.000） | 0.096 *** （0.001） | 0.117 *** （0.007） | 0.208 *** （0.002） | - 0.002 （0.936） |
| 截距 （Constant） | - 0.015 （0.142） | - 0.015 （0.120） | - 0.019 （0.296） | - 0.071 ** （0.022） | - 0.007 （0.624） |
| $R^2$ | 0.038 | 0.062 | 0.027 | 0.033 | 0.022 |

注：*、**、*** 分别表示在 10%、5%、1% 水平上显著。

表 5 的 A 栏列示了总投资、固定资产投资和长期投资与 MOM7 - 12 的回归结果。如表所示，总投资、长期投资与 MOM7 - 12 显著正相关，而固定资产投资与 MOM7 - 12 无显著相关，这说明公司管理层主要是通过长期投资来迎合投资者情绪的，结果支持我们的假设 3。表 5 的 B 栏列示了总投资、固定资产投资和长期投资与 MOM1 - 6 的回归结果，仍然出现类似的情况，进一步支持了我们的结论。

表 5 　　　　总投资、固定资产投资、长期投资回归结果的比较分析

| A 栏：公司投资与 MOM7 - 12 的回归结果 | | | | | |
|---|---|---|---|---|---|
| | 总投资 | | 固定资产投资 | | 长期投资 | |
| | 系数 | P 值 | 系数 | P 值 | 系数 | P 值 |
| 动量 7 - 12 （MOM7 - 12） | 0.061 *** | （0.000） | 0.006 | （0.616） | 0.022 *** | （0.000） |
| 当期现金流 （$CF_t$） | 0.203 *** | （0.000） | 0.227 *** | （0.000） | - 0.029 *** | （0.001） |
| Q 值 （$Q_{t-1}$） | 0.063 *** | （0.000） | 0.040 *** | （0.000） | 0.010 *** | （0.000） |
| 前期现金流 （$CF_{t-1}$） | 0.106 *** | （0.000） | 0.129 *** | （0.000） | 0.006 | （0.451） |
| 截距 （Constant） | - 0.008 | （0.396） | 0.011 | （0.352） | - 0.001 | （0.663） |
| $R^2$ | 0.046 | | 0.037 | | 0.016 | |

续表

| B栏：公司投资与MOM1-6的回归结果 | | | | | |
|---|---|---|---|---|---|
| | 总投资 | | 固定资产投资 | | 长期投资 |
| | 系数 | P值 | 系数 | P值 | 系数 | P值 |
| 动量1-6<br>（MOM1-6） | 0.030*** | (0.001) | 0.001 | (0.897) | 0.015*** | (0.000) |
| 当期现金流<br>（$CF_t$） | 0.206*** | (0.000) | 0.227*** | (0.000) | -0.028*** | (0.002) |
| Q值<br>（$Q_{t-1}$） | 0.066*** | (0.000) | 0.040*** | (0.000) | 0.010*** | (0.000) |
| 前期现金流<br>（$CF_{t-1}$） | 0.114*** | (0.000) | 0.129*** | (0.000) | 0.009 | (0.258) |
| 截距<br>（Constant） | -0.015 | (0.142) | 0.010 | (0.394) | -0.003 | (0.389) |
| $R^2$ | 0.038 | | 0.036 | | 0.010 | |

注：*、**、***分别表示在10%、5%、1%水平上显著。

### 3. 迎合投资者情绪？过度保守？还是两者并存

为了检验是否存在迎合投资者情绪和过度保守共存的现象，我们把全部样本按总投资水平分成高、中、低三组分别回归，结果见表6的2~4列。由于篇幅所限，我们只列示出以MOM7-12作为投资者情绪变量的回归结果，MOM1-6回归结果类似。如表6所示，在高、中、低组中MOM7-12的系数逐渐递减，在低投资组中甚至变为负值，而且统计上不显著，这说明随着投资水平越低，公司迎合的程度越低。从控制变量看，中、低组中现金流变量系数变得不显著，而Q值在低投资组甚至显著为负。如果Q值代表未来投资机会，那么这说明低投资组的公司未来增长机会越多，反而投资越少，如果Q值代表反映了股价水平，那么说明股价越高，低投资组的投资反而越低，这些结果支持了假设4。

表6　　　　　　　　　　　　不同投资水平的回归分析结果

| | 高 | 中 | 低 | 低-高 | 低-中 | 低-低 |
|---|---|---|---|---|---|---|
| 动量7-12<br>（MOM7-12） | 0.083**<br>(0.015) | 0.013***<br>(0.000) | -0.006<br>(0.398) | 0.004**<br>(0.043) | 0.003<br>(0.189) | -0.036*<br>(0.091) |
| 当期现金流<br>（$CF_t$） | 0.381***<br>(0.000) | 0.006<br>(0.464) | -0.002<br>(0.904) | 0.004<br>(0.479) | -0.007<br>(0.257) | -0.077<br>(0.140) |
| Q值<br>（$Q_{t-1}$） | 0.109***<br>(0.000) | 0.007***<br>(0.000) | -0.008**<br>(0.043) | -0.003**<br>(0.025) | -0.008***<br>(0.000) | -0.029***<br>(0.009) |
| 前期现金流<br>（$CF_{t-1}$） | 0.257***<br>(0.003) | 0.001<br>(0.936) | -0.001<br>(0.940) | 0.001<br>(0.840) | 0.001<br>(0.812) | -0.025<br>(0.596) |

续表

| | 高 | 中 | 低 | 低 – 高 | 低 – 中 | 低 – 低 |
|---|---|---|---|---|---|---|
| 截距<br>（Constant） | 0.038<br>(0.249) | 0.053***<br>(0.000) | – 0.011*<br>(0.096) | 0.022***<br>(0.000) | 0.009***<br>(0.000) | – 0.040**<br>(0.023) |
| $R^2$ | 0.047 | 0.022 | 0.006 | 0.013 | 0.063 | 0.012 |

注：*、**、***分别表示在 10%、5%、1% 水平上显著。

如果我们的假设是正确的话，那么在低投资组中投资水平较低的公司过度保守的倾向应该更明显。为了印证我们的推论，我们将低投资组进一步细分成高、中、低三组，结果见表 6 的 5 ~ 7 列。如表所示，这三组中呈现出类似的趋势，即投资水平越低的公司，代表投资者情绪的 MOM7 – 12 的系数越小，迎合的程度越低，到低 – 低组时，MOM7 – 12 甚至显著为负！这说明投资水平很低的公司表现过显著的过度保守行为，即投资者情绪越高，公司总投资水平反而越低。这些结果进一步支持了我们提出的假设 4。

如果上市公司确实存在迎合投资者情绪与过度保守行为共存的话，那么是通过固定资产投资还是长期投资呢？我们利用上述六组样本分别以固定资产投资和长期投资为因变量进行回归，结果见表 7。表 7 的 A 栏列示了高、中、低三组的回归结果。我们发现，迎合投资者情绪的行为是通过长期投资来进行的。高、中、低三组的长期投资与 MOM7 – 12 都显著正相关，而且高投资组的系数远远大于其他两组的系数（分别为 0.037、0.003、0.008）；上市公司的过度保守行为是通过固定资产投资来进行的。中、低组中固定资产投资与 MOM7 – 12 显著为负，而且低投资组中固定资产投资与 Q 值、前期现金流显著负相关。这说明在低投资组中投资增长机会越多、前期现金流越多，公司的固定资产投资反而越少，这表现出鲜明的过度保守特征，进一步支持了我们的观点。表 7 的 B 栏列示了低投资组进一步细分的回归结果，我们可以观察到类似的现象。尤其值得注意的是，在投资水平最低的低 – 低组中，不仅固定资产投资与 MOM7 – 12 显著负相关，而且长期投资与 MOM7 – 12 的显著正相关关系消失了，这也解释了为什么低 – 低组中总投资与 MOM7 – 12 呈现显著的负相关关系。

表 7　　　　　　固定资产投资、长期投资中迎合与过度保守的进一步检验

| | A 栏：总投资进一步分解的回归结果 | | | | | |
|---|---|---|---|---|---|---|
| | 固定资产投资 | | | 长期投资 | | |
| | 高 | 中 | 低 | 高 | 中 | 低 |
| 动量 7 – 12<br>（MOM7 – 12） | – 0.011<br>(0.803) | – 0.025***<br>(0.000) | – 0.032***<br>(0.000) | 0.037***<br>(0.000) | 0.003***<br>(0.436) | 0.008*<br>(0.077) |

续表

| A 栏：总投资进一步分解的回归结果 | | | | | |
|---|---|---|---|---|---|
| | 固定资产投资 | | | 长 期 投 资 | | |
| | 高 | 中 | 低 | 高 | 中 | 低 |
| 当期现金流 ($CF_t$) | 0.485 *** (0.000) | −0.003 (0.874) | −0.018 (0.411) | −0.035 (0.139) | 0.004 (0.713) | −0.001 (0.896) |
| Q 值 ($Q_{t-1}$) | 0.081 *** (0.003) | −0.004 (0.243) | −0.012 ** (0.024) | 0.010 * (0.058) | 0.002 (0.313) | −0.003 (0.271) |
| 前期现金流 ($CF_{t-1}$) | 0.338 *** (0.002) | 0.004 (0.788) | −0.034 * (0.092) | 0.020 (0.389) | −0.012 (0.239) | 0.026 ** (0.013) |
| 截距 (Constant) | 0.030 (0.482) | 0.060 *** (0.000) | 0.008 (0.341) | 0.019 ** (0.032) | 0.006 (0.105) | −0.006 (0.186) |
| $R^2$ | 0.040 | 0.021 | 0.014 | 0.041 | 0.006 | 0.008 |

| B 栏：低投资组进一步分解的回归结果 | | | | | |
|---|---|---|---|---|---|
| | 固定资产投资 | | | 长 期 投 资 | | |
| | 低 – 高 | 低 – 中 | 低 – 低 | 低 – 高 | 低 – 中 | 低 – 低 |
| 动量 7 – 12 (MOM7 – 12) | −0.027 ** (0.012) | −0.004 (0.644) | −0.101 *** (0.001) | 0.010 * (0.099) | 0.011 * (0.056) | 0.017 (0.295) |
| 当期现金流 ($CF_t$) | −0.001 (0.971) | 0.023 (0.302) | −0.132 * (0.074) | −0.001 (0.944) | −0.029 * (0.052) | −0.009 (0.815) |
| Q 值 ($Q_{t-1}$) | 0.023 *** (0.006) | −0.004 (0.508) | −0.070 *** (0.000) | −0.018 *** (0.000) | 0.005 (0.169) | 0.008 (0.376) |
| 前期现金流 ($CF_{t-1}$) | −0.025 (0.289) | −0.016 (0.441) | −0.126 * (0.057) | 0.008 (0.576) | 0.004 (0.778) | 0.078 ** (0.031) |
| 截距 (Constant) | −0.014 (0.242) | 0.011 (0.183) | 0.048 * (0.052) | 0.026 *** (0.000) | −0.012 ** (0.035) | −0.036 *** (0.008) |
| $R^2$ | 0.002 | 0.002 | 0.048 | 0.014 | 0.000 | 0.014 |

注：*、**、*** 分别表示在 10%、5%、1% 水平上显著。

　　综上所述，一系列的回归结果支持假设 2 和假设 4，即投资水平较高的公司体现为迎合投资者情绪，投资水平较低的公司表现为过度保守，迎合行为主要通过长期投资，而过度保守主要通过固定资产投资。

## 七、结论与启示

　　本文以 1998 ~ 2005 年所有 A 股上市公司为研究样本，采用上市公司半年期动量作为投资者情绪的度量指标，本文对公司投资对投资者情绪的迎合理论进行了实证检验。研究发现：动量指标（投资者情绪）与下一期企业投资显著正相关，这种关系普遍存在于制造业和非制造业企业；牛市（市场情绪高涨）时比熊市（市场情绪低落）时这种关系更明显；进一步的分解分析发现，公司管理层主要是通过长期股权投资而非固定资产投资来迎合投资者情绪；与国内外其他研究不同的是，本文发现公司管理者同时存在迎合心理和保守主义倾向，部分公司迎合投资者情绪进行投资，另一部分的公司管理层却存在明显的过度保守心理，在投资者情绪高涨时减少公司投资；迎合投资者的公司管理层主要通过长期股权投资来进行，而过度保守的公司管理层主要通过减少固定资产投资来做出对投资者情绪的过度保守反应。

这些发现表明，投资者心理与管理者心理都会影响公司的财务决策。本文的结论对行为公司财务研究与中国上市公司投资行为监管有重要的理论与政策意义。

## 参考文献

[1] 刘红忠、张昉：《投资者情绪与上市公司投资—行为金融角度的实证分析》，载《复旦大学学报（社会科学版）》2004 年第 5 期。

[2] 刘端、陈收：《中国市场管理者短视、投资者情绪与公司投资行为扭曲研究》，载《中国管理科学》2006 年第 2 期。

[3] Baker, M., Stein, J., and Wurgler, J., 2003, When Does the Market Matter? Stock Prices and Investment of Equity-dependent Firms, *Quarterly Journal of Economics*, (118): 969 – 1006.

[4] Baker, M., and J. Wurgler, 2004, A Catering Theory of Dividends. *Journal of Finance*, (59): 271 – 288.

[5] Polk, C. and P. Sapienza, 2004, The Real Effects of Investor Sentiment, NBER Working Paper 10563.

[6] Polk, C. and Sapienza, P., 2006, The Stock Market and Corporate Investment: A Test of Catering Theory, *Review of Financial Studies*, forthcoming.

[7] Blanchard, O., C. Rhee, and L. Summers, 1993, The Stock Market, Profit and Investment. *Quarterly Journal of Economics*, (108): 115 – 136.

[8] Chirinko, R. and H. Schaller, 2001, Business Fixed Investment and'Bubbles': The Japanese Case, *American Economic Review*, (91): 663 – 680.

[9] Gilchrist, S. and C. Himmelberg, 1995, Evidence on the Role of Cash Flow for Investment, *Journal of Monetary Economics*, (36): 541 – 572.

[10] Gilchrist, S., and C. Himmelberg, and G. Huberman, 2005, Do Stock Price Bubbles Influence Corporate Investment? *Journal of Monetary Economics*, (52): 805 – 827.

[11] Morck, R., A. Shleifer, and R. Vishny, 1990, The Stock Market and Investment: Is the Market A Sideshow?. *Brookings Papers on Economic Activity*, 157 – 215.

[12] Baker, M., R. Ruback, and J. Wurgler, 2006, Behavioral Corporate Finance: A Survey, in *The Handbook of Corporate Finance: Empirical Corporate Finance*, edited by Espen Eckbo. New York: Elsevier/North Holland.

[13] Barro, Robert, 1990, The Stock Market and Investment. *The Review of Financial Studies*, (3): 115 – 131.

[14] Merton, R. C. and S. Fischer, 1984, Macroeconomics and Finance: The Role of the

Stock Market in *Markets and Political Processes* Volume 21，edited by K. Bruneer and A. H. Meltzer. Amsterdsam：North Holland Publishing Company.

［15］ ZhikunLi，2003，Liquidity，Financial Market Sentiment and Corporate Investment. FMA Annual Meeting Doctoral Student Consortium，Working Paper.

［16］ Fazzari，S.，R. G. Hubbard，and B. Petersen，1988，Financing Constraints and Corporate Investment，Brookings Papers on Economic Activity，141 – 195.

［17］ Stein，Jeremy，1996，Rational Capital Budgeting in an Irrational World，*Journal of Business*，（69）：429 – 455.

［18］ Fazzari，S.，R. G. Hubbard，and B. Petersen，1988，Financing Constraints and Corporate Investment，Brookings Papers on Economic Activity，141 – 195.

［19］ Kaplan，S. and L. Zingales，1997，Do Financing Constraints Explain Why Investment Is Cor-Related with Cash Flow?，*Quarterly Journal of Economics*，（112）：168 – 216.

［20］ Kaplan，S. and L. Zingales，2000，Investment-Cashflow Sentivities Are Not Valid Measures of Financial Constrains，*Quarterly Journal of Economics*，（115）：707 – 712.

［21］ David Hirshleifer，Anjan V. Thakor，1992，Managerial Conservatism，Project Choice，and Debt，*The Review of Financial Studies*，（5），437 – 470.

［22］ Eric Rasmusen，1992，Managerial Conservatism and Rational Information. *Journal of Economics and Management Strategy*，（1）：175 – 202.

［23］ Phillips，L. D.，Edwards，W.，1966，Conservatism in Simple Probability Inference Tasks. *Journal of Experimental Psychology*，（69）：522 – 527.

# Catering to Investor Sentiment? Overconservative? Or coexist

## ——An Empirical Test based on Behavioral Corporate Finance Theory

**Wu Shinong    Wang Qiang**

**Abstract**: We test a catering theory concerning how investor sentiment might influence individual firm's investment decision. We find: (1) Corporate investment is positively related to lagged momentum, which is a proxy for investor sentiment, and this phenomenon exits in both manufacturing industry and non-manufacturing industry. (2) This relationship is more obvious in bull market than in bear market. (3) Firms with higher investment level tend to cater to investor's sentiment, but firms with lower investment level are over conservative. They reduce investment when investor's sentiment is high, which means co-existence of catering incentives and over conservatism. (4) Firms tends to cater to investor's sentiment through fixed asset investment, while showing a over conservative response to investor's sentiment through long term investment.

**Key Words**: Investor's Sentiment  Catering Theory  Conservatism  Behavioral Corporate Finance

# 《公司治理评论》 投稿体例

　　《公司治理评论》是由南开大学公司治理研究中心主办、经济科学出版社出版的公司治理领域的开放性学术文集。其定位是国内公司治理领域最高研究水平的学术文集，力争与国际知名学者和同类文集保持同步交流。本书以推进中国公司治理领域的学术研究，进一步推动中国公司治理理论和实践的发展，加强公司治理领域国内外学者之间的学术交流与合作为宗旨。目前每季度一期，每年四期。

　　本书采用国际通行的匿名审稿制度，发表原创性的理论、经验、综述和评论性的中文公司治理及其相关研究的论文，倡导规范、严谨的研究方法，鼓励理论和经验研究相结合的学术取向，提倡学术批评和交锋。发表于本书的论文无须针对中国的问题，特别欢迎对中国公司治理及其相关现象的实证、实验等研究文章。

　　《公司治理评论》真诚欢迎大家投稿，以下是有关投稿体例说明：

　　1. 论文架构以"一"、"1."、"（1）"作为文章层次，要通过简短的小标题方式提炼主要观点，以示突出。

　　2. 来稿篇幅一般不超过 2 万字，摘要 300 字左右，关键词 3 ~ 5 个。若研究受到基金项目的支持，请注明基金名称和项目编号。

　　3. 稿件若涉及数学模型，作者应确认模型分析的准确性及与内容文字部分的一一对应。若涉及图、表，应确认图、表的准确性与内容数字分析的一一对应。

　　4. 采用规范的经济学和管理学语言，校正各种笔误及错别字。高度重视细节问题。

　　5. 按照"《公司治理评论》标准格式"调整论文版式，一一对应。正文采用 5 号宋体，两端对齐。

　　6. 投稿以中文为主，海外学者可用英文投稿，但必须是未发表的稿件。稿件如果录用，由本刊负责翻译成中文，由作者审查定稿。文章在本书发表后，作者可以继续在中国大陆以外以英文发表。作者投稿请将打印稿寄至：天津南开大学商学院 B901 公司治理研究中心《公司治理评论》编辑部（邮编 300071）；或者发送电子邮件至：cgreview@ yahoo. cn，标题为：作者名字 XXX + 投稿 + 文章题目 XXX。

　　7. 在收到您的稿件后，即认定您已经授权刊出。因工作量大，稿件恕不退还，请作者自留底稿。

公司治理研究需要无数人的共同努力，需要无数人的思想激荡和凝练，《公司治理评论》的成长与进步也离不开各位同仁的鼎力支持，我们诚挚地邀请公司治理领域的海内外学者赐稿。我们相信，经由我们的共同努力，《公司治理评论》将会成为我国学界攀登世界学术殿堂之阶的一块基石！